슬기로운 학부모 생활

학부모님을 위한 자녀의 진로 진학 지침서
슬기로운 학부모 생활

초판 1쇄 발행 | 2024년 5월 9일

지은이 | 김시원 · 강진경 · 정구복
펴낸이 | 박영욱
펴낸곳 | 깊은나무

주 소 | 서울시 마포구 월드컵로 14길 62 북오션빌딩
이메일 | bookocean@naver.com
네이버포스트 | post.naver.com/bookocean
페이스북 | facebook.com/bookocean.book
인스타그램 | instagram.com/bookocean777
유튜브 | 쏠쏠TV · 쏠쏠라이프TV
전 화 | 편집문의: 02-325-9172 영업문의: 02-322-6709
팩 스 | 02-3143-3964

출판신고번호 | 제 2013-000006호

ISBN 979-11-91979-56-5(03370)

슬기로운 학부모 생활

학부모님을 위한 자녀의 진로 진학 지침서

김시원·강진경·정구복 지음

깊은나무

Prologue

"슬기로운
학부모 생활은
삼삼합니다."

삼삼하다는 말은 다양한 의미를 담고 있습니다.

마음에 끌리고 좋다, 눈앞에 보이는 듯 또렷하다,
빽빽하게 우거지다[森森]는 뜻이 있습니다.
자녀를 학교에 보낸 초등학교·중학교·고등학교 학부모님의
궁금함을 해소하는 답변이 삼삼합니다.
학교 현장에서 학생들을 지도해온 교사의
경험과 열정이 고스란히 담겨 있기에,
모든 질문과 답변이 구체적이고 실효성이 있습니다.

초등학교와 중학교 그리고 고등학교 생활의 특성과 차이가 있겠지만, 학부모님 입장에서는 귀한 자녀의 행복을 바라는 마음은 한결같을 것입니다. 그렇지만 자녀에게 도움을 주고자 했던 노력이 오히려 독이 되는 일도 있습니다. 전체를 보지 못하고 부분에 매몰되어 눈앞의 결과에 집착해 다른 자녀와 비교하다 보면, 자녀 교육의 방향성을 상실하기도 합니다. 그래서 장기적인 관점에서 전체적인 맥락을 보고 당면 과제에 최선을 다하는 전략이 필요하다고 생각합니다. 그런 학부모님의 입장과 마음을 헤아려 세 명의 교사가 지혜를 모았습니다. 《슬기로운 학부모 생활》은 초등학교, 중학교, 고등학교로 구분하여 학부모님의 자녀 교육 지침서가 될 수 있는 내용들로 꾸몄습니다.

초등학교 부분은 아이를 학교에 보내고 궁금증이 가장 많은 시기인 점을 고려하여 '학습, 생활, 학부모 편'으로 나누어 친절하게 안내하였습니다. 학습, 생활 편에서는 자기주도학습, 독서 등 초등학교 시기에 잘 다져놓으면 중·고등학교 생활까지 이어지는 학습과 기본 생활 습관에 관한 내용을 담았습니다. 학부모 편에서는 초등학생을 지도하면서 학부모님들께서 아시면 유용한 정보들을 다루었습니다. 마음 설레는 초등학교 1학년 입학부터 사춘기에 접어드는 고학년까지! 학생과 학부모님 모두 슬기롭게 초등학교 생활을 해나가기를 응원합니다.

중학교 부분은 '입학, 학습, 생활, 학부모 편' 이렇게 크게 네 부분으로 나누어 살펴보았습니다. 입학 편에서는 자녀를 중학교에 보낼 때 학부모가 꼭 알아야 할 것들, 초등학교와 달라지는 점 등을 중점적으로 다루었습니다. 또한 중학교 전반에 관한 내용을 학습과 생활로 나누어 정리하였습니다. 마지막으로 학부모 편에서는 직접적으로 학부모님들과 관계되는 내용을 실어 도움이 될 수 있도록 하였습니다. 중학교는 초등학교와 고등학교를 연결하는 징검다리 시기입니다. 부디 모든 학생이 자신만의 돌다리를 튼튼하게 쌓아 이 시기를 안전하게 통과할 수 있기를 바랍니다.

고등학교 부분은 대학입시에 관한 관심이 가장 크기에 고교 생활 설계, 대학 진학 준비, 대입 성공 전략으로 나누어 학교에서의 생활과 대학입시를 다뤘습니다. 자녀가 고등학교에 입학하면 갑자기 생소한 용어와 눈앞으로 다가온 입시의 중압감에 학부모님께서 당황하기 쉬운 시기입니다. 이런저런 정보를 접하고 자녀의 성공적인 대입을 위해 지원해주고 싶어도 마땅한 길을 찾기 어렵습니다. 이에 과학적이고 장기적인 관점에서 입시의 처음부터 끝까지 가장 중요하고 기본이 되는 대입 정보를 총망라했습니다. 부디 자녀가 원하는 대학에 진학하고 가족 모두가 함박웃음 짓는 시간을 맞이하길 기원합니다.

《슬기로운 학부모 생활》을 기획하면서 우각괘서(牛角掛書)의 입장을 견지했습니다. 중국 선인은 먼 길을 떠나면서 공부하려고 소의 뿔에 책을 걸고 공부했다고 합니다. 자녀가 시간을 아껴서 부지런히 공부하고 학부모님께서 이 책을 손에서 놓지 않고 참고하시길 바랍니다.

호시우행(虎視牛行)이라는 말이 있습니다. 호랑이처럼 보고 소처럼 행동하라는 의미입니다. 호랑이처럼 장기적인 관점에서 과학적으로 입시를 분석하고 소처럼 우직하게 한 걸음씩 전진하여 마침내 목표하는 도달점에 이르기를 소망합니다.

끝으로 우보만리(牛步萬里)의 자세를 생각합니다. 소의 걸음으로 아주 먼 길을 간다는 의미입니다. 급하면 오히려 실패할 가능성이 큽니다. 초등학교부터 중등학교 그리고 대학과 그 이후의 삶을 생각하며 시간이 걸리더라도 꾸준하고 성실한 자세로 성공의 문에 도달하기를 기원합니다.

학부모님과 자녀의 행복을 바라며

저자 김시원, 강진경, 정구복 올림

Contents

궁금해요! 초등학교 **'학습'편**

궁금해요! 초등학교 '생활'편

궁금해요! 초등학교 '학부모'편

중학교

궁금해요! 중학교 '입학'편

궁금해요! 중학교 '학습'편

궁금해요! 중학교 '생활'편

궁금해요! 중학교 '학부모'편

궁금해요! 고등학교 '고교 생활 설계'

궁금해요! 고등학교 '대학 진학 준비'

궁금해요! 고등학교 '대입 성공 전략'

궁금해요!
초등학교
'학습'편

궁금해요!
초등학교
'생활'편

궁금해요!
초등학교
'학부모'편

초등학교
궁금해요!
초등학교

궁금해요! 초등학교

'학습'편

01

초등학교 입학 전, 한글을 다 떼야 할까요?

초등학교에서는 한글 책임교육을 시행하고 있습니다. 2022 개정 교육과정을 살펴보면 1학년 1학기에 한글 집중 이수 시간으로 51시간이 배정되어 있습니다. 한 학기 정도 되는 시간 동안 아이들이 충분히 한글 교육을 받을 수 있도록 보장하고 있는 것입니다. 그러니 입학 전에 한글을 다 떼지 못했다고 해서 너무 걱정할 필요는 없습니다. 교육과정에 배정된 대로 ㄱ, ㄴ부터 모음, 낱말까지 차근차근 배울 수 있기 때문입니다. 그런데도 2020년 교육부와 문화체육관광부에서 실시한 설문 조사를 보면 미취학 아동 학부모 중 87.2%가 한글 교육을 하고 있다는 것을 알 수 있습니다. 실제로 입학한 1학년 학생들을 살펴보면 교과서의 문장들을 읽을 수 있고 쉬운 단어 정도는 쓸 줄 아는 아이들이 많습니다. 사실, 이 안에서도 글자는 알지만, 삐뚤빼뚤 쓰는 아이, 자모 순서를 헷갈려 거꾸로 쓰는 아이, 자기 이름만 겨우 쓸 줄 아는 아이 등 다양하게 수준이 나뉩니다. 부모로서는 이 모든 상황이 걱정될 것입니다. '다른 아이들은 다 쓸 줄 아는데 우리 아이만 뒤처지면 어떡하지?', '아직 받침 있는 글자는 완벽하게 못 쓰는데 어쩌지?' 등 불안한 마음이 들어 한글 학습에 지나치게 몰두하기도 합니다.

하지만 아이의 성향에 따라 입학 전 과도한 한글 학습이 아이에게 스트레스로 다가올 수 있다는 사실도 기억해야 합니다. 아이가 한글 선행학습을 한 후 입학하면 학교 국어 수업에는 집중하지 못할 수도 있고, 벌써 글씨 쓰기에 대해 거부감을 가질 수도 있기 때문입니다. 실제로 학교에서는 학생들이 한글을 편하게 느끼며 익힐 수 있도록 1학년 1학기에는 받아쓰기, 알림장 쓰기와 같은 활동을 시행하지 않도록 하고 있습니다. 처음 한글을 배우는 단계인 만큼 아이들이 천천히, 깊이 있게 한글을 배우도록 하기 위함이지요.

〈그림1-1〉 엉클뱅 원숭이 (조권) 출처 : 유튜브 엉클뱅.

가정에서도 이런 흐름에 발맞추어 아이에게 자주 책을 읽어주고, 주변의 글자를 함께 읽어보며 아이가 한글을 친숙하게 느끼도록 하는 노력이면 충분하리라 생각합니다. 아이에게 한글을 자연스럽게 도입하고 싶다면 한글 자음과 모음으로 구성된 동요를 반복해서 틀어주며 습득할 수 있도록 하거나 아이가 좋아하는 것들부터 시작해 낱말을 써 보며 흥미를 느끼도록 하는 것이 가장 좋은 방법입니다. 아이 스스로 한글을 즐거워하며 배울 때, 학교에서 배우는 한글 수업에서도 자신 있게 모든 활동에 참여할 수 있을 것입니다.

〈그림1-2〉 자음송 출처 : 유튜브 아이스크림 홈런

02

1~2학년은 어떤 과목을 배우나요?

2024년부터 초등 1~2학년에는 2022 개정 교육과정이 적용됩니다. 2015 개정 교육과정을 지나 2022 개정 교육과정에서는 입학 초기 적응 활동, 교과서, 시수 등이 대폭 수정되었습니다. 여기서 입학 초기 적응 활동은 초등학교 입학 후 3월 한 달 동안 진행되는 것으로 유치원 누리과정과 연계해 통합 교과, 창의적 체험활동을 바탕으로 학생들이 학교에 익숙해질 수 있도록 돕는 활동입니다. 2022 개정 교육과정에서는 학생들의 효과적인 학교생활 적응과 한글 해득 교육을 위해 입학 초기 적응 활동 시수가 조정되었습니다.

입학 초기 적응 활동이 끝나면 본격적인 교과 학습이 시작되는데 1, 2학년의 교과는 크게 국어, 수학, 통합으로 이루어져 있습니다. '통합'은 우리가 잘 알고 있는 바른생활, 즐거운 생활, 슬기로운 생활이지만 아이들은 '학교, 우리나라, 사람들, 우주' 등의 교과서로 배우게 됩니다. 특히 2022 개정 교육과정 통합 교과에서는 지금-여기-우리 삶을 위한 배움을 추구하여 학생들이 자기주도적이고 창의적이며 더불어 사는 사람으로 성장하도록 하였습니다.

★ 국어

국어는 모든 과목의 기본이 되는 교과이기 때문에 일주일에 배당된 시간이 가장 많습니다. 1, 2학년 국어 과목에서는 기본적인 한글 자모와 낱말, 띄어쓰기 등을 포함해 생각을 글로 표현하는 방법, 타인의 기분을 생각하며 말하는 방법, 문학 작품을 읽고 간단한 생각을 나누는 활동을 합니다. 국어는 함께 학습하는 '국어 활동' 교과서가 있습니다. 국어책에 담긴 내용을 보충해 함께 공부하는 교과서로 활동 중심의 내용을 포함합니다.

＊1학년 국어 교과서 내용 미리 보기

단원명	단원 학습 목표	학습 활동
한글 놀이	한글 놀이를 하며 글자 익히기	• 글자 모양 찾기 • 소리마디 구분하기 • 모음자, 자음자 알고 쓰기
글자를 만들어요	받침이 없는 글자 읽고 쓰기	• 글자에서 자음자 모음자 찾기 • 바른 자세로 글자 읽고 쓰기
받침이 있는 글자를 읽어요	받침이 있는 글자 읽기	• 받침이 있는 글자 읽기 • 바른 자세로 발표하기 • 다른 사람의 말 집중해 듣기
낱말과 친해져요	낱말을 읽고 쓰는 즐거움 알기	• 받침이 있는 글자 쓰기 • 자신 있게 낱말 읽기
여러 가지 낱말을 익혀요	여러 가지 주제의 낱말 읽기	• 나와 가족에 관련된 낱말 익히기 • 학교와 이웃에 관련된 낱말 익히기
반갑게 인사해요	친구들과 이야기 나누기	• 상황에 따른 인사말 알기 • 동시를 듣고 따라 읽기

또박또박 읽어요	문장을 알맞게 소리 내어 읽기	• 여러 가지 문장 읽기 • 문장부호 쓰임 알기
알맞은 낱말을 찾아요	문장에 어울리는 낱말 넣기	• 그림 보고 낱말 찾기 • 여러 가지 문장 완성하기

★ 수학

수학도 '수학 익힘'이라는 짝꿍 교과서가 있습니다. 선생님마다 운영 방식이 다르지만, 수학 익힘의 문제들을 학교에서 풀기도 하고 집에서 해오는 과제로 내주시기도 합니다. 1, 2학년 수학의 수와 연산 영역에서는 네 자리 이하의 수를 읽고 쓰기, 두 자릿수 범위의 덧셈과 뺄셈 등의 개념을 익힙니다. 도형과 측정 영역에서는 입체도형과 평면도형의 기본을 배우고, 시계 보는 법, 길이 재기 등을 배웁니다. 2학년이 되면 중요한 개념인 구구단이 등장합니다. 구구단은 앞으로 나올 많은 수학 개념의 기초가 되기 때문에 3학년이 되기 전까지 완벽하게 외우는 것이 중요합니다.

★ 통합

▲ 1학년 1학기 교과서 표지

통합 교과는 1학년의 경우 '학교', '사람들', '우리나라', '탐험', 2학년은 '나', '자연', '마을', '세계' 등의 교과서가 있습니다. 이는 2024년 1월 기준으로, 2학기 교과서의 경우 현장 적합성 검토 결과를 반영해 수정, 보완한 후 최종본을 제작할 예정이라고 합니다. 새 통합 교과서의 특성상 교실 여건과 조건에 맞게 구체화하거나 새로 개발할 수 있으며, 교실에서 교사와 학생이 함께 협의하여 수업을 만들도록 명시되어 있습니다. 즉 지역, 학교, 교사에 따라 재구성하여 운영되므로 놀이, 활동, 실천, 체험 중심으로 다양한 수업을 한다고 이해하면 됩니다.

03

영어는 언제 시작하는 것이 좋을까요?

1~2학년은 '영어' 과목을 정규 교육과정에서 배우지 않습니다. 영어는 3학년 때부터 정규 교육과정에 편성돼 있기 때문입니다. 하지만 영어유치원을 다녀 이 시기에 이미 영어가 익숙한 아이들도 많고, 가정에서 학습지나 태블릿 등으로 영어를 빠르게 시작하는 추세입니다. 그래서 그런지 "우리 아이도 영어 공부를 시켜야 하나?", "영어 공부는 무엇부터 시작해야 하나" 고민하는 부모들이 많습니다. "초등학교 저학년은 아직 모국어를 완벽하게 습득하기 전이라 새로운 언어를 시작하면 오히려 아이가 혼란스러워한다더라." 하는 소문도 있어 고민을 거듭하게 됩니다.

★ 알파벳과 파닉스를 익혀보세요

영어 조기교육에 대해서는 전문가마다 의견이 분분하지만, 가능하다면 영어를 학교에서 배우기 전인 3학년보다 일찍 시작하기를 추천합니다. 그 이유는 본격적으로 학교에서 영어 교과 수업을 듣기 전, 알파벳과 파닉스 정도를 아는 것이 영어 발음이나 영어 자신감 측면에 큰 도움을 주기 때문입니다. 학원에 다니면서 시작하는 방법도 있겠지만, 집에서 부모표 영어로 시작해도 되고, 간단히 영어 동요를 자주 들려주거나 알파벳이 적힌 판을 보여주며 영어 노출 시간을 늘려주는 것만으로도 충분합니다. 3학년이 되면 첫 단원에서 파닉스가 아니라 바로 'Hello', 'Sorry', 'bag', 'pen', 'hat'과 같은 단어들을 배우게 됩니다. 영어를 학교에서 처음 접하게 되는 아이는 이런 단어학습과 더불어 알파벳과 파닉스까지 모두 익혀야 하는데 여기서 어려움을 겪을 가능성이 큽니다. 영어 공부를 오래 계속하려면 영어에 대한 흥미를 잃지 않는 게 중요한데, 아이가 영어 공부를 제대로 시작하기도 전에 좌절감을 느끼게 됩니다.

따라서 이 시기 영어 학습의 목표를 '알파벳 익히기와 가벼운 파닉스 훑기'로 잡고 차근차근 공부하는 것을 추천합니다. 파닉스를 어려운 학문처럼 느끼는 부모가 많지만, 파닉스는 영어 단어를 읽을 수 있도록 하는 간단한 공식이라고 생각하면 됩니다. 파닉스로 읽을 수 있는 단어는 전체 영어 단어의 70% 정도이지만, 아이가 '나도 영어 단어를 읽을 수 있다'라는 것을 깨닫는 순간 영어를 훨씬 재밌다고 느낀답니다.

*** 초등학교 저학년 학생에게 추천하는 알파벳, 파닉스 책/문제집**

책/문제집 이름	추천하는 이유
Happy House Phonics 1~3시리즈	A, B, C 부터 자음, 모음 등의 발음 기초 배우기
Mighty Phonics	파닉스 규칙을 실제 읽고 쓰기에 적용하기
Smart Phonics	'엄마표 영어'로 유명한 파닉스 기초 문제집
EBS English https://www.youtube.com/@EBSe/playlists	EBS에서 운영하는 유튜브 채널, 파닉스 팩토리 영상으로 공부하기
핑크퐁 영어 동요 모음 https://www.youtube.comwatch?v=6hWH_EAWk3U	영어 동요를 자주 들려주며 노출 늘리기

04

3학년이 되면 무엇이 달라지나요?

흔히 저학년으로 불리는 1~2학년을 마치고 3학년에 진급하게 된 아이들은 꽤 많은 변화를 마주합니다. 국어, 수학, 통합의 과목은 아홉 개의 과목으로 확장되고, 6교시까지 늘어난 시간표를 받게 되지요. 학생들이 느끼는 부담감도 함께 증가하기 때문에 3학년 초기에는 새로운 환경에 적응할 시간이 필요합니다. 3학년이 된 아이들은 어떤 과목을 새로 배우고, 학교에서 얼마나 많은 시간을 보내게 될까요?

★ 아홉 개의 과목과 6교시

3학년부터는 국어, 도덕, 사회, 수학, 과학, 음악, 미술, 체육, 영어로 총 9개의 과목을 배우게 됩니다. 아이들은 늘어난 교과서 수와 처음 듣는 교과 이름에 대해 다소 생소함을 느낍니다. 하지만 자세히 살펴보면 새롭게 생겨난 교과목은 저학년의 통합 교과에서 학습했던 내용과 관계 있음을 알 수 있습니다.

국어와 수학은 2학년 때까지 배운 과목이므로 익숙합니다. 물론 저학년과 비교해 한 단계 올라선 내용을 학습하게 됩니다. 국어 과목의 경우 중심 생각을 파악하거나 글의 내용을 추론하는 등 글과 담화가 가진 이면의 의미까지 파악하는 것을 배우게 됩니다. 수학은 소수, 분수 등의 새로운 수 개념을 배우고 이를 더하고 빼는 사칙연산이 나옵니다. 도형의 수학적 정의를 배우고 구성요소를 파악하며 간단한 그래프도 배웁니다. 1~2학년 때 배웠던 개념을 바탕으로 새로운 수학 개념에 접근하는 과정을 거치는 것이지요. 바른생활, 슬기로운 생활, 즐거운 생활 내용은 도덕, 사회, 과학, 음악, 미술, 체육의 과목으로 연계됩니다. 마지막으로 영어는 초등학교 3학년부터 새롭게 등장하는 과목입니다. 처음 보는 문자를 익히고 한국어와 어순이 다른 문장을 듣고 말하게 되지요. 국어와 전혀 다른 언어를 새로 배우기 때문에 영어는 아이들에게 낯설고 두려운 과목입니다. 따라서 아이들이 영어에 관심과 흥미를 느끼고 긍정적으로 받아들일 수 있도록 도와주어야 합니다.

1~2학년에 비해 교과목의 수가 늘어난 만큼 아이들이 소화해야 할 학습량도 증가했습니다. 그만큼 학습에 대한 부담감이 커지는 시기지만, 아이가 교과 학습을 위한 기본적인 습관과 학습 방법을 익힐 수 있는 최적의 시기입니다. 이 시기를 유익하게 보낸 학생들은 앞으로의 교과 학습을 자신감 있게 해나가게 됩니다.

6교시를 하는 것도 3학년에게는 큰 변화입니다. 보통 3~4학년은 일주일에 4번은 5교시, 1번은 6교시를 하게 됩니다. 6교시를 하는 날이 하루이긴 하지만, 경험이 없는 아이들에게는 굉장히 길게 느껴지기도 합니다. 오후 수업 시 집중력이 떨어지지 않도록 3학년이 되기 전, 가정에서 오후 시간을 활용하여 학습하는 것을 훈련한다면 추후 6교시 수업을 소화하는 데 큰 도움이 됩니다.

05

'배움 공책', '성장 공책'은 어떻게 쓰나요?

3~4학년부터는 '배움 공책' 혹은 '성장 공책'을 쓰며 학교에서 배운 내용을 정리하는 것이 좋습니다. 이 시기부터 배움 공책을 통해 하루에 배운 내용을 정리하며 나만의 공부 방법을 세워나가는 학생은 학업성취도 면에서 확실히 뛰어난 모습을 보입니다. 아이들의 학습적 성장을 위해 학교에서 배움 공책을 쓰도록 하는 선생님도 있습니다. 의미 없이 흘려보낼 수 있는 1~6교시 동안 아이들이 배운 내용을 스스로 정리하고, 느낀 점과 알고 싶은 점에 대해 작성하도록 하는 것입니다. 배우고 들은 내용을 직접 글로 정리하는 과정을 통해 수업 이해도와 집중력을 키울 수 있습니다. 저도 학생들에게 꼭 배움 공책을 쓰도록 하는 편입니다. 종례 시간에 아이들의 배움 공책을 살펴보면 "핵심을 잘 파악했구나!" 하는 학생이 있지만, "칸만 채웠구나" 하는 학생도 있습니다. 자기주도학습의 기본이 되며 아이들의 학습이해도를 쑥쑥 높일 수 있는 배움 공책은 어떻게 작성해야 할까요?

저는 아이들에게 코넬식 노트 필기법(아이들은 이름부터 어렵다고 쓰기 싫어할 수 있으므로 혼자만 알고 있습니다 ^^)을 수정해 배움 공책을 정리하도록 합니다. 우선 평범한 줄 공책에 2~3cm 정도 간격을 두고 세로 선을 그어 표를 만듭니다. 오늘 날짜, 요일을 적고 1~6교시 칸을 나누어 각 교시에 공부한 내용을 자세히 적으면 됩니다. 저는 수업에서 배운 '핵심단어'를 꼭 넣어서 작성하도록 권장하는 편인데요. 배운 내용 중 기억해야 하는 핵심단어를 포함해 배움 공책을 정리하면 머릿속에서 구조화를 하는 데 효과적입니다.

＊배움 공책을 작성하는 다양한 방법

반쪽 필기법	• 공책을 반으로 나누어 정리하기 • 수학 오답 노트 쓰기, 그림으로 표현하기 좋은 사회/과학 필기 시 사용
마인드맵	• 중심 단어를 가운데 적고 도형과 선을 이용해 정리하기
비주얼씽킹	• 생각을 글과 그림으로 표현하기 • 많은 내용을 알아보기 쉽게 구조화하는 것이 장점
도표	• 항목을 나누어 표로 정리하기 • 장단점을 나눠 정리하거나 두 개념을 비교할 때 사용
연표	• 수직선을 그어 역사적 사실이 일어난 순서를 파악할 때 사용
기타	• 형광펜으로 하이라이트 하기, 붙임쪽지 이용하기, 색 볼펜 활용하기 등

*배움 공책 실제 예시

오늘 날짜, 요일, 기분 등	2023년 4월 19일 😊 비가 추적추적 오는 날씨
교시, 과목	1교시 사회 핵심단어
배운 내용 정리하기	• 세시 풍속이란?
	세시 : 매년 같은 시기에 반복되는 날 ex. 설날에는 떡국, 세배
	풍속 : 옛날부터 전해 내려오는 생활 습관 추석에는 성묘, 송편!
	1. 정월 대보름 : 음력 1월 15일
	하는 일 - 달집태우기, 쥐불놀이 새해 소원과 그 해 풍년을 빌고, 나쁜 기운을 쫓는 것!
	먹는 음식 - 오곡밥, 부럼 건강을 비는 것!
	2. 단오 : 음력 5월 5일
	하는 일 - 부채 주고 받기, 창포물에 머리 감기 여름을 시원하게 보내라는 의미, 나쁜 기운을 쫓는 의미
	먹는 음식 - 수리취떡, 앵두 화채
	들여쓰기 활용!
느낀 점	느) 재밌는 세시풍속이 많은 것 같다! 나도 동지때 팥죽을 먹은 적이 있어서 신기했다.
궁금한 점	질) 세시 풍속은 왜 생겼을까?
	2교시 창체
	• 돌아라 잡아라!
	공격과 수비로 나눠져서 우리 팀 조끼를 지키는 게임이다.
	수비를 몸으로 건드리면 안 된다. 열심히 움직이게 되는 게임이었다.
	느) 우리반과 협동 게임을 해서 재미있었다. 시원이가 잘 도와줘서 고마웠다.
한 줄 감사	1. 오늘 급식에 내가 좋아하는 딸기가 나와서 감사합니다.
	2. 창체시간에 친구들과 협동할 수 있어서 감사합니다.
	3. 선생님께서 열심히 수업해주셔서 감사합니다.

처음부터 배움 공책을 완벽히 작성하는 아이는 없습니다. 실제로 학급에서도 잘 쓴 사례를 보여주고 똑같이 쓰라고 해도 어려워하는 아이가 많습니다. 배움 공책을 쓸 때 중요한 것은 매일 반복해서 쓰며 발전해나가는 것이지요. 아이가 배움 공책을 썼다면 잘 쓴 점에 대해 칭찬을 아끼지 않고 격려하여 더욱 즐겁게 공부할 수 있도록 도와주는 것이 좋습니다.

06

학습 습관을 잡아주려면 어떻게 해야 하나요?

아이가 성장해나가면서 학습 습관을 잡아줘야겠다 하는 생각이 들게 됩니다. 3~4학년은 저학년 때 배웠던 것들이 발현되는 시기입니다. 줄을 서고 차례 지키기, 정리 정돈 하기, 식사 예절 지키기 등의 기본 생활 습관과 스스로 학습하려는 자기주도학습 능력, 원하는 책을 골라 진득하게 읽는 독서 습관 등의 기본 학습 습관. 이런 기초 습관들이 잘 갖추어진 아이들과 그렇지 않은 아이들은 학교생활과 학업 성취도 면에서 확연한 차이를 보입니다. 특히 저학년 때 세운 독서 습관은 아이들의 어휘력에서부터 차이를 가져옵니다. 저학년 때 책을 많이 읽은 아이들은 어려워지는 교과서 내용과 어휘를 자연스럽게 받아들이지만, 책 읽기를 소홀히 한 아이들은 교과서를 읽고 이해하기까지 비교적 오랜 시간이 걸립니다.

중학년 학습의 또 다른 특징은 체험, 놀이 위주의 학습을 넘어 원리나 개념을 익히는 학습이 시작된다는 것입니다. 사회, 과학 과목으로 확장된 교과에는 기본 개념이나 원리를 익히고 배운 내용을 구조화하는 수업이 많습니다. 처음 들어보는 생소한 개념에 아이들은 낯설어하고, 어려워지는 학습 내용에 점점 공부를 싫어하게 되기도 합니다. 고학년으로 갈수록 수업시간도 늘어나고 학습량도 많아지므로, 이 시기에 기본 학습 습관을 잘 잡아두는 것이 중요합니다.

★ 예습과 복습부터 시작하기

예습과 복습이 중요하다는 것은 누구나 아는 사실이지만, 실천하는 학생은 많지 않습니다. 3학년부터는 교과서에 담긴 내용이 충분하므로 예습과 복습만으로도 학습에 큰 도움을 받을 수 있습니다. 교과서를 펼쳐 배울 내용은 무엇인지, 배운 내용이 무엇인지 간단히 읽어보는 정도로도 충분합니다. 어렵고 생소한 단어가 등장하는 교과서를 미리 읽어보면 수업에 대해 궁금증을 갖게 되는데요. 이 작은 궁금증은 수업에 대한 집중력을 높여주게 되어 학습에 도움을 줍니다. 마지막으로 수업이 끝난 뒤 복습까지 한다면 머릿속에 배운 내용을 오래 기억하게 됩니다.

★ 수학 문제집 풀기

수학은 학년 간 내용이 긴밀하게 연결되어 있는 대표적인 과목입니다. 현 학년에서 배우는 수학 내용을 제대로 이해하지 못하면 다음 학년 학습을 잘 해내기 어렵지요. 따라서 교과서에 있는 개념과 연산 방법을 확실하게 이해하고 문제를 해결하는 연습을 해야 합니다. 이를 위해 가정에서 최소 1권 이상의 수학 문제집을 풀기를 추천합니다. 기본적으로는 구구단, 자릿수가 다양한 나눗셈 등 반복적인 연산 훈련을 할 수 있는 문제집을 풀고 나서 익숙해지면 학기별 내용을 복습할 수 있는 문제집을 풀면 됩니다. 사칙연산을 탄탄하게 잡은 학생은 이후 수학 학습에서도 자신감을 가집니다.

★ 책 읽기와 글쓰기

학습 내용이 어려워지는 중학년 시기에는 아이들의 어휘력과 문해력이 중요합니다. 하지만 어휘력과 문해력은 수학처럼 문제집을 많이 푼다고 해서 갖출 수 있는 것이 아닙니다. 꾸준한 독서와 글쓰기를 통해 글의 흐름이나 읽기, 쓰기 방법을 자연스럽게 습득해야 합니다. 아이와 함께 가벼운 필사를 해보거나 신문, 잡지, 동화책, 만화 등 다양한 종류의 글 읽기를 해보는 것을 추천합니다. 이때부터 쌓인 좋은 독서 습관과 글쓰기 실력은 앞으로의 학습에 좋은 자양분이 됩니다.

07

글씨가 엉망이에요. 어떻게 고쳐줘야 할까요?

아이들의 배움 공책, 국어책을 검사하다 보면 글씨를 잘 못 쓰는 아이들이 참 많습니다. 컴퓨터와 스마트폰을 훨씬 많이 쓰게 되면서 손으로 글씨를 쓸 기회가 거의 없어 글씨체가 엉망이 된 것이지요. 초등학교 중학년 시기부터는 한글을 완전히 익혀 자신만의 글씨체를 만들어나가게 됩니다. 따라서 이 시기에 아직 삐뚤빼뚤한 글씨를 쓰거나 알아보기 힘든 글씨를 쓰는 아이가 있다면 안 좋은 습관이 굳어지기 전에 글씨를 바르게 쓰는 연습을 해야 합니다.

가장 먼저, 바르게 연필 잡는 법을 알려줍니다. 올바른 연필 잡기가 아닌 자신만의 방법으로 연필을 잡는 아이들에게 물어보면 "바르게 연필 잡는 건 손이 아파요.", "제 방식대로 잡는 게 편해요."라고 이야기합니다. 실제로 반복적으로 연필을 잡고 글씨를 쓰는 행위는 정신과 신체 발달의 기본이 되는 소근육을 강화하는 활동입니다. 어느 정도 힘이 드는 것이 당연하지요. 이를 기억하며 힘들더라도 올바른 연필 잡기를 꼭 배워야 합니다. 올바른 연필 잡기가 바른 글씨의 시작이기 때문입니다.

★ 삐뚤빼뚤한 글씨의 원인을 찾아보자

아이의 글씨가 삐뚤빼뚤하다면 그 까닭을 찾는 것이 중요합니다. 손에 힘이 없어 글씨가 날아가듯 쓰는 아이가 있는가 하면 글자와 글자 사이가 너무 좁아 읽기 어려운 글씨를 쓰는 아이도 있습니다. 모음과 자음의 크기가 들쑥날쑥해 글씨가 고르지 않아 보일 수도 있지요. 아이가 쓴 글을 살펴보며 글씨가 바르지 않은 이유를 먼저 찾아야 합니다. 이에 따라 교정 방법이 달라지기 때문입니다.

우선 손힘이 없어 글씨를 못 쓰는 아이가 있다면 진한 2B연필이나 4B연필을 활용해 선 긋는 연습을 하도록 합니다. 한 획마다 같은 힘을 주어 긋는 연습을 하며 모든 글자를 끝까지 바르게 적도록 하는 것입니다. 손힘이 없는 아이들은 보통 글씨를 빠르게 쓰는 경향이 있기에 한 문장을 쓰더라도 천천히 공들여 쓰는 연습이 필요합니다.

초등학교에서는 보통 줄 공책을 쓰기 때문에 줄 간격은 잘 지켜 쓰는 아이들이 많습니다. 하지만 글자 간격이 너무 좁거나 너무 넓게 글씨를 쓰는 아이들은 '자음과 모음 사이의 거리', '글자와 글자 사이의 거리'를 일정하게 유지하는 연습이 필요합니다. 이를 위해 모눈종이에 글쓰기를 추천합니다. 한 글자 안에서 자음과 모음을 띄어 썼는지, 문장 내에서 띄어쓰기를 일정하게 했는지 등을 모눈종이 눈금을 통해서 스스로 파악하도록 하는 것입니다.

아이가 가지고 있는 글씨 습관은 짧은 시간 내에 바꾸기 어렵습니다. 처음에는 삐뚤빼뚤한 글씨 속에서도 잘 쓴 글씨를 1~2개 골라 칭찬하고 격려해주어야 합니다. 그 글씨처럼 예쁘게 쓸 수 있도록 유도하는 것이지요. 부모와 함께 바르게 연필을 잡는 연습, 획을 끝까지 쓰는 연습을 하며 반듯한 글씨를 쓰고자 꾸준히 노력한다면 쓰기도 편하고 보기에도 좋은 예쁜 글씨를 쓸 수 있을 것입니다.

08

맞춤법을 많이 틀리는 아이, 어떻게 교정해야 할까요?

배움 공책과 글쓰기 숙제를 검사하다 보면 요즘 아이들의 맞춤법 실력을 체감합니다. '게임'을 '개임'으로 쓰는 아이가 있는가 하면 '채점'을 '체점'이라고 쓰는 아이도 있습니다. 물론 초등학생이기에 100% 정확한 맞춤법을 구사하는 건 어렵습니다. 하지만 이 시기에 맞춤법을 제대로 공부하지 않으면 고학년이 되어서도 고치기가 쉽지 않습니다. 오랫동안 사용해오던 표현이니 자신이 쓰는 틀린 표현을 오히려 익숙하게 느끼기 때문입니다. 따라서 평소 아이가 쓴 글을 살펴보며 맞춤법을 조금씩 지도해야 합니다.

★ 맞춤법을 자연스레 습득할 수 있는 필사

아이들의 맞춤법 교정을 위한 가장 쉬운 방법은 책이나 신문을 필사하는 것입니다. 10칸 공책에 책의 일정 부분을 베껴 쓰면서 맞춤법을 공부합니다. 책은 출판되기 전 여러 사람과 여러 과정을 거쳐 다듬어집니다. 따라서 일정 수준 이상이 보장된 글이지요. 아이들이 따라 쓰는 것만으로도 올바른 맞춤법과 띄어쓰기를 습득할 수 있습니다. 아이가 좋아하는 책이 있다면 일부 구절을 써도 되고, 유명한 소설을 골라 필사해도 됩니다.

아이들이 맞춤법을 틀리는 흔한 이유는 그 단어를 잘 모르기 때문입니다. '굳이'라는 단어가 쓰이는 것을 많이 접하지 못해 소리 나는 대로 '구지'라고 쓰기도 하며 '괄호'를 아이들에게 익숙한 '가로'로 쓰기도 합니다. 필사를 꾸준히 하다 보면 폭넓은 단어를 접하며 이러한 오류가 조금씩 줄기 시작합니다. 여러 낱말이나 표현을 눈으로 담고, 손으로 쓰는 과정을 반복하며 자연스레 맞춤법을 습득합니다. 공책 한 권에 매일 10~20분씩 짧게라도 필사를 해보세요. 어휘력과 맞춤법 실력이 쑥쑥 오릅니다.

★ 꼭 해야 하는 고쳐쓰기

수학 문제를 푼 후 검토를 하는 것처럼 글쓰기에도 고쳐쓰기 단계는 필수입니다. '있어다', '올라와다', '화요리'…, 실제로 아이들이 쓴 글 중 일부입니다. 각각 '있었다', '올라왔다', '화요일'을 잘못 쓴 것입니다. 이 단어들은 아이가 몰라서 잘못 쓴 것이 아닙니다. 대충 빠르게 글을 쓰고 넘어가려다 보니 실수한 경우가 대부분입니다. 이럴 때는 쓴 글을 소리 내어 다시 읽어보면 오류를 충분히 고칠 수 있습니다. 글을 쓴 후 아이가 스스로 글을 읽어보며 맞춤법에 맞게 썼는지 점검하는 과정을 거쳐야 합니다. 만약 아이가 모를 만한 맞춤법이라면 부모가 아이의 글을 함께 읽으며 바로잡아주어도 됩니다. 잘못 쓴 단어나 문장에 밑줄을 긋고, 올바른 맞춤법을 알려주는 것이지요. 두세 번의 반복만으로도 아이는 맞춤법을 충분히 습득할 수 있습니다.

★ 중요한 건 꺾이지 않는 마음!

부모가 옆에서 여러 번 가르쳐줘도 아이들은 비슷한 맞춤법 실수를 반복합니다. 하지만 맞춤법을 과도하게 지적하는 것이 아이의 글쓰기에 부정적인 영향을 끼친다는 것을 꼭 기억해야 합니다. 맞춤법에 지나치게 집중하다 보면 아이들은 틀리는 게 두려워 글쓰기를 꺼리기도 하기 때문입니다. 맞춤법은 어른들에게도 어려운 영역입니다. 아이가 맞춤법을 자꾸 틀리더라도 혼내고 다그치기보다는 인내심을 가지고 여러 번 반복해서 가르쳐주세요. 아이 스스로 바른 맞춤법에 관심을 가지는 순간, 오류는 눈에 띄게 줄어들 것입니다.

09

'책 읽는 아이'로 만들고 싶어요. 어떻게 해야 할까요?

책 읽기의 중요성은 여러 번 말해도 지나치지 않습니다. 독서는 아이들의 정서 발달과 사회성 발달 측면에서 매우 중요한 역할을 합니다. 특히 초등학교 시기의 독서는 아이의 어휘력과 문해력 향상에도 도움이 될 뿐만 아니라 교과 학습에도 큰 도움을 주지요. 아이들이 좋은 독서 습관을 만들기 위해서 어떻게 해야 할까요?

★ 책을 긍정적으로 바라보도록 해주세요

저희 반 아이 중에 책에서 눈을 못 떼는 아이가 있었습니다. 쉬는 시간은 물론이고, 틈만 나면 책을 읽던 아이였습니다. 여느 날처럼 주말을 보내고 온 아이에게 주말 동안 무엇을 했냐고 물으니 "도서관에서 놀다 왔어요."라고 하더군요. '도서관'과 '놀다'. 처음에는 성격이 전혀 다른 두 단어가 붙어 있다고 생각했습니다. 학부모 상담을 통해 알게 된 사실은 아이가 주말마다 도서관에 가서 다양한 책을 탐색하고, 도서관 앞 공터에서 배드민턴도 하고, 책을 읽다가 맛있는 도시락도 먹으며 부모님과 함께 시간을 보내다 온다는 것이었습니다. 그 아이에게는 도서관에 가는 일이 지루하거나 재미없는 일이 아니라 즐거운 일인 것이었죠. 이런 경험이 반복되면서 아이가 자연스럽게 책에 흥미를 느끼게 된 것입니다.

책을 많이 읽는 아이의 특징은 책을 긍정적으로 바라보고 있다는 것입니다. 아이가 '책은 나에게 즐거움과 지혜를 주는 존재'라고 생각하기 위해서는 부모의 역할이 중요합니다. 아이를 책이 많은 환경에 노출해 책을 친숙하게 느끼도록 하고, 책 읽는 사람들을 자주 접하며 좋은 자극을 주는 것이 방법입니다. 앞선 사례처럼 아이와 함께 도서관에 자주 가는 방법도 있습니다. 책이 가득한 도서관 주위에서 시간을 보내며 책과 아이가 함께하는 행복한 추억을 많이 만들어보세요. 아이가 자연스레 책을 좋아하게 될 것입니다.

★ 함께 책에 관한 이야기를 나눠보세요

시간이 날 때마다 틈틈이 책을 읽는 것도 좋지만, 책을 좋아하지 않는 아이들은 시간을 '내서' 책을 읽도록 해야 합니다. 부모와 함께 일주일에 30분에서 1시간 정도는 함께 책을 읽고 이야기를 나누는 것을 추천합니다. 책의 내용에 관해 이야기를 나누면서 아이는 등장인물의 감정에 공감하는 능력도 키우고, 여러 사람의 생각을 들으며 어휘력과 표현력도 기를 수 있습니다.

*책 읽기 후 나눌 수 있는 질문의 종류

사실 질문 : 내용 확인 질문으로 책에 나온 사실을 확인하는 질문입니다.
(할머니가 아이에게 건넨 물건은 무엇이었나요?)

추론 질문 : 내용을 바탕으로 암시된 정보를 추론하는 질문입니다.
(할머니가 아이에게 일기장을 준 이유는 무엇이었을까요?)

평가 질문 : 인물이 한 행동이나 말에 대한 가치 판단을 묻는 말입니다. (할머니가 아이에게 한 행동은 적절하다고 생각하나요? / 나라면 어떻게 했을까요?)

아이들에게는 책보다 영상으로 된 작품들이 더 익숙할 수 있습니다. 따라서 책을 읽고 나서 책이 영상화된 자료들도 함께 보는 것도 좋습니다. 영화나 드라마, 뮤지컬 등으로 표현된 책을 보면서 아이는 다양하게 해석되는 책에 대해 더욱 매력을 느낄 것입니다.

★ 아이의 독서 방식을 존중해주세요

책을 많이 읽는 아이를 둔 부모도 걱정하는 것이 있다면 '편독'일 것입니다. 특정 장르, 영역에만 치우쳐 책을 읽는 것이지요. 사실 아이들이 편독하는 것은 당연합니다. 책을 다양하게 읽어야 한다는 생각보다는 재미있어 보이는 책, 궁금증이 생겨 읽고 싶은 책을 집히는 대로 읽는 아이들이 많기 때문입니다. 특정 분야의 책만 많이 읽는 아이를 발견한다면, 혼내거나 다그치지 말고 천천히 독서의 영역을 확장해주는 것이 좋습니다. 우선 책 자체에 흥미를 느끼고 있음을 충분히 칭찬해준 뒤 다른 방향도 제시하여 노출을 서서히 늘리는 것이지요. 흥미를 보이는 영역의 다른 장르나 같은 작가의 다른 작품을 소개해 아이의 독서 폭을 넓혀주는 것이 필요합니다.

이 세 가지 방법의 핵심은 부모와 함께하는 독서입니다. 부모가 먼저 아이에게 책을 읽는 모습을 보여주고, 다양한 책을 소개하고, 아이와 함께 이야기를 나누는 것 자체로 아이는 책을 좋아하게 됩니다. 이번 주말은 아이와 함께 도서관 데이트, 어떠신가요?

10

일기를 더 재밌게 쓰는 방법은 없을까요?

많은 아이가 '일기'를 쓰기 싫고, 끝까지 미루는 숙제라고 생각합니다. "너 일기는 썼니?", "얼른 일기 써."라는 말도 부모의 단골 잔소리 중 하나지요. 그런데도 학교의 많은 선생님이 일기를 과제로 냅니다. 왜일까요? 일기가 부모와 선생님, 아이 사이의 소통창구가 된다는 이유도 있지만, 일기는 그 자체만으로도 어휘력 향상, 글쓰기 실력향상 등의 다양한 장점이 있기 때문입니다. 무엇보다 일기는 아이가 스스로 자신의 기록을 남긴다는 측면에서 의미가 있습니다. 글감 찾기를 어려워하고, 일기 쓰기를 싫어하는 아이에게 알려주면 좋은 다양한 일기 쓰기 방법을 소개합니다.

1) 학습 일기

배움 공책과 비슷한 형식의 일기입니다. 학습 일기는 배운 내용을 복습할 수 있고, 그에 대한 자기 생각을 정리하며 배움의 폭이 넓어지는 효과가 있습니다. 사회, 과학, 수학 등 다양한 과목을 골라 학습 일기 형식으로 쓸 수 있습니다. 오늘 공부한 시간표를 살펴보며 학습 일기로 쓸만한 것이 있는지 찾아보면 도움을 받을 수 있습니다.

2) 인터뷰 일기

주위 사람들을 인터뷰하는 것은 아이에게 재밌는 일기 소재가 될 수 있습니다. 친한 친구를 인터뷰하거나 부모님과 선생님을 인터뷰할 수도 있습니다. 인터뷰 질문을 생각하는 것부터 타인의 이야기를 듣는 것까지 모두 아이가 다른 사람과 사회를 이해하는 연결고리가 됩니다. 처음에는 인터뷰 질문을 만들기 어려워할 수 있으니 부모가 옆에서 생각의 물꼬를 틀어주는 것이 좋습니다.

3) 독서 일기

독서 일기는 책을 읽고 쓰는 독서록과 비슷합니다. 줄거리를 요약하거나 인상 깊은 장면을 쓸 수도 있습니다. 책을 읽고 나서 얻은 교훈은 무엇인지, 궁금한 점과 책에 대한 한 줄 평 등을 쓰면 됩니다.

4) 편지 일기

편지는 마음을 전달하는 수단인 만큼 일기에 녹여 쓸 수 있습니다. 편지를 쓰고 싶은 대상을 떠올린 후 자기 생각과 마음을 담아 쓰면 됩니다. 독서 일기와 결합해 책을 읽은 후 주인공에게 편지를 쓰는 방법도 있습니다. 일기에 쓰는 편지는 꼭 보내지 않아도 되기 때문에 부끄러워서 차마 전하지 못했던 말을 쓸 수도 있지요.

5) 그림 일기

어렸을 때 쓰던 그림 일기의 형식도 좋지만 가끔은 네 컷 만화나 있었던 일을 그림과 함께 나타내 일기를 쓸 수 있습니다. 그림 그리기를 좋아하는 아이들은 이런 방법으로 일기 쓰기에 흥미를 붙이기도 합니다. 핸드폰으로 자신의 사진을 보며 따라 그리거나 체험학습 후 본 풍경을 그리는 것은 글을 더 풍부하게 만듭니다.

6) 동시 짓기

시 짓기는 아이들의 창의력과 감수성 향상에 도움이 됩니다. 오늘 하루 동안 있었던 일을 떠올리며 시를 지어도 되고, 평소에 느끼는 감정이나 생각을 토대로 시의 소재를 떠올릴 수도 있습니다.

★ 즐거운 일기 쓰기를 위한 부모의 역할

즐거운 일기 쓰기를 위해 가장 중요한 것은 아이의 마음에 공감하는 것입니다. 아이가 느낀 감정, 아이가 낸 아이디어를 열린 마음으로 그대로 수용하는 것입니다. 부정적인 피드백을 주는 것보다는 '글쓰기'라는 행위 자체에 초점을 두고 격려하다 보면, 글쓰기 실력이 향상되며 점차 좋은 글을 쓰는 아이의 모습을 볼 수 있을 것입니다. 아이가 일기를 쓰기 힘들고 어려운 것이라고 느끼지 않도록 앞서 소개한 다양한 일기의 형식을 보여주며 아이와 이야기를 나누어보는 것을 추천합니다. 일기 쓰기가 하기 싫은 숙제를 억지로 하는 시간이 아닌 아이의 일상을 소중히 담는 시간이 되기를 바랍니다.

벌써 고학년인데, 자기주도학습은 어떻게 시작하나요?

초등학교 5, 6학년은 인지 발달상 주위를 살피기 시작하며 사회관계를 이해해 나가는 시기입니다. 자아 정체성이 점차 확립되면서 스스로 행동하려는 '주도성'이 커지면서도 나를 둘러싼 환경의 눈치를 보는 시기이기도 하지요. 공부를 잘하는 아이이든, 잘하지 못하는 아이이든 '나는 반에서 공부를 잘하는 편인 것 같아.' 혹은 '이제는 나도 공부 좀 해야 하나?' 하는 생각을 하면서 스스로 학습의 주도성을 가지고자 하는 마음이 생기게 됩니다. 이 시기가 자기주도학습 습관을 잡기에 적합한 때인 이유가 바로 여기에 있습니다. 아이들의 이런 마음을 긍정적인 방향으로 이끌어 더 늦기 전에 자신만의 공부 전략을 찾도록 해야 합니다. 이전까지는 부모가 학습의 주도성을 가지고 있었다면 이제는 그 열쇠를 아이에게 넘겨주어야 합니다.

★ 학습플래너를 통해 관리해보세요

부모님이 정해준 시간에 맞게 일어나고, 학교에 가고, 학원에 가는 아이들은 갑자기 스스로 계획을 세워 무언가를 해야 한다는 것이 어색할 것입니다. 아이들이 스스로 자신의 시간을 계획하고 관리할 수 있도록 학습플래너를 쓰는 것을 추천합니다. 시간별로 자세히 나눠 쓰는 것이 좋겠지만 처음에는 어려울 수 있습니다. 따라서 간단히 하루에 할 일을 적어나가는 것부터 시작하면 됩니다. '수학 문제집 2장 풀기', '영어 단어 10개 외우기', '5시에 친구 만나기'처럼 내가 해야 할 일을 떠올리고 적는 것입니다. 아이들이 직접 자신의 할 일과 일정을 정리하는 것만으로도 학습을 넘어 자기 삶에 대한 주도성을 가지게 됩니다. 시중에는 다양한 학습플래너들이 있습니다. 서점이나 문구점에 가서 하나씩 살펴보고 마음에 드는 학습플래너를 직접 사는 것을 추천합니다. 고르기 어렵다면 오늘의 할 일을 쓰고 완료한 목록은 체크 할 수 있는 부분이 있는 간단한 형태의 학습플래너를 먼저 써보는 것도 좋습니다. 처음에는 학습플래너를 쓰는 것이 귀찮고 어려울지 몰라도 하루하루 열심히 쓰다 보면 나에게 맞는 공부 방법, 플래너 작성법을 찾을 수 있습니다.

★ 작은 목표부터 시작해보세요

자기주도학습의 시작은 '목표 세우기'입니다. 하나의 목표를 가지고 이를 향해 집중하는 것은 학습효과를 극대화하는 데 도움이 됩니다. 목표를 세울 때 가장 중요한 것은 실현할 수 있는 구체적이고 단기적인 목표를 세우는 것입니다. 아이들에게 너무 장기적인 목표는 오랜 시간이 걸리기 때문에 당장 동기가 생기기 어렵고, 너무 복잡하거나 장황한 목표는 지금 당장 해야 할 일이 무엇인지 파악하기가 어렵지요. 따라서 최대한 구체적이고 단기적인 목표를 세워야 합니다. 이런 목표들을 가볍게 달성해나가면서 아이들은 작은 성공을 경험할 수 있습니다. 예를 들어, '수학 문제집 풀기', '과학 단원평가 공부하기'보다는 '6시까지 수학 문제집 21~23쪽 풀기', '과학 배움 공책 복습 후 교과서 45~60쪽 읽기'와 같은 목표를 세우는 것이 좋습니다. 제한 시간을 정해 해야 할 일을 정확하고 자세히 적는 것이지요. 이런 목표는 내가 지금 바로 할 일이 무엇인지 쉽게 파악할 수 있기 때문에 목표 달성을 위한 행동을 바로 실행할 수 있게 도와줍니다.

12

초등학생의 컴퓨터 활용 능력, 얼마나 필요한가요?

2010년에서 2024년에 태어난 아이들을 '알파세대'라고 부릅니다. 알파세대는 태어날 때부터 기계와 친숙하게 소통하고 기술적 진보를 경험하며 자랐습니다. 특히 알파 세대의 스마트폰 사용 능력은 전 세대를 통틀어 최고 수준입니다. 스마트폰 속에서 자신들만의 문화를 만들어 나가지요. 하지만 신기하게도 학급 아이들과 컴퓨터실에서 수업을 하다 보면 아이들의 컴퓨터 활용 능력은 스마트폰과 비교해 상상 이상으로 낮다는 것을 알게 됩니다. 아이들이 컴퓨터 대신 스마트폰이나 태블릿PC를 활용하기 때문에 컴퓨터에 익숙하지 않은 것입니다. 하지만 컴퓨터 활용 능력은 스마트폰과는 별도로 꼭 필요한 기능 중 하나입니다.

★ 타자 능력과 문서 작업 능력 익히기

컴퓨터를 효과적으로 활용하기 위해 타자 능력은 필수입니다. 컴퓨터를 자주 사용하지 않는 아이들에게는 키보드 자판이 익숙하지 않습니다. 열 손가락을 동시에 활용하여 타자하는 것은 핸드폰 타자에 비해 훨씬 어렵지요. 실제로 6학년 학생 중에서도 타자 연습을 하지 않아 아직도 독수리 타법인 학생이 많습니다. 타자 능력을 기르기 위해서는 꾸준한 연습이 필수입니다. 글자판의 위치를 익히는 자리 연습부터 낱말 연습, 짧은 글 연습, 긴 글 연습 순으로 타자 연습을 할 수 있도록 도와주세요. 타자 연습 프로그램은 다운로드나 설치 없이 웹상에서 바로 이용할 수 있어 접근성이 좋습니다. 또한 게임 방식을 이용한 타자 연습은 아이들의 흥미를 유발해 효과적으로 활용할 수 있습니다.

문서 작업은 중학교, 고등학교에서도 꼭 필요한 작업입니다. 학생들이 학습에 자주 활용하게 되는 프로그램은 한글, MS워드, 파워포인트 등입니다. 주제와 관련된 지식과 정보를 조사하여 정리하는 용도로 사용합니다. 글꼴, 글자 크기, 정렬 방식을 조절해 문서를 깔끔하게 만들고 강조하고 싶은 글자의 색이나 두께를 변경하는 방법을 알아두어야 합니다. 특히 표를 만들고 편집하는 방법을 익혀 복잡한 자료를 간단히 정리하고 구조화할 수 있도록 지도해야 합니다.

파워포인트를 활용해 여러 사람 앞에서 발표하기 위한 자료를 만들기도 합니다. 발표를 위한 자료를 제작해야 하기 때문에 학생들은 파워포인트 작업을 하면서 중요한 내용이나 문장을 선별하는 연습을 하게 됩니다. 그림이나 사진, 동영상, 오디오 파일을 삽입하는 방법을 익히고 표와 그래프를 만드는 방법을 숙지한다면 효과적으로 발표하기 위한 자료를 제작할 수 있습니다.

★ 동영상 제작 능력 익히기

동영상 편집에 활용할 수 있는 프로그램은 매우 다양합니다. 컴퓨터에서 사용할 수 있는 전문가급 프로그램이 존재하지만, 스마트폰이나 태블릿PC로 쉽게 접근할 수 있는 프로그램도 있습니다. 스마트폰으로 사용하는 프로그램은 복잡한 절차를 간소화하여 효율적인 작업을 가능하게 하였다는 것이 장점입니다. 동시에 충분히 질 높은 영상을 제작할 수 있어 학생들이 활용하기에 좋습니다. 무료로 사용할 수 있는 스마트폰용 편집 프로그램은 캡컷, 키네마스터, 블로 등이 있습니다.

동영상 편집을 위해 가장 기본적으로 배워야 할 내용은 영상 자르고 붙이기, 자막 편집 및 디자인하기, 음악 삽입하기입니다. 이 정도 기능만 익히더라도 매력적인 영상을 만들고 주제와 관련된 메세지를 충분히 전달할 수 있습니다. 더불어 마스크Mask 기능과 애니메이션Animation 기능을 이해하면 다채로운 구성의 영상을 제작할 수 있습니다. 마지막으로 편집 프로그램에 내장되어 있는 몇 가지 효과를 적절하게 사용한다면 영상미까지 갖춘 영상 콘텐츠를 제작할 수 있습니다.

13

학습 격차가 눈에 보이는데, 이제는 잡아주고 싶어요!

저학년 때까지만 해도 눈에 잘 띄지 않았던 학습 격차는 5~6학년이 되면서 뚜렷하게 나타나기 시작합니다. 학습 부진을 겪는 아이들은 학습 내용 심화에 따라 수업 내에서 해결해야 하는 수학 익힘책의 문제도 풀기 힘겨워하는 모습을 보이게 됩니다. 이 시기에 지금까지 부족한 학습을 보충하지 않으면 학습 격차가 더욱 벌어질 수 있습니다. 고학년 학습의 경우 중학교 학습과도 직결되기 때문에 세심하게 살펴야 할 부분이기도 합니다. 자아 형성의 시기이니만큼 부모는 아이가 스스로 목표를 가지고 학습에 임할 수 있도록 옆에서 도움을 주는 것이 바람직합니다.

아이가 학습 부진을 겪고 있다면 학기 초 실시한 진단평가의 결과를 토대로 담임 교사가 먼저 말을 꺼낼 것입니다. 하지만 부모 또한 아이의 상태를 정확히 아는 것이 중요합니다. 아이에게 이전 학년의 교과서 문제를 제시해 풀어보도록 해보세요. 아이가 푼 문제를 직접 채점해보며 아이에게 부족한 개념이 무엇인지 찾을 수 있을 것입니다. 이렇게 아이의 현재 상태를 파악하는 것은 맞춤형 처방을 내리기 위한 필수 단계입니다.

★ 아직 늦지 않았다?! 마지막 기회를 잡아야 합니다

진단평가나 부모의 판단으로 학습 격차를 발견했다면 다양한 방법을 통해 이를 줄여나갈 수 있습니다.

1) 학교 자체 프로그램 참여하기

교육부에서는 학습 부진 학생들을 위한 많은 정책을 시행하고 있습니다. 기초 학력 미달 학생들을 위해 학습지도를 하는 수업도 있고, 담임선생님과 함께 방과 후에 함께 공부하는 프로그램도 마련되어 있습니다. 진단평가 후 기준 점수에 도달하지 못한 학생이나 기준 점수와 비슷한 점수를 받아 추가 학습이 필요한 학생은 교사가 학부모님께 연락을 드려 수업에 참여할 것을 권유드립니다. 시간이 된다면 학교 자체 프로그램에 꼭 참여해 보세요. 일대일 지도가 거의 불가능한 수업시간과 달리 방과 후 시간에는 교사와 아이가 오랜 시간 함께하며 맞춤형 지도가 가능하기 때문입니다. 아이의 현재 학습 상태를 가장 잘 알고 있는 담임 교사에게 적절한 보충 수업을 받을 수 있는 절호의 기회이니 열린 마음으로 참여를 고민해보세요.

2) 아이의 기본 집중력, 학습 자신감 키우기

배움이 느린 학생들을 살펴보면 기본적으로 집중하는 시간이 짧다는 공통점이 있습니다. 학습에 대한 성공 경험이 적기 때문에 학습 자신감도 낮은 경우가 많습니다. 따라서 아이의 기본 집중력과 학습 자신감을 올리기 위한 적극적인 도움이 필요합니다. 집중력은 노력으로 충분히 키울 수 있는 영역입니다. 우선 가정에서 아이의 수준에 딱 맞거나 살짝 어려운 문제를 반복적으로 제시해 풀도록 하는 것이 좋습니다. 수준에 맞는 문제를 해결하는 과정을 반복하면 아이는 성취감과 자신감을 얻을 수 있습니다. 또한, 도전 의식을 불러일으키는 어려운 문제를 해결하면서 집중력도 자연히 늘게 되지요.

중요한 것은 아이의 노력에 대한 부모의 칭찬과 지지입니다. 스스로 학습하려는 자세에 대해 부모가 계속해서 긍정적인 피드백을 주는 것은 아이의 학습 자신감에 큰 영향을 끼칩니다. 작은 성공에도 큰 칭찬을 주며 아이를 북돋워 주세요. '나는 공부를 못하는 아이야'라는 생각에서 '나도 공부하면 되는구나!'라는 생각으로 변화하기 위해 부모의 전폭적인 지지가 필요합니다.

＊기초 학력 증진에 도움이 되는 사이트

기초학력진단-보정 시스템 https://s-basic.sen.go.kr/pt/index.do	기초 학력 미달 학생의 기초 학력 보장을 위해 체계적인 진단-보정 프로그램을 제공하는 사이트입니다. 교사의 도움을 받아 학생이 이용할 수 있습니다.
배우고 이루는 스스로 캠프 http://www.plasedu.org/plas/	시기에 관계없이 스스로 기초적인 학습내용을 진단하고 학습할 수 있는 콘텐츠를 제공하는 사이트로 기초학력진단-보정 시스템의 자매 사이트입니다. 각 학년별 학습 문제를 다운받아 사용할 수 있습니다.
기초 학력 향상 지원 사이트 https://k-basics.org/	학력 부진 학생들을 위한 다양한 진단 도구, 보정 학습 자료, 정서·심리 지원 프로그램을 제공하는 사이트입니다. 여러 주제에 대한 콘텐츠 자료를 통해 학생들이 스스로 공부할 수 있습니다.

14

꿈이 없다는 아이, 어떻게 진로를 찾아줄 수 있나요?

고학년이 되면서 아이들은 본격적으로 자신의 진로에 대해 고민하게 됩니다. 교육과정의 '창의적 체험활동'에도 진로교육이 편성되어 아이들이 자기 이해, 진로정보탐색, 진로계획 등의 활동을 할 수 있도록 하고 있습니다. 하지만 "나는 꿈이 없다", "커서 무얼 하고 싶은지 아직 모르겠다"라는 아이를 보는 부모는 참 애가 탑니다. 어디서부터 도와주어야 할지도 막막하지요. 아직 나이가 어리기 때문에 한 방향으로 진로를 정하는 것이 큰 의미가 없다고 생각할 수도 있습니다. 하지만 그만큼 이 시기의 다양한 자극, 경험, 부모의 반응이나 지원이 아이의 진로에 큰 영향을 미칠 수 있다는 뜻이기도 합니다. 꿈이 없다는 아이, 진로를 정하기 어려워하는 아이는 이렇게 도와주세요.

★ '나'를 탐색하는 시간을 가지도록 해주세요

진로를 탐색하는 것의 가장 첫 단계는 '나'에 대한 파악입니다. 내가 어떤 것에 흥미를 느끼고, 어떤 것에 강점이 있는지를 알아보는 것입니다. 먼저 아이가 잘하는 것과 좋아하는 것을 표로 나눠 최소 10가지 이상 스스로 써보도록 하는 것을 추천합니다. 사소한 것이라도 괜찮습니다. 종이접기를 잘한다든지, 맛집 검색을 잘한다든지, 남을 웃게 하는 것을 잘할 수도 있습니다. 학교에서 이 활동을 시켜보면 많은 아이가 부끄러워하며 잘 쓰지 못합니다. "저는 장점이 없어요.", "저는 잘하는 게 하나도 없는 것 같아요."라고 말하는 아이가 대다수입니다. 따라서 처음에는 스스로 최대한 쓸 수 있는 만큼 쓰도록 하고, 나머지 칸들은 부모님이나 담임 선생님처럼 주위 사람들이 도와주는 것이 좋습니다. 이때 잘하는 것과 좋아하는 것이 꼭 공부와 관련될 필요는 없다는 것을 강조합니다. 아이의 적성은 공부 외적인 곳에서도 잘 나타나기 때문인데요. '친구에게 칭찬을 잘하는 것', '방 청소를 깔끔하게 잘하는 것', '새로운 아이디어를 잘 떠올리는 것' 등도 모두 강점이 될 수 있다는 것을 알려주어 아이들이 자신의 장점을 폭넓게 인식하도록 합니다. 이 과정을 거치면 자신에 대해서 알 수 있을 뿐 아니라 자존감도 키울 수 있습니다. 이 종이 한 장이 아이의 진로를 정하는 밑바탕이 되는 것이지요.

각종 진로검사를 통해 나를 알아보는 방법도 있습니다. 주니어 커리어넷, 워크넷, 기질검사 등을 통해서 자신에 대해 이해를 할 수 있지요. 요즘은 MBTI와 같은 간편 검사들이 유행해 아이가 쉽게 접근할 수 있습니다. 특히 교육부가 제공하는 주니어 커리어넷에서는 진로 흥미 탐색, 진로 개발 역량검사를 통해 아이가 자신을 이해하고 진로를 결정하고 실천할 수 있도록 지원하고 있습니다. 검사 결과를 토대로 아이에게 맞는 학습 방법 추천, 잘 맞을 만한 직업소개, 온라인 상담까지 진행하기 때문에 적극적으로 활용하는 것을 추천합니다.

진로검사들은 일회성으로 끝내지 않고, 해마다 하는 것이 좋습니다. 아이가 몇 년 내내 꾸준히 관심이 있는 분야가 있다면 그 분야를 선택해 아이를 도와줄 수 있습니다. 반대로 관심 분야가 해마다 바뀐다면 더욱 다양한 경험적 자극을 주어 아이의 진로 탐색에 도움을 줄 수도 있습니다.

아이의 진로 탐색 과정에서 무엇보다 중요한 것은 아이의 흥미와 적성을 부모가 지지하고 응원하는 것입니다. 이런 부모의 마음을 아이도 느낄 때, 자신의 미래를 위해 나아갈 용기를 얻기 때문입니다. 꼭 진로교육의 목적이 아니더라도, 아이와 많은 시간을 보내며 대화를 나누어보세요. 오고 가는 이야기 속에서 아이의 진로의 바탕이 될 빛나는 원석들이 쏟아질지도 모릅니다.

15

중학교 진학 전, 선행학습이 필요할까요?

중학교 입학을 앞두고 있다면 선행학습에 대한 걱정이 생기기 시작합니다. 우리 아이만 뒤처지지는 않을까 걱정되기도 하고, “옆집 아이는 5학년인데도 벌써 중학교 2학년 수학을 끝냈다더라” 하는 소문이 들려오면서 초조해지게 되지요. 실제로 6학년 2학기 아이들의 모습을 살펴보면 쉬는 시간에 중학교 수학 문제집을 풀고 있는 아이들이 하나둘씩 생기기 시작합니다. 중학교에 가기 전, 어떤 선행학습이 필요할까요?

★ 선행학습을 하기 전, 현재 학습을 꼭 확인해보세요

중학생이 되고 나면 학습량도 눈에 띄게 늘고, 시간도 부족해집니다. 따라서 미리 공부하는 것이 어느 정도 긍정적인 영향을 줄 수 있습니다. 보통 수학 과목의 선행학습을 많이 하는데, 선행학습을 하고자 한다면 현행 수학 혹은 6

학년 수학을 완벽히 하고 나서 시작해야 합니다. 수학 과목의 경우 초등학교 수학의 개념이 연결되긴 하지만 수준은 더 높아지고, 차시 하나당 담고 있는 학습량도 훨씬 많습니다. 이런 상황에서 5, 6학년 수학이 완벽하지 않다면 결과적으로 뒤처지게 될 확률이 높습니다. 중학교 교육과정에 담긴 새로운 개념을 이해하고 이를 확장해 문제를 해결해야 하는데, 기초가 탄탄하지 않아 문제 하나를 풀기 위한 시간이 늘어나기 때문이지요. 속이 비어있는 그릇은 더 잘 깨지기 마련입니다. 그러니 중학교 선행학습을 하고자 한다면 아이의 초등학교 수학부터 확실히 잡고 시작하기를 추천합니다.

★ 3가지 선행학습도 놓치지 마세요

중학교 진학 전에 부모는 아무래도 학습 측면에서의 선행을 중시하게 됩니다. 하지만 이 시기에 '습관'을 형성하는 것 또한 꼭 해야 할 선행학습입니다. 좋은 습관을 지닌 학생들이 학습 측면에서도 성공을 거둘 확률이 크기 때문입니다.

첫째, 시간 관리 습관입니다. 중학교에 진학하면 해야 하는 일들은 많아지면서 여유 시간이 줄어들어 자연히 시간 관리가 중요해집니다. 따라서 스스로 계획표를 짜 규칙적으로 생활하도록 시간을 효율적으로 쓰는 연습이 필요합니다. 초등학교 고학년 시기에 시간 관리 습관을 잘 갖춘다면 중학교 생활이 훨씬 수월해집니다.

둘째, 독서와 글쓰기 습관입니다. 2022 개정 교육과정에서 서술형, 논술형 평가의 비중이 늘었다는 것 알고 계신가요? 중, 고등학교로 갈수록 시험 중 서술형 비율이 늘어나고, 글의 내용을 요약하거나 정리하는 기술이 더욱 중요해집니다. 학습 내용도 어려워지기 때문에 독서를 통해 어휘 실력을 높이고 글쓰기를 통해 내 생각을 표현하는 것도 연습해야 합니다.

셋째, 공책 정리 습관입니다. 중·고등학교에서는 많은 수업에서 수업 내용 필기나 공책 정리를 권장합니다. 초등학교 때 공책 정리를 자주 해 익숙한 학생들은 배운 내용을 간결하게 정리하는 것이 쉽지만, 그렇지 않은 아이들은 공책 정리를 하는 데에만 많은 시간을 쏟게 됩니다. 5~6학년 시기부터 교과서의 주요 내용을 뽑아 깔끔하게 정리하는 습관을 들이는 것이 좋습니다.

중학교 학습에 대해 많은 부모가 걱정하고 또 고민합니다. 선행학습에 대한 고민도 물론 필요하지만, 꼭 기억해야 할 것은 아이의 속도에 맞춰 학습하도록 도와주어야 한다는 것입니다. 답을 내리기 힘들다면 우선 아이와 대화하는 시간부터 늘려보세요. 아이와 나누는 이야기 속에서 아이의 생각이나 공부를 대하는 태도를 엿볼 수 있을 것입니다. 학습에서 어려워하는 부분은 무엇인지, 아이는 중학생이 되기 전 어떤 생각을 하고 있는지를 먼저 파악하는 것이 중요합니다. 또한, 선행학습을 하다가 아이가 힘들어한다면 잠깐 멈추고 습관 형성과 현행 공부부터 다시 시작하기를 추천합니다. 가장 우선시되어야 할 것은 '현행학습'임을 기억하며 아이가 기본을 잘 쌓아 초등학교 공부를 잘 마무리할 수 있도록 응원해주세요. 응원에 힘입어 중학교 공부의 시작도 잘 해낼 수 있을 것입니다.

궁금해요! 초등학교

'생활'편

초등학교 교실은 어린이집, 유치원과 무엇이 다른가요?

유치원이나 어린이집을 졸업하고 나서 학교에 처음 온 학생들은 급격한 변화를 겪습니다. 특히 아이들이 주로 생활하게 되는 교실 공간은 유치원 교실과 비교해 다른 점이 많기 때문에 아이들에게 낯설게 느껴질 수 있습니다. 학교에서는 입학적응기간을 두어 학생들이 자신을 둘러싼 새로운 환경에 익숙해질 수 있도록 돕고 있습니다.

★ 교실 속 자리와 공간, 학교의 특별실

자유롭게 돌아다니며 놀이를 하고, 책을 읽는 유아교육기관과 달리, 초등학교에서 아이는 자신만의 자리를 배정받습니다. 특정 기간 동안 정해진 자리에 앉으며 수업 시간에는 이동하지 않고 자리에 앉아있어야 합니다. 짝이나 모둠이 생기는 것을 처음 경험해보는 아이들은 어색함을 느끼기도 하며 수업 시간 내에는 특별한 이유 없이 이동할 수 없다는 사실에 답답함을 느끼기도 하니 이에 대한 적응이 꼭 필요합니다. 특히 자연스럽게 자신의 주변에 앉은 친구들과의 상호작용 빈도가 높아지기 때문에 아이가 짝과의 관계를 원만하게 형성하도록 하는 것이 중요합니다. 자리 뿐만 아니라 아이들은 자신의 물품을 보관할 수 있는 단독 공간을 갖게 되는데요. 일반적으로 책상 서랍, 사물함, 신발장 등이 있습니다. 다른 친구들과 공유하지 않으며 혼자 사용하는 곳이기 때문에 이 시기에는 공간에 물건을 정리하는 습관을 형성하는 것이 중요합니다. 물건을 바르게 정리하여 공간을 효율적으로 활용하는 연습을 해 나가면 기본생활습관을 잡는 데 도움이 될 것입니다.

학교에는 아이들의 교육을 위한 특별실이 존재합니다. 효과적인 수업을 위해 체육관, 컴퓨터실, 과학실, 도서관, 다목적실 등 다양한 공간이 준비되어 있습니다. 각 특별실에는 용도에 맞는 물품들이 구비되어 있는데, 안전 문제를 야기할 수 있기 때문에 특별실의 이용 수칙을 반드시 숙지해야 합니다. 예를 들어 과학실에 있는 실험도구나 체육관에 있는 체육 교구 등을 사용할 때는 위험한 일이 생기지 않도록 그 사용 방법을 정확히 이해하고 선생님의 지도하에 이용해야 하지요.

★ 정해진 시정표에 따라 생활하기

초등학교의 일과는 보통 고정된 시정표에 의해 흘러갑니다. 초등학교에서는 1학년부터 6학년까지 많은 수의 아이들이 학교 시설을 공유합니다. 따라서 정해진 시정표에 따르지 않으면 교육 활동을 원활하게 진행할 수 없고 다른 학생들에게 피해를 줄 수 있기에 입학 후 시정표에 적응하는 것이 중요합니다. 초등학교의 시간은 40분 단위를 기준으로 흘러간다. 기본적으로 수업 시간 40분과 쉬는 시간 10분이 짝을 이룹니다. 여기에서 아이들은 쉬는 시간 10분을 효과적으로 활용하는 방법을 익혀야 합니다. 쉬는 시간에 화장실을 가거나 못다한 숙제를 하는 등 개인적인 용무를 해결하고 수업 시간과 쉬는 시간을 명확하게 구분해야 하지요. 초등학교 수업의 특성상 수업 시간에 개인적인 일을 하는 것은 곧 학습 결손으로 이어지므로 쉬는 시간을 제대로 활용하는 것이 매우 중요합니다.

초등학교 적응을 위해 아이는 어떤 준비가 필요한가요?

학교에서 아이의 '자기관리'는 자신의 몸을 정돈하는 것, 필요한 준비물을 잘 챙기는 것, 책상과 사물함 등을 깔끔하게 정리하는 것 등을 의미합니다. 자기관리가 잘 되어 있는 아이들은 학교 적응이 빠를 뿐만 아니라 다른 친구들과 선생님의 신뢰를 얻기 쉽습니다. 주변을 정리 정돈하는 습관은 수업 집중력과 수업 태도에 긍정적인 영향을 주므로 이 시기에 잘 잡아두는 것이 중요합니다.

★ 기본 생활 습관을 길러주세요

1~2학년 아이들의 교실에서는 다양한 돌발상황이 일어납니다. 아이가 물이나 우유를 쏟아 옷을 갈아입어야 하는 상황이 생기도 하고, 화장실 뒤처리를 못 해 교사에게 도움을 요청하는 때도 있습니다. 어른들이 생각하는 것보다 아이들은 신발 갈아신기, 우산 펴고 접기 등 사소한 것을 못 해서 어려움을

자주 겪습니다. 물론 상황에 따라 부모나 교사가 도와줄 수 있지만, 이 시기부터 스스로 하는 연습을 해보는 것이 중요합니다. 기본 생활 습관 하나, 하나가 아이의 책임감과 자립심을 길러주기 때문이지요. 따라서 부모의 도움 없이 스스로 옷을 갈아입는 것, 일어서서 신발을 갈아 신는 것, 화장실 이용 후 깔끔하게 뒤처리하고 나오는 것, 우산을 펴고 접는 것 등을 반복 연습하여 몸에 익히는 것이 좋습니다.

★ 알림장은 하교 후 바로 확인하세요

보통 아이가 학교에서 돌아오면 가방을 내팽개치고 바로 학원에 가거나, 친구들과 놀러 가기 바쁩니다. 하지만 하교한 '즉시' 알림장을 확인하는 습관을 들여야 합니다. 알림장에는 내일까지 해야 하는 숙제나 가져와야 하는 준비물 등이 써 있습니다. 만약 아이의 오후일정이 모두 끝난 저녁 늦게알림장을 확인하게 되면 이미 시간이 늦어버려서 사야 하는 준비물을 사기 어려워질 수도 있고, 못다 한 숙제를 하느라 늦게 자게 되기도 합니다. 실제로 준비물을 챙겨오지 않은 아이들은 "알림장을 늦게 봤어요.", "문방구가 닫아서 못 갔어요." 하는 말을 자주 합니다. 이런 상황이 오지않도록 '집에 오면 손 씻고 알림장 펴기'라는 루틴을 만드는 것이 좋습니다. 집에 오자마자 알림장을 보고 스스로 필요한 준비물을 챙기는 습관을 들이는 것입니다. 수학 익힘책을 푸는 숙제가 있다면 하교 후 바로 확인하고, 아이의 오후시간 계획을 세우는 데 참고할 수도 있습니다. 처음에는 익숙하지 않아 어색해 하지만, 2주만 반복해도 아이의 하교 후 습관으로 자리 잡게 됩니다.

★ 정리 정돈도 연습이 필요합니다

아이가 학교에서 정리해야 할 공간은 자신의 책상 속, 사물함, 그리고 자리 주변입니다. 신기하게도 아이의 책상 서랍이나 자리 주변을 보면 아이의 학교생활을 어느 정도 예측해볼 수 있습니다. 수업에 잘 집중하지 못하고 산만한 아이들의 책상에는 낙서가 많거나 여러 물건이 널브러져 있는 경우가 많습니다. 반면, 수업 태도가 좋은 아이들은 책상 위가 깨끗하고 책상 서랍도 잘 정리된 양상을 보이지요.

흔히 정리를 잘하고 못하는 것은 성격의 차이라고 생각하기 쉽지만, 정리 정돈도 부모가 가르치며 옆에서 함께하다 보면 충분히 바뀔 수 있는 습관입니다. 학교에서 정리를 잘하기 위해서는 집에서부터 자신의 공간을 정돈하는 연습을 하는 것이 좋습니다. 8~9살이라면 충분히 자신의 침대나 책상은 스스로 정리할 수 있습니다. 먼저 부모가 간단하게 깨끗하게 정리하는 방법을 시범 보인 후 아이가 스스로 해보도록 격려하면 됩니다. 이때, 부모의 눈에는 아이의 청소 상태가 썩 마음에 들지 않더라도 충분히 칭찬해주고 응원해주는 태도가 필요합니다. 아이는 정리 정돈에 대한 성공 경험을 쌓으며 자신만의 방식에 따라 점차 깔끔하게 정리하는 법을 터득할 것입니다.

18

아이가 조퇴, 결석, 지각할 때는 어떻게 하나요?

초등학교의 수업일수는 매 학년 190일 이상입니다. 학교장의 재량으로 10분의 1의 범위에서 수업일수를 줄일 수 있지만 흔치 않은 경우지요. 학생들은 학년 수료를 위해 수업일수의 3분의 2 이상을 출석해야 합니다. 예를 들어 수업일수가 190일인 학교가 있다면 학생들은 최소 127일은 출석해야 학년 수료가 가능합니다. 63일 이상 결석이라면 유급처리가 된다는 뜻입니다.

＊출결상황(결석, 지각, 조퇴, 결과) 구분

결석	**학칙에 따라 출석해야 할 날짜에 출석하지 않은 경우** 사유를 증빙할 수 있는 자료를 제출해야 함.
지각	**등교시각까지 출석하지 않은 경우**
조퇴	**하교시각 전에 하교하는 경우** 보통 담임 교사와 학부모의 소통 이후 이루어짐.
결과	**수업시간의 일부에 불참하거나 학교장이 정한 시각 이후에 수업에 참여한 경우** **교육 활동을 고의적으로 방해한 경우** 질병, 미인정, 기타, 출석인정

모든 출결상황은 생활기록부에 사유와 함께 기재됩니다. 사유는 크게 질병, 미인정, 기타, 출석인정으로 나뉩니다. '질병'으로 인해 출결상황이 발생했다면 질병결석, 질병조퇴 등으로 분류되는데요. 특히 질병결석을 하였다면 결석한 날로부터 5일 이내에 의사의 진단서 또는 의견서를 첨부한 결석계를 제출해야 합니다. 다만 상습적이지 않은 2일 이내의 결석은 결석계와 함께 비교적 간단한 학부모 의견서, 처방전, 담임교사 확인서 등으로 처리가 가능합니다. '기타'에 해당하는 사유는 흔하게 발생하지는 않습니다. 부모나 가족 봉양, 가사 조력, 간병 등 부득이한 개인사정 혹은 본인의 선거운동, 의정 활동, 정당 활동 등이 기타 사유에 해당합니다. '미인정'은 합당하지 않은 사유로 출결상황이 발생했을 경우입니다. 예를 들어 아이가 개인적인 사정으로 지각을 했다고 가정해봅시다. 학부모가 사전에 미리 통보를 했다고 하더라도 그 사유가 질병, 출석인정 및 기타 사유에 해당하지 않는다면 '미인정지각'으로 처리됩니다. 마지막은 '출석인정'입니다. 출석인정은 출석이 인정되는 사유로 질병, 지각, 조퇴, 결과가 발생했을 경우입니다. 천재지변이나 법정 감염병 관련, 학교장의 허가를 받은 대회 및 훈련 참가, 교외체험학습, 경조사 등이 해당합니다. 특히 결혼, 입양, 사망 등과 관련한 경조사는 누구에게나 발생할 수 있기 때문에 관련 출석인정일수나 필요한 서류를 알아두면 도움이 될 것입니다.

★ 출석인정결석, 교외체험학습

가정에서 아이들과 함께 교외 체험학습을 계획할 수도 있습니다. 방학 기간 중 체험학습이라면 출석에 영향을 주지 않지만, 가정의 일정과 부모의 휴가 등을 방학 기간에 맞추기는 쉽지 않지요. 이럴 때 활용할 수 있는 것이 '교외체험학습'입니다. 교외체험학습이란 개인 계획에 의해 학교장의 사전 허가를 받아 실시하는 체험학습으로 직접적인 활동을 통해 교육적 효과를 얻을 수 있는 폭넓은 학습을 의미합니다. 농촌 체험학습, 친척 방문, 문화 유적지 탐방, 문학 기행 등이 그 예입니다. 학칙이 정한 범위 내에서 학교장의 사전 허가를 받는다면 이와 관련한 출결은 모두 출석인정결석으로 처리됩니다. 물론 교외 체험학습으로 인정할 수 있는 기간은 학칙으로 정해집니다. 일반적으로 허용 일수는 전체 수업일수의 10% 이내이며 1회에 연속으로 사용 가능한 일수는 토요일과 공휴일을 제외하고 10일 이내입니다.

교외체험학습을 신청하고 싶다면 학교 홈페이지 등에서 체험학습 신청서 양식을 다운받아 작성해 체험학습 3일 전까지 담임 교사에게 제출해야 합니다. 체험학습 실시 후에는 보고서를 3~7일 이내 제출합니다. 학교는 체험학습 보고서를 확인하고 아이의 출석을 '출석인정결석'으로 처리하게 됩니다. 체험학습 신청서와 보고서 제출일은 학교마다 다르므로 담임교사의 안내를 꼭 확인해야 합니다.

*교외체험학습 신청서 예시

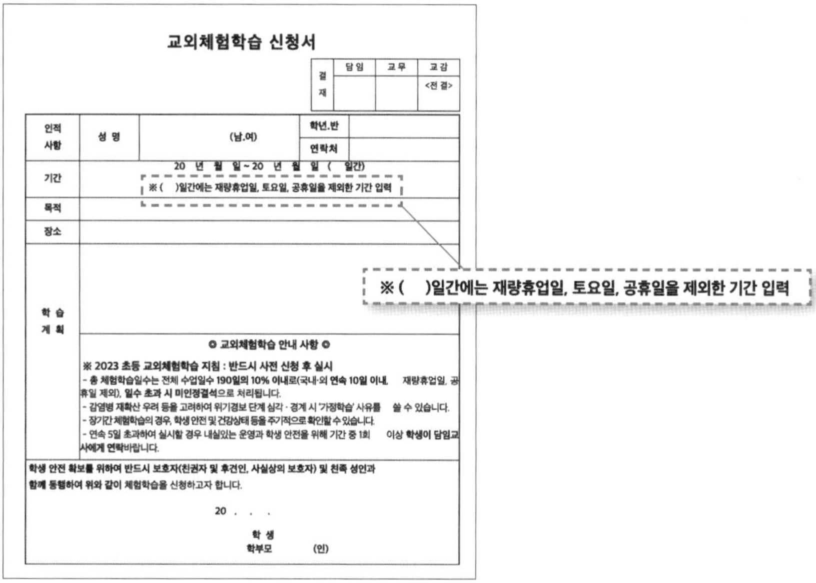

교외체험학습 신청서

결재	담임	교무	교감
			<전결>

인적사항	성명	(남.여)	학년.반	
			연락처	
기간	20 년 월 일~20 년 월 일 (일간) ※( )일간에는 재량휴업일, 토요일, 공휴일을 제외한 기간 입력			
목적				
장소				
학습 계획				
	◎ 교외체험학습 안내 사항 ◎ ※ 2023 초등 교외체험학습 지침 : 반드시 사전 신청 후 실시 - 총 체험학습일수는 전체 수업일수 190일의 10% 이내로(국내·외 연속 10일 이내, 재량휴업일, 공휴일 제외), 일수 초과 시 미인정결석으로 처리됩니다. - 감염병 재확산 우려 등을 고려하여 위기경보 단계 심각 · 경계 시 '가정학습' 사유를 쓸 수 있습니다. - 장기간 체험학습의 경우, 학생 안전 및 건강상태 등을 주기적으로 확인할 수 있습니다. - 연속 5일 초과하여 실시할 경우 내실있는 운영과 학생 안전을 위해 기간 중 1회 이상 학생이 담임교사에게 연락바랍니다.			

학생 안전 확보를 위하여 반드시 보호자(친권자 및 후견인, 사실상의 보호자) 및 친족 성인과 함께 동행하여 위와 같이 체험학습을 신청하고자 합니다.

20 . . .

학 생

학부모 (인)

아이가 학교에서 다쳤을 때, 어떻게 보상받을 수 있나요?

학교에서는 크고 작은 사고들이 일어납니다. 친구와의 장난이나 다툼으로 인한 사고, 아이가 넘어지거나 다치는 사고 등이 있습니다. 이런 일이 발생하면 대부분의 경우 담임 교사가 먼저 부모에게 연락해 자초지종을 설명하게 됩니다. 부모님께 혼나는 것이 두려워 다친 사실을 말하지 않는 아이들이 많지만, 병원을 가야 할 정도로 다쳤다면 아이에게 어디서 어떻게 다쳤는지 자세히 물어보는 것이 좋습니다. '학교 안전사고 예방 및 보상에 관한 법률'에 의해 학교에서 교육활동 중 안전사고가 발생했을 때 보상받을 수 있는 제도가 마련되어 있기 때문입니다. '학교안전사고'란 교육 활동 중 학생, 교사 등에게 발생한 학교 안팎의 모든 사고를 의미합니다. 학교장의 관리감독 하에 이루어지는 활동이 모두 해당하기 때문에 등하굣길을 포함해 수학여행, 소풍, 체험학습에서 있었던 일도 포함합니다.

＊안전공제회 처리절차와 보상범위

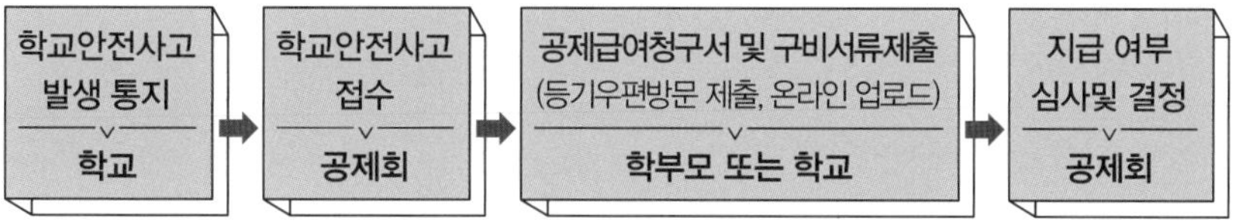

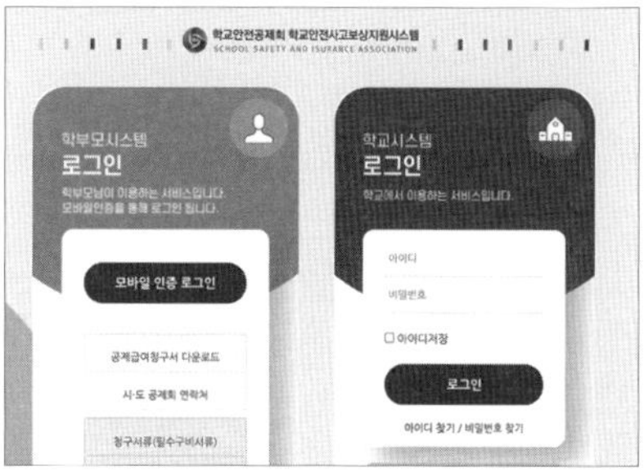

사고 발생 통지는 학교에서만 가능하고 사고 발생 날짜에 바로 통지해야 하므로 보호자가 사고를 인지했다면 바로 담임교사에게 연락해야 합니다. 학교에서 사고 접수를 했다면 보호자가 직접 청구서와 구비서류를 작성해서 내면 됩니다. 이후 안전공제회에서 서류를 심사한 후 승인이 되면 공제 금액을 통장으로 송금해주는 방식입니다. 치료 중, 치료 후 모두 청구가 가능하며 구비 서류 작성은 모바일로도 가능합니다. 학교 안전사고로 인해 상처를 입은 경우, 질병을 얻은 경우 모두 청구할 수 있으며 간병이 필요한 경우에는 간병 급여도 추가로 청구 가능합니다.

첨부 서류는 보통 진료비 계산서, 진료비 세부내역서, 환자용 처방전, 약제비 계선서 등이 될 수 있는데 필요에 따라 추가 서류 제출을 요구하기도 합니다. 청구 금액이 50만원 이하라면 진단서나 등본은 생략할 수 있습니다. 안전공제회에서는 치료비 전액이 아니라 비급여 항목을 제외한 국민건강보험법에 따른 '본인부담금'이 지급됩니다. 개인 실비 보험과 중복으로 지급받을 수 있으니 3년 이내에 놓치지 않고 청구하기를 추천합니다.

＊**학교안전공제중앙회** https://www.ssif.or.kr/aboutus/contact

지역별로 학교안전공제회가 나누어 운영되므로 해당 지역의 공제회를 통해 문의해보세요.

반장, 부반장에 당선될 수 있는 팁이 있을까요?

학급 임원 선거는 보통 중학년 시기부터 실시하게 됩니다. 선거를 통해 임원을 선출하는 방식이 아니라면 윤번제로 학급 임원의 역할을 부여하기도 합니다. 학급 임원이 되면 자연스럽게 선생님, 친구들과 소통할 기회가 많아집니다. 반 친구들을 이끌면서 리더십과 자기주도성 또한 기를 수 있기 때문에 학급 임원을 하고 싶어하는 학생들이 많지요. 실제로 3~4학년 학생들의 학급 임원 선거를 살펴보면 25명 중 12명이 출마하기도 합니다. 학급 임원에 당선되고 싶다면 어떻게 해야 할까요?

★ 임원 선거에서 당선되고 싶다면?

첫째, 친구들에게 먼저 다가가 말을 거는 친화력이 필요합니다. 임원 선거는 보통 학기 초 일주일 내로 진행되는 경우가 많습니다. 특히 1학기 임원 선거를 하고 나서 살펴보면 많은 아이들이 '나에게 먼저 말 걸어주는 아이'에게 마음이 간다고 이야기합니다. 아직은 어색한 친구들 사이에서 나의 긴장을 풀어주고 다가와주었다고 생각하는 것이지요. 혼자 있는 친구를 발견한다면 다가가 안부를 묻거나 좋아하는 것에 대해 질문하며 대화하도록 해보세요.

둘째, 평소 학급 친구들에게 신뢰를 쌓아야 합니다. 학급 임원 선거 기간에 아무리 좋은 모습을 보인다 해도 평소 친구들에게 신뢰를 쌓지 못했다면 선거에서 당선되기 어렵습니다. 학급 친구들은 서로가 어떤 사람인지 평소 학교 생활을 토대로 알고 있습니다. 따라서 일상 생활 속에서 바르게 생활하는 것이 친구들에게 할 수 있는 최고의 소견 발표입니다. 우선 자기 관리를 철저히 하고 주변 정리를 잘해야 합니다. 철저한 자기 관리를 바탕으로 자신의 일을 성실하게 하는 아이는 친구들에게 믿음을 줄 수 있습니다. 다음으로 항상 친구들을 배려해야 합니다. 학급의 대표를 뽑는 학생들은 후보의 능력을 고려할 뿐만 아니라 도덕적 품성도 중요하게 생각합니다. 늘 배려하고 양보하는 아이는 친구들에게 도덕적 측면에서 인정 받는 후보가 될 수 있습니다.

셋째, 소견 발표를 열심히 준비해야 합니다. 학급 임원 선거에서 아이들의 공약 발표는 보통 비슷한 경우가 많습니다. 공약 발표의 화법이나 제시하는 공약이 비슷하기 때문입니다. 대부분의 아이들은 "저를 꼭 뽑아주세요. 제가 반장이 된다면 친구들이 사이좋게 지내게 하겠습니다. 또 교실을 항상 깨끗하게 만들겠습니다."와 같은 형식으로 공약 발표를 합니다. 하지만 친구들에게 자신을 인상적으로 각인하기 위해서는 참신한 화법과 공약이 필요합니다. 목소리를 우렁차게 해 의지를 보여줄 수도 있고, 재미있는 퀴즈를 준비해 관심을 끌 수도 있습니다. 특히 공약의 내용은 구체적일수록 참신하게 느껴집니다. 단순히 "친구들끼리 사이좋은 반을 만들겠습니다."보다는 "친구들끼리 사이

좋게 지낼 수 있도록 한 달에 한 번 마니또를 실시하고 친구 감사 편지 쓰기 이벤트를 실시하겠습니다."와 같이 지킬 수 있고 구체적인 공약을 제시하는 것이 좋습니다.

＊학급 임원이 되고 싶은, 될 아이를 위한 부모의 마음가짐

과거와 달리 아이가 학급 임원이라고 해서 학부모가 부담을 가질 필요는 없습니다. 아이의 학급 임원 생활을 적극적으로 지지하는 마음만 있어도 충분합니다. 아이 또한 학급 임원이라고 해서 거창하게 무언가를 준비하지 않아도 되니 반 친구들을 위해 봉사하고 싶다는 마음이 있다면 자신있게 도전해보기를 격려해주세요. 임원 선거에 참여하는 것만으로도 아이에게 좋은 경험이 될 것입니다.

21

방학이라고 누워만 있는 아이, 방학을 어떻게 활용해야 할까요?

방학은 아이의 지난 1년, 한 학기를 돌아볼 수 있는 시간입니다. 그리고 다음 학기를 위해 준비하는 시간이기도 하지요. 매번 일찍 일어나고, 일찍 잠드는 방학 생활 계획표를 세우지만 거의 지키지 못하는 것이 현실입니다. 얼렁뚱땅 하루하루를 보내다 보면 아무것도 한 게 없는데 방학이 끝나 버린 생각이 들고, 어딘가 찝찝한 마음을 가진 채 새 학기에 들어서게 되는 경우가 많습니다. 방학은 단순히 '학교에 가지 않고 노는 시간'이 아니라 '학습 재충전을 위한 시간'입니다. 이런 황금 같은 시간을 어떻게 보내느냐에 따라 다음 학기 아이의 생활이 결정된다고 해도 과언이 아닙니다. 방학을 알차게 활용하는 방법은 어떤 것이 있을까요?

★ 생활 루틴 유지하기

방학을 알차게 보내고 싶다면 학기 중의 생활 습관을 유지하는 것을 추천합니다. 실제 등교를 할 때만큼 일찍 일어나는 것이 아니더라도 최소 9시 전에는 하루를 시작하면 좋습니다. 학교를 가지 않아 할 수 있는 게 없다면 학교에서 여는 다양한 프로그램에 참여하는 것도 좋은 방법입니다. 학교마다 차이는 있지만, 보통 영어나 스포츠 캠프를 열어 아이들이 수업을 받을 수 있도록 하는 경우가 많습니다. 학교 도서관을 개방한다면 가서 책을 읽어도 되고, 방과후교실에서 평소 배우고 싶었던 것을 배울 수도 있지요. 보통 이런 캠프나 방과후교실은 방학 한 달 전쯤 가정통신문을 통해 안내되니 절차에 따라 신청하면 됩니다.

★ 지난 학기 복습하기

다음 학기보다 더 중요한 것은 지난 학기에 대한 복습입니다. 탄탄한 토대 위에 튼튼한 건물을 세울 수 있는 것처럼 방학 동안 지난 학기에 배운 내용을 잘 정리하여 온전히 내 것으로 만드는 과정이 필요합니다. 특히 계통성이 두드러지는 수학 과목은 직전 학년이나 학기의 학습이 잘 되어있지 않으면 다음 내용을 원활하게 이해하기 어렵습니다. 방학 동안에는 수학 익힘책이나 수학 문제집의 틀린 문제들을 다시 풀거나 학기 전체의 내용에 대한 문제를 다시 풀면서 배운 내용을 살펴보는 것이 좋습니다. 무조건 다음 학기 문제집을 사는 것보다는 실력에 따라 직전 학기의 보충/심화 문제집을 골라 풀며 복습하는 것이 훨씬 효과적일 것입니다.

★ 체험학습으로 다양한 경험 쌓기

방학이 특별한 이유는 학기 중에는 할 수 없었던 일을 경험할 수 있다는 데 있습니다. 부모와 함께 보내는 시간이 많아지면서 다양한 학습을 할 수 있게 되지요. 특히 고학년 시기의 방학은 아이가 평소 관심 있었던 분야를 공부할 수 있는 기회이기도 합니다. 아이의 흥미를 고려해 함께 전시회나 미술관, 박물관 등을 다녀올 수도 있고, 배우고 싶었던 게 있다면 도서관에 가서 책을 읽거나 원데이 클래스, 체험학습관을 이용할 수도 있습니다.

저는 5학년, 6학년 아이들에게는 방학 동안 꼭 최소 1번 이상의 프로젝트 여행을 다녀오라고 이야기합니다. 프로젝트 여행이란 특별한 체험이나 관람 등의 목적이 있는 여행을 말합니다. 특히 5~6학년은 고조선부터 대한민국 현대사까지의 역사를 배우는 시기입니다. 관련 유적지를 방문해 탐방한다면 그 자체만으로도 훌륭한 학습적 효과가 있을 것입니다.

22

사춘기 아이들의 교실 모습은 어떤가요?

초등학교 고학년이 되면 상당수가 사춘기에 접어듭니다. 아이들의 신체는 남성과 여성의 특징이 두드러지는 방향으로 변화하고 동시에 아이들의 마음에도 커다란 변화가 찾아옵니다. 감수성과 자아의식이 높아지고 구속과 간섭을 싫어하며 사회적 관계에 민감하게 반응합니다. 이런 변화로 교실의 풍경도 많이 달라지는데요. 사춘기 아이들의 교실 속 모습은 어떨까요?

★ 나서는 일에 소극적입니다

초등학교 학생들의 수업 태도를 관찰해 보면 학년이 올라감에 따라 학생들의 수업에 대한 적극성이 점점 떨어지는 것을 확인할 수 있습니다. 상당수의 아이들은 고학년이 되면서 수업에 능동적이지 않은 태도로 참여하는 모습을 보입니다. 특히 자신의 의견이나 느낌을 발표하는 일에 주저하는 일이 많습니다. 이전에는 자신의 생각을 분명하고 자신 있게 발표하며 그 자체를 즐거워했다면 고학년이 되면서 아이들은 타인의 시선을 의식하기 시작합니다. 친구들이 자신의 발표에 대해 어떻게 평가할 것인지에 대한 문제가 발표를 함에 있어 중요한 요소로 작용하는 것입니다.

이러한 상황에서 발표에 대한 타인의 피드백은 향후 아이의 발표 의욕을 결정하는 데 큰 영향을 미칩니다. 자신의 발표에 대하여 사람들의 부정적 반응을 감지한 아이는 자신의 생각이나 느낌을 사람들 앞에서 말하는 일이 두렵게 느껴질 수 있습니다. 따라서 부모님과 선생님은 이 시기의 아이들이 자신의 의견을 자유로운 분위기에서 말할 수 있는 환경을 조성해야 하며 아이가 적극적으로 발표할 수 있도록 격려해야 합니다. 아이의 발표 내용이 정답에 가까운지 판단하기보다 자기 생각과 느낌을 자신감 있게 말하고 의견을 적극적으로 표현할 수 있는지를 중점적으로 살펴야 합니다. 학년이 올라갈수록 자기 생각과 느낌을 말하는 것에 소극적으로 변하는 아이들 사이에서 자녀의 발표 능력을 조금만 향상해준다면 이는 자녀에게 큰 강점으로 작용할 것입니다.

★ 새로운 인간관계 형성 방식이 나타납니다

학년이 높아질수록 아이들은 점점 더 많은 시간을 학교에서 보내게 되고 필요에 따라 다양한 학원을 다니면서 가족과 이전만큼 많은 시간을 보낼 수 없게 됩니다. 반면에 학교와 학원에서 만나는 친구들은 가족의 역할을 일정 부분 대체하며 아이들에게 중요한 부분으로 자리매김합니다. 아이들은 이제 친구의 의미를 새롭게 정립합니다. 아이들에게 친구란 단순히 놀이를 함께하는 사이가 아니라 서로를 인정하고 위로해 주며 고민을 들어주는 존재입니다.

사춘기 아이들은 무리를 형성하는 특성도 지니고 있습니다. 친구와 일대일 관계를 맺는 것도 중요하지만 셋 이상의 친구들이 모여 무리를 이루며 결속력을 다지는 경우가 많습니다. 아이들의 교우 관계망을 살펴보면 대부분은 삼삼오오 모여 무리를 이룹니다. 일반적으로 이 시기의 아이들은 장 의존적 성향을 띠기 때문에 무리에서 이탈되는 것을 매우 불안해합니다. 따라서 자신의 소신에 따라 독립적으로 행동하기보다는 친구들의 요구에 부합하는 행동을 하는 경우가 있습니다. 부모는 이런 아이의 변화를 충분히 이해하고 교우 관계에 대해 적절한 조언을 해주어야 합니다. 친구끼리 서로 존중하고 배려하는 것은 기본, 지나친 친구의 요구는 거절할 줄 알고 자기 생각도 명확하게 표현할 수 있도록 일러주어야 합니다.

학교폭력 피해와 가해, 어떻게 대처해야 하나요?

최근 유명 연예인이나 운동 선수들이 과거 학교폭력의 가해자였던 사실이 밝혀지면서 크게 지탄받는 모습은 학교폭력에 대한 사회적의 인식 변화를 분명하게 보여줍니다. 이러한 인식 변화에도 불구하고 학교 현장에서 학교폭력은 사라지지 않고 있습니다. 학교폭력 발생 현황을 살펴보면 학교폭력 전체 발생 건수가 증가하고 있음을 알 수 있으며, 고등학교의 학교폭력은 감소하고 있는 반면 초등학교와 중학교의 학교폭력 발생 건수가 증가하고 있다는 경향성을 파악할 수 있습니다. 이를 통해 우리는 초등학교에 다니는 아이들에게 학교폭력에 대한 노출 위험이 증가하고 있다는 것을 알 수 있습니다. 따라서 초등학생 자녀를 둔 부모님은 학교폭력에 대한 기본적인 사항과 대처 방법을 알아둘 필요가 있습니다.

★ 학교폭력이란?

학교폭력예방법에서는 학교폭력을 '학교 내외에서 학생을 대상으로 발생한 상해, 폭행, 감금, 협박, 약취·유인, 명예훼손·모욕, 공갈, 강요·강제적인 심부름 및 성폭력, 따돌림, 사이버 따돌림, 정보통신망을 이용한 음란·폭력 정보 등에 의하여 신체·정신 또는 재산상의 피해를 수반하는 행위'로 정의하고 있습니다. 사소한 장난일지라도 학교폭력이 될 수 있음을 분명하게 교육해야 합니다.

＊학교폭력 사안 처리 절차

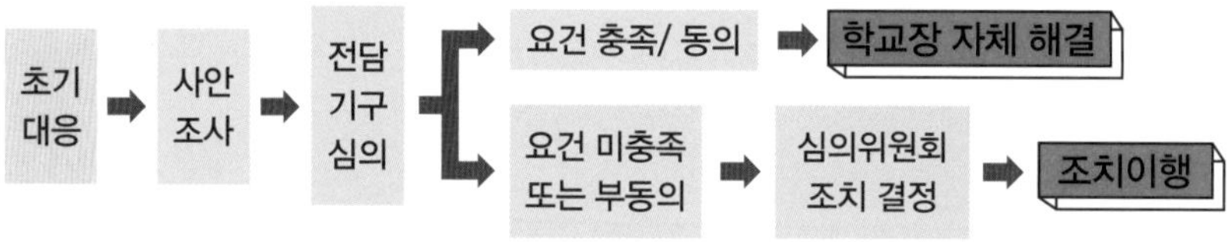

★ 학교폭력 피해자가 되었다면?

자녀가 학교폭력을 당하고 있음을 인지했다면 먼저 아이의 안전을 확보하고 더 이상의 폭력이 발생하지 않도록 해야 합니다. 학교에 사건을 접수하고 관련 조사가 즉시 이루어질 수 있도록 하세요. 사안 조사가 완료되기 전이라도 지속적인 폭력 가능성이 보인다면 긴급조치를 통해 피해학생을 보호하거나 가해학생에게 선도 조치를 내릴 수 있습니다.

사안 조사가 시작되면 가장 먼저 사실 관계 확인이 필요합니다. 사실 관계 확인을 위해 면담, 설문조사 등을 하게 되는데, 피해 학생은 증거 자료를 제시해야 합니다. 그동안 폭력을 당했던 사실을 입증할 수 있는 증거를 모아 가해학생에 대한 조사가 정확하게 이루어지도록 해야 합니다. 언어폭력, 강요 등은 물질적 증거가 남지 않는 경우가 많으므로 날짜나 사건을 기록해두면 됩니다.

★ 학교폭력 가해자가 되었다면?

자녀가 학교폭력의 가해자로 지목되었다면 먼저 자녀와의 대화를 통해 어떤 일이 있었는지 파악해야 합니다. 다만, 아이들은 모든 것을 객관적으로 말하지 않는 경향이 있습니다. 자신에게 유리한 내용을 부각시키고 불리한 내용을 왜곡하거나 생략할 수 있으니 이러한 점을 항상 고려해야 합니다. 자녀가 이야기한 내용과 더불어 피해자라고 주장하는 아이의 진술 내용을 모두 확인하여 종합적으로 상황을 판단하는 것이 좋습니다.

학교폭력 사안 조사 과정에서 자녀의 가해 행위가 사실로 밝혀진다면 부모님은 자녀가 자신의 잘못을 깨끗하게 인정할 수 있도록 교육해야 합니다. 이때는 자신의 가해 행위에 초점을 맞추고 진심으로 반성하는 것이 가장 우선되어야 하는 일입니다. 자신의 잘못을 인정하고 올바르게 커가는 것이 아이를 위한 최선임을 꼭 기억해주세요.

24

스마트폰과 게임에 푹 빠졌어요. 도와주세요!

여성가족부가 실시한 '2022년 청소년 인터넷·스마트폰 이용 습관 진단조사' 결과에 따르면 조사 참여자의 18.5%가 인터넷과 스마트폰 중 하나 이상에서 과의존 위험이 있는 것으로 진단되었습니다. 코로나19로 인해 집에 있는 시간이 늘어난 아이들의 스마트폰 사용 시간이 늘어난 것입니다. 스마트폰의 과도한 사용이 건강을 해치고 학업을 방해한다는 것은 잘 알려진 사실입니다. 특히 요즘 유행하는 숏폼 콘텐츠(30초~1분 정도 되는 짧은 영상)는 아이들이 학습이나 독서를 재미없는 콘텐츠로 인식하게 합니다. 사춘기가 점차 심화되면 스마트폰 사용, 게임으로 인한 부모와의 갈등이 더욱 심해질 가능성이 있어 이 시기에 이를 바로잡는 것이 중요합니다. 아이가 스마트폰이나 게임에 푹 빠졌다면 어떻게 해야 할까요?

★ 아이와 공감대를 형성해보세요

스마트폰에 푹 빠진 아이와 어떤 대화를 할지 모르겠다면 아이가 스마트폰으로 무엇을 하는지, 어떤 콘텐츠를 보는지, 어떤 게임을 하는지를 유심히 지켜보세요. 아이가 좋아하는 것부터 시작하는 것입니다. 요리 유튜브를 많이 본다면 요리를 함께할 수도 있고, 특정 게임을 좋아하는 아이와 그 게임에 대해 함께 이야기를 나눌 수도 있습니다. 이렇게 아이와 공감대를 형성하면 자연스레 대화거리가 늘어납니다. "이건 어떻게 하는 거야?" "이 게임에서는 캐릭터를 어떻게 조종해야 해?" 하는 말들로 아이의 발화 시간을 늘려보세요. 입을 꾹 다물고 스마트폰만 하던 아이도 자신이 관심 있는 것에 대해서는 신나게 이야기합니다.

아이가 좋아하는 것에서 시작했다면 부모와 함께 하는 새로운 취미를 찾는 것도 도움이 됩니다. 운동, 캠핑, 낚시 등 오프라인으로 할 수 있는 재미있는 것을 경험하도록 하는 것입니다. 이는 스마트폰 중독 예방뿐만 아니라 부모와의 유대감 형성에도 긍정적인 영향을 끼칩니다.

★ 스마트폰을 똑똑하게 쓰는 법을 알려주세요

스마트폰은 더 이상 아이들의 학업을 막기만 하는 요소가 아닙니다. 인스타그램, 유튜브, 블로그로 자신을 브랜딩할 수도 있고, 스마트폰을 통해 메타버스나 인공지능 등 새로운 프로그램을 체험할 수도 있지요. 스마트폰 중독의 시작은 '목적 없이' 스마트폰을 사용하거나, '의미 없는 시간'을 보내는 것입니다. 아이들이 스마트폰을 가지고 의미 없는 시간만 흘려보내지 않도록 부모가 스마트폰을 똑똑하게 사용할 수 있는 다양한 기회와 방법을 소개해주기를 추천합니다. 코딩·시간 관리·문제 해결 등과 관련된 앱을 깔아 일상생활과 학습에 도움이 되도록 할 수도 있고, 재미있는 동시에 공부에도 도움이 되는 유튜브 채널을 알려줄 수도 있습니다. 또, 자신의 채널이나 계정을 키워 진로에 활용한 사례를 보여줄 수도 있겠지요. 아이가 스마트폰을 현명하게 사용할 줄 안다면 자제력도 자연스레 길러질 것입니다.

★ 이용 규칙을 스스로 정하도록 해주세요

스마트폰 이용 규칙을 스스로 정하는 것은 가장 쉬운 방법이자 가장 어려운 방법입니다. 아이에게 스마트폰을 일정 시간 이상 사용하게 되면 일상생활과 인간관계, 건강에 부정적인 영향을 미칠 수 있다는 사실을 분명히 알려주고, 스스로 이용 시간을 정하도록 할 수 있습니다. 잠들기 직전까지 스마트폰을 사용하면 숙면에 방해가 된다는 것, 길을 건너면서 스마트폰을 사용하면 위험하다는 사실 등을 일러주며 왜 적절한 사용 시간이 필요한지를 깨닫게 하는 것입니다. 스마트폰을 6시간 사용하던 아이가 5시간 40분으로 줄이겠다는 다소 파격적인(?) 이야기를 하더라도 이를 존중해주고 15분씩 천천히 줄여간다는 사실을 칭찬해주는 편이 좋습니다. 스스로 정한 이용 시간을 지켜나가며 통제력을 기를 수 있기 때문입니다.

25

중학교 배정은 어떻게 이루어지나요?

6학년 학부모님들이 가장 궁금해하는 것 중 하나가 바로 중학교 배정입니다. 원하는 중학교에 배정될 수 있을지, 친구와 같은 중학교에 배정될지가 참 궁금하지요. 체육중학교, 특차중학교(국제중, 국악학교, 예술학교 등) 등의 중학교를 제외한 일반중학교는 보통 가족의 거주지 기준으로 배정합니다.

★ 원서 작성은 이렇게 진행됩니다

10월 말 즈음이 되면 학생들의 배정 원서 작성이 시작됩니다. 학생들이 제출해야 하는 서류는 '주민등록등본'입니다. 주민등록등본은 학생의 주소지를 확인하기 위해 사용됩니다. 일반적인 중학교의 배정이 학생의 주소지를 기준으로 하기 때문입니다. 제출한 주민등록등본에 학생과 부모님 모두가 함께 등재되어 있다면 추가 서류 제출을 필요하지 않습니다. 그러나 부모와 함께 등재되어 있지 않다면 그 사유를 소명할 추가 서류 제출이 필요합니다. 상황에 따른 필요 서류 목록은 학교에서 안내할 테니 그에 맞게 제출하면 됩니다.

담임 교사가 제출된 서류를 확인하고 현재 주소를 기준으로 배정 원서를 작성해 교육청에 제출합니다. 서울의 경우 2월 초 즈음에 중학교 배정통지서가 배부되고 그때 자녀가 배정된 중학교를 알게 됩니다. 배정 원서의 배부 당일부터 약 이틀 후까지 중학교 등록 기간입니다. 대부분은 초등학교에서 배정통지서를 받은 후 곧장 중학교에 방문해 입학 등록을 하게 됩니다.

★ 원하는 중학교에 배정받는 방법이 있을까요?

위에서 설명했듯이 체육특기자, 특차중학교에 지원한 학생이 아니라면 우리 아이의 중학교 배정 기준은 현재 주소지가 됩니다. 따라서 내 자녀를 원하는 중학교에 임의대로 보낼 수는 없습니다. 하지만 경우에 따라서 중학교 배정에 대한 약간의 선택지가 생기는 학생들이 있습니다.

첫째, 다자녀 가정의 학생입니다. 18세 미만의 자녀 3명 이상을 양육하는 가정의 학생 중 형제·자매·남매가 재학 중인 동일 학교로 배정을 희망할 경우에 그 학생은 해당 학교에 배정될 수 있습니다. 다자녀 가정의 학생이라고 하여 무조건 원하는 학교로 배정받는 것이 아니라, 형제·자매·남매가 재학 중인 중학교로 배정받는 것임을 혼동하지 않아야 합니다.

둘째, 쌍생아 학생입니다. 쌍생아는 원할 경우 동일한 학교로 배정받을 수 있습니다. 단, 이 경우도 원하는 학교를 지정하여 갈 수 있다는 의미는 아닙니다. 이성 쌍생아의 경우 거주지 학교군 내 남녀 공학 학교가 없으면 다른 학교군 소재의 남녀 공학 학교로 배정됩니다. 쌍생아라 하더라도 '쌍생아 동일 학교 배정 희망 신청서'를 제출하지 않으면 일반 배정 방법에 따라 중학교를 배정하니 원한다면 꼭 놓치지 말고 제출하세요.

셋째, 학교폭력 분리배정 대상자입니다. 학교폭력으로 전학 조치된 가해학생과 피해학생을 배정할 때는 피해학생의 보호를 위해 충분한 거리 등을 고려하고 이 둘을 각각 다른 학교에 배정하게 되어 있습니다. 다만 학교폭력대책심의(자치)위원회를 개최하지 않은 경우나 학교폭력대책심의(자치)위원회에서 전학 외 조치가 결정된 경우는 분리 배정이 불가능합니다.

넷째, 근거리 통학 대상자입니다. 지체장애인으로 등록하고 장애인등록증(복지카드)을 발급받은 자 또는 영구적·반영구적 질환으로 신체의 기능 장애가 현저하여 학교 통학에 극히 어려움이 예상되는 자는 근거리 통학 대상자로 신청할 수 있습니다. 근거리 통학 대상자로 선정될 경우 거주지의 근거리 학교로 배정되어 통학의 편의를 기대해볼 수 있습니다.

궁금해요! 초등학교

방과 후 아이를 어디에 맡겨야 하나요?

맞벌이 부모라면 돌봄교실!

초등학교 1학년 학생의 부모님은 달라진 자녀의 하교 시간에 당황스럽기 마련입니다. 유아교육기관(유치원 또는 어린이집)의 하원 시간에 비해 초등학교의 하교 시간이 오히려 이르기 때문입니다. 특히 맞벌이를 하는 부모님에게 이러한 점은 퍽 난감한 문제입니다. 학교마다 차이는 있지만 초등학교 1학년 학생의 하교 시간은 오후 1시, 혹은 1시 40분 정도입니다. 유아교육기관은 부모의 여건에 따라 개별 아이의 하원 시간을 유연하게 운영하는 경우가 있습니다. 반면 초등학교는 모든 학생에게 똑같은 하교 시간을 적용하기 때문에 이른 하교 시간이 부담스러울 것입니다. 유아교육기관처럼 초등학교가 아이의 오후 시간을 조금 더 책임져줄 수는 없을까요?

현재 초등학교에는 초등돌봄교실(이하 '돌봄교실')이라는 제도가 있습니다.

돌봄교실이란 별도 시설(전용 또는겸용)이 갖추어진 공간에서 돌봄이 필요한 학생들을 대상으로 정규수업 이외에 이루어지는 돌봄활동입니다. 돌봄교실은 아침돌봄, 오후돌봄, 저녁돌봄으로 나뉘어 운영됩니다. 오후돌봄은 아이의 하교 시간부터 약 오후 5시까지 이루어지는 돌봄활동입니다. 오후돌봄에 입급한 아이는 돌봄 전담사와 함께 간단한 학습 활동을 하거나 독서 등을 하면서 시간을 보낸다. 돌봄교실의 장점은 전용 특기적성 프로그램을 운영한다는 것입니다. 종이접기, 놀이체육, 캘리그라피 등과 같은 주제로 특기적성 프로그램 강사가 돌봄교실을 방문해 아이들에게 교육 활동을 합니다. 돌봄교실에서 시간을 보내는 아이들은 개별적인 일정에 맞춰 하교할 수 있습니다. 보호자가 돌봄교실에 방문하여 아이와 함께 하교하는 방식으로 운영되며 인근학원 강사가 학교를 방문하여 아이를 데려가기도 합니다. 아침돌봄과 저녁돌봄은 특별한 수요에 의해 이루어집니다. 대부분의 아이들은 수업 시작 30분 전부터 등교하기 시작하지만 피치 못할 사정으로 더 이른 시간에 등교해야 하는 아이들이 있습니다. 이 아이들을 위해 '아침돌봄'이 운영됩니다. 마찬가지로 오후 5시 이후에도 부모님이 아이를 데리러 올 여력이 되지 않는다면 저녁돌봄을 이용할 수 있습니다. 아침돌봄과 저녁돌봄은 오후돌봄과 달리 특기적성 프로그램이나 간식 등이 제공되지 않고, 아이가 자율적으로 시간을 보내는 방식으로 이루어집니다. 물론 아침돌봄과 저녁돌봄의 운영 시간은 학교의 상황에 따라 차이가 있기 때문에 사전에 학교에 문의해야 합니다.

돌봄교실은 3월 2일부터 운영되기 때문에 돌봄교실 입급에 대한 절차는 자녀의 입학 전에 마무리됩니다. 돌봄교실 입급 신청서는 주로 신입생 예비소집일에 배부되므로 돌봄교실을 이용하고자 한다면 해당 안내문을 반드시 확인하고 기한 내에 접수해야 합니다.

★ 방과후학교 수업도 고려해보세요

아이가 돌봄교실에 입급대상으로 선정되는 것은 생각보다 쉬운 일이 아닙니다. 과거에 비해 늘어난 맞벌이 부모의 수만큼 돌봄교실에 대한 수요도 함께 증가했기 때문입니다. 학교의 돌봄교실에서 수용할 수 있는 인원보다 돌봄교실을 희망하는 학생의 수가 많다면 우선순위에 따라 입급 대상을 선정하게 됩니다. 국민기초생활수급자, 한부모가족보호대상자, 법정차상위대상자 등의 자격을 갖춘 학생이 우선 선발되므로 아이가 돌봄교실 입급 대상으로 선발되지 않았을 경우를 준비해야 합니다. 자녀가 돌봄교실에 입급할 수 없게 되었다면 학교에서 진행하는 방과후학교 수업에 참여하는 방법이 있습니다. 방과후학교는 영어, 컴퓨터, 교과 관련, 특기적성 관련 등 다양한 분야의 수업으로 구성됩니다. 여러 가지 수업이 요일별로 배치되어 있고 원하는 시간대의 수업만을 골라 수강할 수 있습니다,

27

학부모 총회, 학부모 공개수업. 참석해야 하나요?

학부모로서 아이가 생활하는 교실과 학교 수업에 대해 많은 궁금증을 가지는 것은 당연합니다. 아이의 책상, 의자, 사물함 등 교실의 물리적 환경뿐 아니라 아이의 학습 태도나 학급 분위기에 대해 관심을 가지는 학부모가 많습니다. 하지만 학교에 공식적으로 방문해 이를 살펴볼 기회는 많지 않습니다. 학부모 총회와 공개수업은 아이의 교실 생활 모습에 대한 궁금증을 풀어줄 수 있는 유익한 시간이 됩니다.

★ 학부모 총회

학부모 총회는 일반적으로 학교 학부모 단체 임원 선출, 학교 설명회, 학급 설명회로 나누어집니다. 학부모 단체 대표 선출 시간에는 각종 학부모 단체의 임원을 선출합니다. 학교 교육에 적극적으로 참여하고 학교를 위해 봉사하기를 희망한다면 학부모 단체 임원 입후보에 관한 사전 안내문을 참고해 후보로 등록하면 됩니다.

학교 설명회 시간에는 학교의 환경과 교육과정 전반에 대한 설명을 들을 수 있습니다. 학교장의 교육 철학과 교육 목표, 학교의 특색 사업 등은 학급 교육 활동에 많은 영향을 미칩니다. 학교 교육의 목표 아래 단위 학년과 학급의 교육과정이 수립되기 때문이지요. 또한 학교 교육과정을 이해하면 해당 학년의 교육 계획과 더불어 6년간의 교육 흐름에 대해 이해할 수 있으므로 매우 중요합니다. 학급 설명회 시간에는 담임 교사의 학급 운영 계획에 관해 들을 수 있습니다. 담임 교사는 자신만의 교육관과 교육 목표에 따라 한 해 동안 어떻게 아이들을 지도할 것인지에 대해 상세히 설명할 것입니다. 이 시간을 통해 교사의 교육 철학과 생활 지도 방식에 대해 이해한다면, 가정에서도 일관된 교육이 이루어져 아이의 효과적인 학습과 바른 인격 형성에 큰 도움이 될 것입니다.

학교와 가정의 교육이 효과적으로 연계될 때, 교육 효과는 극대화됩니다. 이를 위해 학부모는 학교와 학급 교육에 대해 이해할 필요가 있습니다. 가급적 학부모 총회에 참여해 도움을 받기를 추천합니다.

★ 학부모 공개수업

학교는 가정에서와 달리 아이 개별 맞춤 환경을 제공하기 어렵습니다. 40분으로 고정된 수업시간과 일과는 계획대로 흘러가며, 학생이 자신이 앉고 싶은 자리에 앉거나 원하는 시간대를 골라 공부하는 것은 불가능합니다. 그렇기에 학교 수업에 참여하는 아이의 모습은 부모가 가정에서 보았던 것과 많은 차이를 보이기도 하는데요. 학부모 공개수업을 통해 아이가 학교 환경과 수업에 잘 적응하고 참여하는지 꼭 확인해보아야 합니다. 특히 아이가 수업 내용을 잘 이해하고 있는지, 매 순간 수업에 집중하는지를 관찰해보세요. 초등학교 수업에는 타인과 함께하는 활동도 많으므로 친구와 어떤 방식으로 소통하는지도 지켜보면 도움이 됩니다.

물론 공개수업은 학교 수업의 극히 일부이며 공개수업임을 알고 있는 학생들은 평소와 다른 긴장한 모습을 보이기도 합니다. 따라서 공개수업 때 본 아이의 모습이 학교생활의 전부는 아니지요. 하지만 하나를 보면 열을 안다는 말이 있듯 앞서 말한 관찰 포인트를 하나씩 살펴보면 아이의 교실 속 생활 모습을 조금은 이해하게 될 것입니다.

28

아이에 대해 교사와 상담하고 싶을 땐 어떻게 하나요?

담임 교사와 아이에 관한 이야기를 나누는 상담 시간은 아이의 학교생활을 이해하는데 꼭 필요한 시간입니다. 학부모 상담주간을 따로 운영하는 학교도 있고, 수시로 상담을 진행하도록 하는 학교도 있습니다. 물론 전자의 경우 또한 학부모 상담주간이 아니어도 학교생활에 궁금한 점이 있다면 언제든 상담을 요청할 수 있습니다. 학부모 상담을 통해 교사는 아이의 학교생활 모습을 전하고, 학부모는 교사가 알면 좋을 아이의 정보를 전하며 서로가 아이를 다방면으로 이해할 수 있습니다.

학부모 상담주간이 있다면 1~2주 전 가정통신문이나 학급 소통방을 통해 상담 시간과 방법을 묻는 안내가 옵니다. 담임 교사의 안내에 따라 원하는 방법과 시간을 제출하면 됩니다. 비슷한 시간대를 원하는 학부모가 많다면 1순위의 시간에 배정되지 않을 수 있으니 2~3순위까지 꼼꼼하게 작성해야 합니다. 과거와 달리 요즘은 비대면 상담으로 15~20분 정도 진행되는 경우가 대부분이므로 편하게 작성하면 됩니다.

★ 1학기 상담

1학기 상담은 3월 말에서 4월 초에 이루어지는 경우가 많습니다. 하지만 교사와 아이가 지낸 시간이 한 달밖에 되지 않은 시점이라 교사는 아이에 대해 많은 것을 파악하기는 어렵습니다. 게다가 3월은 아이가 학교와 학급에 완벽히 적응한 것이 아니어서 아이의 진짜 모습을 아직 알 수 없습니다. 따라서 1학기 상담주간에는 학부모가 먼저 아이에 대해 교사에게 알려주는 것이 좋습니다. 집에서는 어떻게 생활하는지, 학교에 대해 어떻게 생각하는지, 학습 측면의 어려움은 없는지 등을 자유롭게 이야기하면 됩니다. '너무 사소한 이야기를 하는 걸까?', '우리 아이를 너무 자랑하는 걸까?' 하는 고민은 넣어두세요. 학부모의 다양한 이야기는 선생님의 아이에 대한 전반적인 이해도를 높이며 학부모는 필요한 부분에 대해 담임교사에게 적절한 도움을 받을 수 있습니다.

★ 2학기 상담

개학 후 한 달 뒤 이루어지는 2학기 상담은 꼭 신청하세요. 2학기 상담은 한 학기 동안 아이를 지켜본 선생님의 이야기를 들을 수 있는 기회가 되기 때문입니다. 담임 선생님이 먼저 아이의 교우관계, 학습 태도, 기본 학교 생활에 대해 이야기를 하면, 궁금한 점을 묻고 답하는 시간을 가지게 됩니다. 실제로 상담을 진행하다 보면 집에서 발견하지 못한 아이의 모습을 전해 들어 놀라는 학부모님이 많습니다. 집에서는 내성적이고 조용한 게 고민이라던 아이가 학교에서는 활발하고 발표도 잘하는 경우도 있고, 집에서는 방 정돈이 잘 안되어 걱정이라던 아이가 깔끔하게 교실 청소까지 잘하는 경우도 있습니다. 이렇듯 아이의 모습은 가정에서, 또래 친구들 사이에서, 선생님 앞에서 모두 다르기 때문에 상담을 통해 아이를 다각도로 이해할 수 있게 됩니다.

＊상담 때는 이런 질문을 해보세요

□ 가정에서 더 지도해야 할 부분은 없나요?
□ 수업시간에 태도는 어떤가요?
□ 발표는 자주 하는 편인가요?
□ 친구들과 갈등을 겪을 때가 있나요?
□ 모둠활동을 할 때 참여를 잘하는 편인가요?
□ 책상 서랍 정리나 사물함 정리가 잘 되어 있나요?
□ 다음 시간 교과서 준비는 잘 하나요?

아이의 학교생활에 건의사항이 있을 땐 어디로 연락해야 하나요?

★ 아이와 관련된 건의사항이 있어요

아이와 관련한 건의사항은 담임교사에게 전달하는 것이 좋습니다. 담임교사는 아이에 대해 가장 잘 이해하고 있는 사람으로 학급에서 아이와 끊임없이 소통하는 존재입니다. 담임교사는 아이의 성격이나 성향, 학습의 측면, 교우관계, 생활 습관 등을 파악하고 있기에 학부모가 건의하고 싶은 내용에 대해 가장 잘 이해하고 공감할 수 있습니다. 또한 학급에서 일어나는 대부분의 일은 담임교사와 함께 해결이 가능합니다. 담임선생님은 교사로서 재량을 발휘해 여러 교육활동을 진행하며 학급을 이끌어가지요. 따라서 학급 내 건의사항은 담임교사와 함께 의논한다면 가장 명확한 해답을 찾을 수 있습니다.

학급과 직접적으로 관련이 없는 일이더라도 담임선생님께 건의하면 도움을 받을 수 있습니다. 돌봄교실이나 방과후 학교 수업, 각종 교내 대회, 스쿨뱅킹 등이 그 예입니다. 이러한 부분에서 발생하는 불편사항과 관련해 담임교사는 해당 부서에 문제 해결을 요청할 수 있습니다. 담임 선생님이 담당 부서와 소통하며 문제를 해결한다면 다양한 측면을 고려한 효과적인 해결방안을 도출할 수 있습니다.

★ 교장, 교감 선생님에게 건의하면 빠르게 해결할 수 있나요?

어떠한 문제가 발생했다면 빠른 해결을 위해 그 일과 관련된 사람이나 부서에 연락하는 것이 가장 효과적입니다. 아이와 관련된 모든 사항은 담임 선생님이 관리합니다. 아무리 교장, 교감 선생님이라 하더라도 학교의 모든 학생에 대해 일일이 파악하기는 어렵습니다. 따라서 아이에 대한 건의사항은 어떤 부서에 접수되더라도 결국 담임 선생님에게 전달되기 마련입니다. 대화의 두 주체가 직접 소통하여 오해 없이 건의 사항을 정확하게 전달하기 위해, 담임 선생님과 이야기를 먼저 나누시기를 추천합니다.

★ 학교와 관련된 건의 사항은 어디로 연락해야 하나요?

학교의 교육과정이나 행사와 관련해 건의하고 싶은 사항이 있다면 학교에서 진행하는 온라인 설문에 참여하면 됩니다. 과거에는 종이로 출력된 가정통신문으로 건의사항을 받았다면 요즘은 대부분의 학교가 스마트 공지시스템(학교종이, e알리미 등)을 이용합니다. 이러한 서비스는 학교가 온라인으로 가정통신문을 발송하고 부모가 직접 회신하는 형태입니다. 이를 통해 학부모가 학교 운영 관련 설문에 손쉽게 참여할 수 있습니다.

학교 온라인 설문은 각종 교육 활동 관련 만족도 조사, 학교 교육과정 평가 설문 등을 포함합니다. 학생과 부모님은 온라인 설문을 통해 학교 행사와 교육 활동에 관한 의견을 전하게 됩니다. 특히 학교에서는 차년도 교육과정과 교육 프로그램을 계획할 때, 학년 말에 실시한 온라인 설문 결과를 적극적으로 활용합니다. 따라서 온라인 설문을 통해 건의 사항을 제시하는 것은 매우 간편하며 효과적인 방법입니다.

학교 숙제를 부모가 도와줘도 될까요?

선생님은 다양한 이유로 숙제를 내줍니다. 학교에서 받은 숙제를 학생들은 다양한 방법으로 해결합니다. 혼자서도 척척 해내는 학생이 있는가 하면 혼자서 숙제 하는 것이 버거워 제대로 해결하지 못하는 학생도 있습니다. 심지어 숙제 자체를 귀찮게 여기며 불성실한 태도를 보이는 학생도 있지요. 숙제를 어려워하거나 귀찮아 하는 학생들에게는 부모님의 도움이 필요합니다. 아이의 학교 숙제를 어느 정도까지 도와주는 것이 바람직할까요?

어느 부모는 숙제 결과물의 질이 떨어지면 아이에게 좋지 않다고 생각해 자녀의 숙제를 대신 해주기도 합니다. 하지만 섣불리 아이에게 과도한 도움을 제공하는 것은 아이의 학습 기회를 박탈합니다. 자신이 직면한 과제에 대해 충분히 고민하고 탐구할 시간을 보장해야 아이가 한 단계 도약할 수 있는데, 중간에 부모가 그 시간을 빼앗는 것이지요. 반대로 아이의 숙제를 방치하는 부모도 있습니다. 부모님이 아이의 숙제를 확인할 수 없을 만큼 바쁘거나 아이의 숙제를 어떻게 도와주어야 할지 몰라 손을 놓아버리는 것입니다. 이런 경우 반복적으로 과제를 수행하지 않는 아이가 되어 학교생활 속에서도 불성실한 태도가 자리잡게 됩니다. 선생님에게도, 친구들에게도 신뢰를 얻기 힘들지요. 아이를 교육함에 있어 학교와 가정의 공동 목표는 '아이의 성장'입니다. 학교 숙제를 해결함에 있어 부모는 아이의 성장을 돕는 '조력자'가 되어야 한다는 뜻입니다. 부모는 아이에게 옳은 학습 방향을 제시하는 동시에 아이가 학습 과정에 주도적으로 참여할 수 있는 기회를 충분히 제공하여야 합니다. 부모의 이런 태도가 바탕이 될 때 아이가 자기주도적으로 학습할 수 있기 때문입니다.

★ 학교 숙제를 도와주는 가장 좋은 방법

아이의 학교 숙제를 도와주는 최선의 방법은 아이가 과제를 수행함에 있어 어려움을 호소하고 문제 해결의 실마리를 찾지 못하는 바로 그때, 아이에게 적절한 조언이나 정보를 제공하는 것입니다. 유의할 점은 문제 해결에 직접적으로 연결되는 정보를 제공하는 것이 아니라 문제 해결의 단서가 되는 정보를 제공해야 한다는 것입니다. 바람직한 조력자의 역할은 아이의 수준과 과제의 수준 차이를 아이의 노력과 끈기로 극복 가능한 정도로 유지하는 것이기 때문입니다.

수학 교과의 숙제는 일반적으로 수학 문제를 해결하는 것입니다. 저도 수학 익힘책의 문제를 해결하거나 보충 학습지 등을 풀어오는 숙제를 자주 내는데요. 만약 아이가 문제 해결에 어려움을 느낀다면 먼저 아이가 수학적 원리를 충실히 탐구했는지 짚어보는 것이 중요합니다. 잘못된 학습 방식을 습득한 아이는 수학적 원리가 도출되는 과정은 무시한 채 문제 푸는 방법에만 초점을 두는 경향이 있습니다. 기본 수준의 문제를 풀 때는 이러한 학습 방식의 한계가 드러나지 않지만, 심화 사고력을 요하는 문제를 직면했을 때는 아이가 어려움을 느낄 수 밖에 없습니다. 따라서 아이가 문제 해결에 어려움을 느낀다면 문제와 관련된 수학적 원리를 다시 한번 탐구할 수 있게 도와주세요. 수학적 원리를 도출하는 과정을 거치며 문제 해결에 대한 실마리를 얻을 수 있으며 이를 통해 스스로 해결해 나갈 수 있습니다.

사회 교과의 숙제는 주로 조사 학습과 관련된 경우가 많습니다. 사회 시간에 학습한 개념과 관련된 사례를 조사해 우리 주변에서 해당 개념이 어떤 모습으로 적용되는지 살펴보는 것이 목적이지요. 직접 답사를 해야 한다면 장소 이동 등 부모님의 적극적 도움이 필요합니다. 답사 장소를 아이가 직접 선정하도록 하되 장소가 주제와 연관성을 가지고 있는지 확인해주어야 합니다. 한편, 아이가 직접 답사하지 않고 온라인으로 조사할 수 있는 경우도 많습니다. 온라인을 통해 과제를 수행할 때는 아이에게 컴퓨터나 태블릿PC 등 정보통신기기 사용법을 알려주고 정보를 탐색할 수 있는 경로를 알려주어야 합니다. 또한 정보가 최신 정보인지, 신뢰할 만한 출처가 있는지 함께 확인해보는 것이 좋습니다.

31

스마트폰 사달라는 아이, 어떻게 해야 하죠?

학교생활에 적응한 3학년 즈음 되면 “이제는 스마트폰 사주세요.” 하며 조르는 아이가 많아집니다. 그 필요성을 잘 알지만 부모로서는 아이가 스마트폰 중독이 되지는 않을까, 불필요한 콘텐츠들에 과하게 노출되지는 않을까 걱정되기 마련이지요. 통계자료에 따르면 초등학교 아이들의 첫 스마트폰 사용 시기가 당겨지는 추세입니다. 실제로 제가 2년 전 4학년 담임을 맡았을 당시 반 아이들 80%가 스마트폰을 보유하고 있었습니다. 그러니 “나 빼고 다 스마트폰 있어!” 하는 아이의 말도 거짓말은 아니지요. 아이에게 스마트폰을 사주는 것이 단점만 있지는 않습니다. 아이와 직접 연락할 수 있기 때문에 아이의 위치를 쉽게 파악할 수 있고, 학습과 관련된 어플리케이션을 이용하며 공부에 도움을 받을 수도 있습니다. 친구들과 더 편하게 연락을 주고받아 친구 사귀기가 더 편할 수도 있지요. 그럼에도 불구하고 저는 아이에게 스마트폰을 사주어야 하나 고민하는 학부모님을 만난다면 “아직은 사주지 않아도 괜찮다”는 말을 꼭 전하고 싶습니다.

스마트폰 중독이나 유해 콘텐츠 노출 등 다양한 이유가 있지만 제가 스마트폰 사주기를 만류하는 가장 큰 이유는 스마트폰의 게임, 유튜브 동영상 등이 아이의 집중력을 키우는 데 크게 도움이 되지 않기 때문입니다. 요즘에는 긴 호흡의 콘텐츠보다는 짧은 형태의 콘텐츠가 많습니다. 내용 또한 도파민이 뿜어져 나오는 자극적인 내용들인 경우가 많지요. 이런 콘텐츠에 반복적으로 노출되다 보면 아이가 한 활동에 집중할 수 있는 시간이 점점 짧아집니다. 뇌에서 더 재밌고 자극적인 정보를 요구하기 때문입니다. 주변 선생님들께서도 공통적으로 "요즘 아이들의 집중력이 짧아졌다.", "짧은 영상에 익숙해져서 2시간짜리 영화 보기도 아주 힘들어한다." 하는 말씀을 하십니다. 학습의 기초를 다지는 초등학교 시기인 만큼 스마트폰은 잠시 멀리하고, 다른 것에 집중하는 시간이 되었으면 합니다.

★ 스마트폰 대신 집중할 수 있는 환경을 만들어주세요

스마트폰이 없이도 학교 생활을 재미있게 하는 학생들을 살펴보면 공통적으로 스마트폰 이외의 취미생활이나 좋아하는 활동이 있습니다. 책 읽기에 푹 빠져 있는 아이가 있는가 하면 축구, 자전거, 배드민턴 등 스포츠 활동을 즐기는 아이도 많습니다. 아이가 온라인 세상이 아니라 오프라인 세상에서 재밌고 즐거운 일을 찾도록 가정에서 도와주세요. 부모가 아이와 여러 스포츠 종목을 함께하거나 아이가 원하는 활동을 적극적으로 지지해주는 것입니다. 스마트폰 없이도 어딘가에 푹 빠져 집중하는 경험을 한 아이는 분명 다른 분야에서도 자신감을 가지게 될 것입니다.

★ 꼭 사야 한다면, 아이와 사용규칙을 꼭 정해보세요

가정의 상황은 모두 다르기에 아이에게 스마트폰을 사주어야 할 상황이 있을 수 있습니다. 사주기로 했다면 아이와 꼭! 스마트폰 사용 규칙을 정한 뒤 사용하도록 해보세요. 스스로 제어하면서 사용한다면 보다 현명하게 사용할 수 있을 것입니다.

＊예시

1. 스마트폰을 사용할 시간을 스스로 정하기
2. 스마트폰을 사용하지 않는 공간(화장실, 학교, 학원 등) 정하기
3. 걸으면서 스마트폰 사용하지 않기
4. 스마트폰에서 돈을 쓸 때는 부모님과 상의하기

아이가 영재교육을 받을 수 있는 방법이 있나요?

어떤 아이를 영재라고 부를까요? 우리나라 영재교육진흥법 제5조 제1항에서는 영재를 '재능이 뛰어난 사람으로서 타고난 잠재력을 계발하기 위하여 특별한 교육을 필요로 하는 사람'으로 정의하고 있습니다. 여기에서 말하는 뛰어난 재능이란 구체적으로 무엇을 의미할까요?

영재성을 정의하는 관점은 다양합니다. 미국의 영재교육학자인 렌줄리Renzulli가 제시한 영재의 특성을 파악하면 조금 더 구체적으로 영재성에 대해 이해할 수 있습니다. 렌줄리의 관점을 참고하여 우리 아이가 영재성을 가지고 있는지 판단해봅시다.

첫째, 영재는 평균 이상의 능력을 지녔습니다. 영재는 어려운 내용을 빠르게 이해하고 기억력이 좋으며 많은 지식을 가지고 있습니다. 수준 높은 책을 즐겨 읽고 어려운 개념을 쉽게 이해하며 이를 문제해결에 적극적으로 활용합니다. 둘째, 영재는 창의적으로 사고합니다. 영재는 때때로 기발한 착상이나 제안으로 부모님을 놀라게 합니다. 새로운 문제 상황에서 두려워하지 않고 스스로 해결하려는 도전 정신을 가지고 있으며 새로운 것을 배우고 싶어 하는 욕망을 지녔습니다. 다른 사람과 의견이 다를 때 적극적으로 토론하며 새로운 대안을 찾아냅니다. 셋째, 영재는 높은 과제집착력을 발휘합니다. 과제를 수행할 때 주위의 상황에 흔들리지 않고 자신의 역할을 수행합니다. 쉽게 해결되지 않는 문제를 마주하더라도 포기하지 않으며 끝까지 노력하는 자세를 지니고 있습니다. 한 가지 일에 오랜 시간 집중하는 모습을 보이며 관심 있는 문제에 몰두할 때는 종종 그 일을 말리기 어려울 때가 있습니다.

만약 자녀가 영재라고 판단된다면 영재교육을 꼭 받게 해야 할까요? 우리는 영재의 정의에서 영재교육의 필요성을 엿볼 수 있습니다. 영재는 뛰어난 재능을 가진 아이로서 보통의 교육으로는 타고난 잠재력을 끌어 올릴 수 없습니다. 따라서 그들은 재능에 따라 알맞은 교육을 제공받아야 합니다. 우리 나라에는 모든 국민이 능력에 따라 균등하게 교육받을 권리가 있습니다. 이를 통해 영재는 자신의 잠재력을 계발하고 자아를 실현해 나갈 수 있습니다.

초등학교 학생이라면 영재교육원과 영재학급에 들어갈 수 있습니다. 영재교육원은 초등협력학교와 중학교 협력학교에서 운영되는 형태가 있고, 그 외에 교육청의 직속기관 및 단위학교 또는 대학부설 및 유관기관에서 운영되는 형태가 있습니다.

영재교육 대상자 선발 시기는 영재교육기관에 따라 조금씩 다릅니다. 교육지원청 영재교육원과 직속기관 및 단위학교(음악, 미술 분야 제외) 영재교육원은 전년도 9월부터 2월까지의 기간에 걸쳐 대상자를 선별합니다.

＊영재교육원 선발 일정 및 방법 예시

<table>
<tr><th>전형단계</th><th>주관</th><th>세부내용</th></tr>
<tr><td>지원 단계</td><td>학생</td><td>• GED(https://ged.kedi.re.kr)에서 지원서와 자기체크리스트 작성
• 지원서 출력 후 담임교사에게 제출
• 선발 전형료 납부</td></tr>
<tr><td>추천 단계</td><td>소속 학교</td><td>• 추천 여부 심의 후 최종 추천</td></tr>
<tr><td>창의적 문제 해결력 및 면접 평가 단계</td><td>교육지원청</td><td>• 창의적 문제해결력 및 면접 평가 실시
<table>
<tr><th>선발 분야</th><th>평가</th><th>배점</th><th>시간</th><th>장소</th></tr>
<tr><td rowspan="2">수학, 과학, 융합 정보</td><td>창의적 문제 해결력</td><td>70</td><td>09:00~10:00 (60분)</td><td rowspan="2">OO초</td></tr>
<tr><td>면접</td><td>10</td><td>10:20~10:40 (20분)</td></tr>
</table>
• 최종 합격자 공고</td></tr>
</table>

따라서 9월 즈음부터 학교 가정통신문을 잘 살펴보고 지원 일정에 맞게 지원해야 합니다. 아이의 영재교육에 관해 궁금한 점이 있다면 GED 홈페이지를 탐색해보세요. 많은 정보를 얻을 수 있습니다.

아이가 연애를 시작한 것 같아요. 어떻게 해야 하죠?

'올해 안에 연애하기', '6학년 때는 꼭 여자친구 만들기'. 6학년 아이들이 쓴 올해의 버킷리스트 중 하나입니다. 고학년이 되면서 '모태 솔로', '고백' 등의 단어가 아이들 사이에서 빈번하게 등장하기 시작합니다. 아이들이 이성에 관심을 가지는 것은 참 당연한 일입니다. 그러다가 아이들끼리 사귀기도 하고 헤어지기도 하지요. 하지만 부모 입장에서는 우리 아이가 연애한다는 것 자체가 궁금하기도 하고 걱정도 됩니다. 아이의 연애가 궁금하다면, 아이가 이성 친구를 사귄다는 사실을 알게 되었다면 어떻게 하는 것이 좋을까요?

★ 아이에게 필요한 관심을 주자

아이에게 좋아하는 사람이 생겼다면, 아이가 연애를 시작한 것 같다면 부모는 궁금증이 폭발합니다. 그래서 아이에게 "고백은 어떻게 받았어?", "걔는 어떤 아이야?", "걔랑 만나서 뭐해?" 하며 무수한 질문들을 던지게 되지요. 가끔 너무 궁금한 나머지 아이의 핸드폰을 몰래 보며 대화 내용을 확인하는 부모도 있습니다.

아이의 연애사를 알고 싶은 부모님의 마음은 백번 이해합니다. 하지만 저는 학부모님께 "너무 많이 알고자 하지 않는 것이 좋다"고 말씀드리는 편입니다. 아이 중에는 부모의 이런 궁금증 섞인 질문이 부담스러워 오히려 더 입을 닫는 경우가 많기 때문입니다. 부정적인 말을 들을까봐, 혹은 연애한다는 것 자체로 혼날까봐 말을 하지 않는 것이지요. 실제로 6학년인 아이들에게 물어보니, 부모님께 연애 사실을 말하면 "공부는 안 하고 무슨 남자친구야!"라는 말을 들을까봐 알리고 싶지 않다고 하는 학생들이 많았습니다. 따라서 부모가 아이의 연애를 자세히 알려고 캐묻기보다는 아이를 걱정하고 우려하는 부모의 마음을 아이가 이해할 수 있도록 솔직하게 얘기하는 편이 좋습니다. 이와 동시에 아이들끼리 건전하게 만날 수 있도록 격려하는 것이지요. 예를 들어 "엄마는 네가 남자친구를 사귀면서 공부에 소홀해질까 걱정돼.", "네가 여자친구를 사귀면서 위험한 행동을 할까 걱정돼."라고 마음을 전하는 것입니다. 과도한 신체접촉 하지 않기, 둘만 있는 위험한 장소에 가지 않기 등 아이들이 조심해야 할 것들을 알려주는 것도 중요합니다.

★ 마음에는 잘잘못이 없어

아이들은 이성 친구를 사귀고 헤어지는 과정에서 서로 상처를 입히고, 상처를 입기도 합니다. 좋아하는 상대에게 고백했지만 거절당해 화를 내는 아이도 있고, SNS로 이별 통보를 받고 펑펑 우는 아이도 있지요. 아이들이 이런 마음을 자연스럽게 받아들일 수 있도록 마음에는 잘잘못이 없다는 사실을 꼭 알려주어야 합니다. 내가 상대방을 좋아한다고 해서 꼭 상대방도 나를 좋아해야만

하는 것은 아니라는 것, 나를 좋아하거나 좋아하지 않는 것은 내가 어찌할 수 있는 것이 아닌 상대방의 영역이라는 것을 이해하도록 하는 것이지요. 이를 이해하고 나면, 아직 만남과 헤어짐이 서툰 아이들이 조금 더 주체적으로 자신의 마음에 따라 행동할 수 있게 됩니다.

사실 이 시기 아이들의 연애에 큰 의미를 두지 않아도 됩니다. 참 귀엽게도 '모태 솔로'를 탈출하고자 몇 시간만 사귀는 아이들도 있고, 보통 길어야 2주에서 한 달 정도 사귀는 아이들이 대부분이기 때문입니다. 또 아이들에게 이성 친구는 성별이 다를 뿐, 가장 친한 친구의 다른 말이기도 합니다. 그러니 아이들의 연애를 너무 진지하게 받아들이는 것보다는 친한 친구와 건전하게, 좋은 우정을 이어 나갈 수 있도록 돕는 것이 아이와 부모 모두에게 좋은 해결책일 것입니다.

궁금해요!
중학교
'입학'편

궁금해요!
중학교
'학습'편

궁금해요!
중학교
'생활'편

궁금해요!
중학교
'학부모'편

중학교
궁금해요!
중학교

궁금해요! 중학교

'입학'편

01

중학교는 어떻게 배정받나요?

찬 바람이 불어오고, 한 해가 마무리되는 시기가 다가오면 학생들의 마음은 설렘과 긴장이 교차합니다. 특히 예비 중1 학생들의 경우 6년이라는 긴 시간 동안 정들었던 초등학교를 떠나 난생처음 교복을 입고, 본격적인 학습을 하게 되는 중학교에 입학하게 되는 만큼 기대도 걱정도 클 것입니다.

사실 어른들 눈에는 초등학교 6학년이나 중학교 1학년이나 비슷해 보이지만 초등학교를 떠나 교복을 입는 중학생이 되는 순간, 우리 아이들은 이제는 어린이가 아니랍니다. 그야말로 인생의 새로운 국면으로 들어서게 되는데요. 그러기에 어떤 중학교를 선택하고, 배정을 받는가 하는 문제는 교육에 관심이 있는 학부모에게는 매우 중요한 사항이 아닐 수 없습니다.

이제 곧 중학교에 입학할 초등 자녀가 있는 가정이라면, 10월 말에서 11월 초에 학교의 안내에 따라서 중학교 배정원서를 제출하게 됩니다. 그리고 아이도, 학부모도 원하는 중학교에 배정되길 바라는 마음으로 2월을 기다립니다. 중학교 신입생 배정은 특별배정대상자(특수교육대상자, 체육특기자, 근거리 통학 대상자)가 아니라면 사는 거주지를 기준으로 배정을 받습니다. 그래서 본인이 배정받는 학교를 어느 정도 가늠할 수 있지만, 만일 지원한 학생의 수가 수용 인원을 초과하면 컴퓨터 추첨 방식으로 진행이 되기에 원하는 학교에 배정을 받지 못할 수도 있습니다.

중학교 배정 방식은 지역을 담당하는 교육지원청에 따라 진행상 차이가 있습니다. 크게 세 가지 방식으로 나눕니다.

① 근거리 우선 배정

학교와 가까운 곳에 거주하는 학생들을 먼저 배정하는 방식. 지원자가 많으면 가까운 초등학교 재학 기간이 높은 순으로 배정함.

② 선지원 후추첨 배정

본인이 가고 싶은 학교를 먼저 지원한 후 추첨하는 방식. 지원 인원이 수용 인원을 초과하면 추첨을 통해 배정되며, 수용 인원보다 적으면 모두 배정받게 됨.

③ 컴퓨터 추첨 배정

모든 학생을 강제로 무작위로 배정하는 방식. 근거리와 상관없이 같은 학군 내에 있는 학교 어디든 배정될 수 있음. 소위 '뺑뺑이'라고 불리는 방식.

만일 자신이 선 지원 후 추첨 방식으로 중학교를 배정하는 지역에서 살고 있다면 컴퓨터 추첨이기 때문에 초등학교 6학년 때 거주지를 이전해도 원하는 학교에 배정받을 가능성이 있습니다(이 경우에도 10월 30일까지는 이사를 완료해야 합니다). 하지만 근거리 우선 배정이 진행되는 지역이라면 초등학교 재학 기간까지 따져서 배정되는 방식이다 보니 늦은 시기에 이사를 온 경우라면 원하는 학교에 배정을 받지 못할 수도 있습니다. 따라서 꼭 가고 싶은 학교가 있다면 본인이 사는 곳이 어떤 배정 방식을 취하는지를 미리 알고, 준비를 해두는 것이 좋겠죠? 배정 방식은 각자 살고 계신 교육지원청을 통해 확인할 수 있으며 배정 학교군은 학구도 안내 서비스[1]를 통해 미리 확인해볼 수 있습니다. 혹시 가고 싶은 학교가 주변에서 선호도가 높은 학교라서 경쟁이 치열하다면, 배정 방식을 미리 확인하여 어느 학년에 이사를 해야 할지 여유 있게 이사 계획을 세우는 것도 필요할 것입니다.

1) https://schoolzone.emac.kr/gis/gis.do

02

'여중 · 남중 vs 공학' 우리 아이는 어디로 가야 할까요?

배정원서를 제출하기 전에, 할 일이 있습니다. 바로 아이를 어느 중학교에 보내야 할지에 대한 고민입니다. 중학교를 지원하려면, 먼저 내 아이에게 어떤 중학교가 좋은지 학교에 대한 이해와 각 학교에 대한 특성을 알고 계셔야 하겠죠? 이번 글에서는 우리나라에는 어떤 중학교가 있으며, 어떤 기준으로 중학교를 선택하면 좋을지 알아보겠습니다.

학군을 위해 따로 이사를 하지 않고, 현재 사는 곳에서 중학교를 선택한다고 가정했을 때 가장 많이 하는 고민은 성별에 따른 것입니다. 같은 학군지 내에서 학교의 수준이 비슷하다고 했을 때, 여학생이라면 여중과 공학 사이에서, 남학생이라면 남중과 공학 사이에서 어떤 학교에 갈지 선택하게 됩니다. 이때 가장 중요한 선택의 기준은 바로 아이의 성향입니다.

만일 내 아이가 여자아이인데 정서적으로 예민하고, 감정의 기복이 심한 편이라면 여중보다는 남녀 공학을 추천합니다. 여중에 가서 여자 친구들끼리 있는 것보다 공학에서 남자 친구들과 섞여 있으면 감정적으로 좀 더 편안하게 사춘기를 보낼 확률이 높기 때문입니다. 이 시기 여자아이들은 교우관계가 매우 중요하고 친구와의 갈등도 첨예합니다. 싸우고 삐지고 토라지고 다시 화해하고 친구가 되는 일이 빈번하게 일어납니다. 그런데 남자아이들이 섞여 있으면 이런 부분들이 희석되기도 하고, 때론 남자아이들이 갈등을 중재하기도 합니다. 또 여자 친구들과 잘 어울리지 못해도 남자 친구들과 잘 어울리는 성향의 아이들도 있습니다.

반대로 만일 내 아이가 무던한 성격에, 경쟁에 대한 스트레스가 없는 아이라면 여중에 가서 더 즐겁고 편안하게 학창 시절을 보낼 수도 있습니다. 여중은 대체로 학구열이 높아서 공부에 욕심이 있거나, 면학 분위기가 중요하거나, 여자 친구들만의 아기자기한 분위기를 선호한다면 남녀 공학보다 여중이 좀 더 적합할 수 있습니다.

한편 남자아이의 경우는 어떨까요? 남학생들은 교실 안에서 보이지 않는 힘과 권력으로 서열을 만드는 경향이 있습니다. 이런 것을 싫어하는 아이라면 공학에서 여자아이들과 섞여 지내는 편이 수월할 수 있어요. 앞서 여자아이들이 무리를 지어 노는 것이 남자아이들과 섞이며 희석되는 것처럼, 남학생들 사이의 다툼도 공학에서 여자 친구들과 섞이면 희석이 되기 때문입니다. 특히 남자아이들끼리 몸싸움을 하거나 거칠게 노는 것을 싫어하는 성향이라면 남녀 공학을 보내는 게 좋습니다. 물론 모든 남학생이 그렇게 노는 것은 아니지만 남중에서는 그러한 모습이 더 두드러질 수 있기 때문입니다.

지금까지 여중, 남중 그리고 남녀 공학 가운데 어떤 중학교를 선택하면 좋을지에 대해 알아보았어요. 이때 가장 중요한 선택 기준은 내 아이가 어떤 성향을 갖고 있으며, 어떤 환경에서 더 편안함을 느끼는지, 어떤 학교에서 더 행복한 학창 생활을 보낼 수 있을지에 대한 것입니다. 특히 부모가 보내고 싶은 학교와 아이가 가고 싶은 학교가 다르다면, 아이와 대화를 많이 해보시길 바랍니다.

마지막으로 한 가지 주의할 점이 있습니다. 흔히 하는 실수가 아이의 성향에 대한 고민 없이 친한 친구를 따라 중학교를 선택하는 것이에요. 아이의 의견을 너무 존중하다 보면, 이런 문제가 발생할 수 있습니다. 학교급이 바뀌다 보니, 낯선 환경에서 친구를 사귀지 못할 것이 두려워 친한 친구가 가는 학교를 따라간다고 하는 경우가 종종 있거든요. 그러나 의외로 아이들은 금방 친구를 사귀며, 초등학교 때 친하다고 해서 중학교 때 계속 친하다는 보장이 없습니다. 어제 친해도 오늘 돌아설 수 있는 게 이 시기의 아이들이거든요. 따라서 친한 친구가 간다고 해서 그 학교를 무작정 따라가는 것은 금물! 만일 아이가 친구를 따라 그 학교에 진학한다고 한다면, 일단 아이와 충분한 대화를 나누어 보세요. 그 학교가 아이의 성향에도 맞는다면 정말 좋겠지만 만일 아이의 성향과 맞지 않는 학교라면 다시 생각해보는 것이 좋습니다.

'공립중 vs 사립중' 어떤 차이가 있을까요?

사실 한국의 경우 공립중학교와 사립중학교의 차이가 크지는 않습니다. 초등학교의 경우 사립초등학교와 공립초등학교의 차이가 크게 발생하지만, 중학교를 선택할 때 공립이냐, 사립이냐는 보통 큰 기준이 되지는 않습니다. 대부분은 공립인지 사립인지를 따지기보다는 집과 가까운 학교, 주변에서 평판이 좋은 학교를 보내려 하지요. 사실 공립이든, 사립이든, 모두 일반중학교에 속하기 때문에 특성화중학교처럼 어느 하나의 특성화된 교육과정을 내세우는 것은 아닙니다. 하지만 공립 중과 사립 중의 차이가 아예 없는 것은 아닙니다. 공립과 사립의 교육과정은 같지만 사립중학교의 경우 그 학교만이 지닌 특별한 교육 서비스를 제공하는 경우가 있기 때문인데요. 이런 차이를 살펴보려면 각 학교에서 중점적으로 운영하는 특색 사업이나 노력 중점 사업을 살펴보면 되겠습니다. 물론 공립중학교에서도 학교마다 강조하는 사업이 다릅니다만, 사립중학교에서는 학교에 따라 특성화중학교 못지않게 중점을 두고 있는 분야가 있을 수 있습니다.

사립학교의 또 다른 장점은 교사들이 한 학교에서 오래 재직하기 때문에 학교에 남다른 애정과 책임감이 있다는 것, 세월이 지나도 선생님들이 그대로 있어서 졸업 후에도 학교와 졸업생 간의 유대감이 높다는 것입니다. 졸업하고도 학생들이 계속 학교를 찾아오며, 학창 시절을 추억할 수 있다는 것은 학생들에게도, 교사에게도 참 좋은 일이죠. 사립학교에서는 제자가 커서 결혼을 하고, 자녀를 낳아 학교로 찾아올 뿐 아니라 때론 내가 가르친 학생이 학부모가 되어 만나는 경우도 발생합니다. 30년 이상 학교에 근무하시는 선생님들이 계시기에 가능한 일이지요. 이외에도 사립학교만의 가족과 같은 분위기, 학교 재단이 가진 철학과 이념 등에 대한 교육이 자라나는 학생들에게 더 긍정적인 영향을 끼칠 수 있다는 점을 꼽을 수 있겠습니다.

그러나 앞에서도 말씀드렸다시피, 사립과 공립의 차이가 학교를 선택하는 결정적인 기준은 될 수 없습니다. 그러므로 실제 중학교를 선택할 때는 각각의 학교가 가지는 장단점을 파악하여 나의 자녀에게 맞는 학교를 선택하시길 바랍니다. 이때 주변 학부모나 선배들에게 조언을 구하고, 지역 인터넷 카페를 참고하는 것도 도움이 됩니다. 그러나 사람들의 평판은 주관적이고, 상대적이므로 학교에 대한 객관적인 자료도 꼭 같이 확인하시길 바랍니다.

학교에 대해 객관적으로 알아보는 방법은 학교 홈페이지를 검색할 수도 있지만 '학교알리미'[2] 사이트에서 아이가 가고자 하는 학교를 조회해보는 것을 추천해 드립니다. 학교 홈페이지는 학부모가 아니면 열람 권한이 없는 일도 있고, 자료를 찾기가 쉽지 않을 수 있거든요. 홈페이지는 얼마나 활성화되어 있는지 참고하는 데 활용하시고, 더 자세한 자료는 학교알리미에 가시면 일목요연하게 보실 수 있습니다. 구체적으로 학교알리미 사이트에서 눈여겨보실 부분들을 말씀드려보면 학생현황, 교직원현황, 입학전형, 졸업생 진로 현황, 특목고 및 특성화고 진학 현황, 동아리 활동, 방과 후 활동, 자유학기제 운용

방식, 교과별 학업 성취와 평가 계획 등이 있습니다. 이런 자료는 현재 학교의 현황을 알고, 학교가 어떻게 운영되고 있는지를 알아보는 지표가 될 수 있습니다.

마지막으로 학교 입학 설명회가 있다면 참석하셔서 선생님들과 학생들의 표정과 분위기를 살펴보시는 것을 추천해드립니다. 사실 중학교를 선택할 때 대부분 학생은 교복이 예쁜지, 급식이 맛있는지, 시설은 어떤지, 선배들은 무섭지 않은지 등에 관심을 끌게 됩니다. 학부모님은 교육활동은 어떠한지, 교사의 질은 어떠한지, 학습적인 면에 관심을 두게 되고요. 물론 이런 것들도 모두 중요한 선택 기준이 될 수 있습니다. 하지만 가장 중요한 것은 학교 구성원들의 행복도와 안녕(安寧)이라 생각합니다. 그리고 이러한 것은 학교에 다니는 재학생들과 직원들의 표정과 얼굴, 말투를 통해 어느 정도 느낄 수가 있고요. 그러므로 입학 설명회가 아니더라도 평소 관심이 있는 학교가 있다면 기회가 닿는 대로 열린 행사 등에 참여하시어 학교의 분위기를 직접 확인해보시는 것도 좋겠습니다.

2) https://www.schoolinfo.go.kr/Main.do

04

'일반중 vs 특성화중' 뭐가 다를까요?

일반중학교는 대부분 아이가 초등학교 졸업 후 진학하는 중등교육 기간입니다. 일반중학교의 경우 앞에서 설명해드린 것처럼 담당하는 교육지원청의 배정 방식에 따라 학교를 배정받아 진학하게 됩니다. 이런 일반중학교와 달리 특성화중학교는 교육과정의 운영 등을 특성화하기 위한 중학교로 교육청에서 지정한 곳이고, 그 목적에 맞는 학생들이 지원하여 가는 중학교입니다. 초·중등교육법 시행규칙 제55조를 보면 다음과 같이 특성화중학교를 지정 구분하고 있습니다.

① 국제 분야를 특성화하기 위한 중학교
② 예술 또는 체육 분야를 특성화하기 위한 중학교
③ 체험 위주 교육 등 대안교육 분야를 특성화하기 위한 중학교
④ 그 밖에 교육부 장관 또는 교육감이 지정하는 분야를 특성화하기 위한 중학교

먼저 국제계열 특성화중학교는 흔히 공부를 잘하는 아이들이 간다고 알려진 국제중학교입니다. 국제적인 교육방식과 다양한 문화 경험을 제공하는 것을 교육목적으로 합니다. 일반중학교 과정뿐 아니라 외국어와 문화 교육에 큰 비중을 두고 있다는 것이 일반중학교와 가장 큰 차이점이라 볼 수 있어요. 예술중학교는 예술을 전공하는 중학교로 클래식은 무용, 미술, 음악 전공이 있고, 실용예술은 연기, 실용음악, 실용무용 등의 전공이 있습니다. 예술중학교의 경우 추첨이 아니라 입시를 치러서 입학할 수 있으며 국제중학교와 달리 일종의 전인교육으로 보기 때문에 예외적으로 입시 전형을 유지해줍니다. 이 밖에도 체육 인재를 육성하는 체육 중학교가 있으며 마지막으로 대안 교육계열 특성화중학교가 있습니다. 대안교육 특성화중학교는 학력이 인정되는 인가 대안학교입니다(대안학교는 이렇게 학력이 인정되는 인가 대안학교와 학력이 미인정되는 비인가 대안학교가 있습니다). 이러한 대안 중학교는 기존의 일반중학교보다 소규모 학교로 운영되고 있습니다. 학교마다 나름대로 특색이 다르지만, 대체로 이들 학교가 중시하는 특성화 교육의 내용은 인성교육, 노작교육, 실생활교육, 환경교육, 사회참여 교육 등입니다.

이런 특성화중학교에 가기 위해서는 아이의 의지 여부가 다른 어떤 이유보다 중요합니다. 국제중학교의 경우 기본적으로 영어로 수업이 진행되며, 입학하는 학생들의 학업 성취도 수준 또한 높은데요. 아이의 의지 없이 부모의 기대만으로는 그곳에서 좋은 결과를 얻기는 어려울 것입니다. 이는 국제중뿐 아니라 좋은 학군의 학교도 마찬가지인데요. 초등학교 때 공부를 잘하던 학생들도 학군지로 이사를 하여서 좌절하거나, 국제중에 입학하여 자신감을 잃는 경우를 가끔 보게 됩니다.

중학교는 학업뿐 아니라 정서적인 부분이 매우 중요한 만큼 학생의 전반적인 생활을 고려해야 합니다. 아이가 이런 곳에 진학하여 스트레스를 받고, 학교생활에 대한 짜증과 분노가 쌓일 때 만약 아이가 의사결정과정에 참여하지 않았다면 어떨까요? 아이의 의지 없이 부모의 결정으로만 학교를 선택한 것이라면 그 원망과 책임이 부모에게 돌아갈 수 있게 됩니다. 예체능계열 특성화중학교와 대안 교육계열 특성화중학교도 마찬가지겠지요. 간혹 학교생활이 만족스럽지 않아 일반중학교로 다시 전학을 가는 일도 있으니 특성화중학교를 선택할 때는 아이가 그 학교에 가고자 하는 의지가 가장 먼저 고려되어야 하겠습니다.

특성화중학교를 선택할 때 고려해야 할 것이 한 가지 더 있는데요. 바로 교육의 연속성입니다. 자녀에게 차별화된 교육 서비스를 제공하고 싶어서 특성화중학교를 선택한다면 교육의 큰 그림을 그리는 것이 중요합니다. 현재의 중학교 입학만 생각할 것이 아니라 특성화중학교 졸업 후 어느 고등학교를 진학할 것인지, 교육의 연속성이 유지되도록 전체 로드맵을 잘 짜야 할 것입니다.

신입생 예비소집일에 꼭 가야 할까요?

가고 싶은 중학교를 선택하고 배정원서를 작성하면, 1월에 해당 지역 교육청에서 중학교 배정을 합니다. 그 후 재학 중인 초등학교에 가서 '중학교 배정 통지서'를 받게 됩니다. 배정 통지서를 받은 후 중학교 예비소집일에 가면 되는데요. 중학교 신입생 예비소집일은 전국적으로 같지 않고, 각 학교의 상황에 따라 다릅니다. 일반적으로 2월 중순에서 말 사이에 실시됩니다. 이때 주의할 점은 초등학교에서 받은 배정 통지서를 꼭 지참하셔야 한다는 것입니다. 예비소집일에 가서 배정 통지서를 제출하는 행위는 해당 학생이 이 학교에 입학하겠다는 표시이기 때문에 반드시 제출하셔야 합니다.

★ 예비소집일에 이루어지는 일

입학식 전에 학교에서는 신입생을 대상으로 중학교 예비소집일이 진행됩니다. 입학식 전이기 때문에 중학교 예비소집일에 안 가도 된다고 생각하신다면, 다시 한번 생각해주세요. 예비소집일에는 입학 전 매우 중요한 일들이 이뤄지기 때문에 빠지지 않고 참석하는 것이 좋답니다. 그럼, 예비소집일에 이루어지는 일들을 알아볼까요? 학교마다 조금씩 다를 수 있지만, 예비소집일에는 이런 일들이 이루어집니다.

1) 반 편성 검사 실시

반 편성 검사는 중학교 신입생의 학습 능력을 파악하기 위해 실시하는 검사입니다. 검사 과목은 학교마다 다르지만, 일반적으로 국어, 수학, 영어, 사회, 과학 등이 포함되고 검사 결과는 반 편성의 중요한 기준이 됩니다. 출제 범위는 초등학교 6학년 교과서 전반적인 내용을 토대로 출제됩니다. 반 편성 검사에 대해서는 뒤에서 구체적으로 다뤄볼게요.

2) 교과서 배부

예비소집일에는 교과서가 배부됩니다. 교과서는 학교마다 조금씩 다르지만 보통 1학년 기준으로 16권 정도 됩니다. 1학년이 교과서가 각 학년 중 가장 많은데 그 이유는 1학년 때 받은 교과서를 2학년, 3학년 때도 사용하는 경우가 있기 때문입니다(음악, 미술, 체육, 사회과 부도, 진로와 직업 등 특정 과목에 한하며 학교에 따라 다름). 따라서 1학년이 끝났다고, 교과서를 모두 버리는 것도 금물입니다. 교과서를 받으면 이름을 꼭 기재하게 해주시고, 분실하지 않도록 조심해주세요. 또 예비소집일에 받은 교과서를 미리 훑어보고, 중학교 때 어떤 공부를 하게 되는지 아이와 함께 살펴보는 시간을 가져주세요. 그럼 입학 후 수업에 빠르게 적응할 수 있고, 중학교에 대한 기대감도 높일 수 있답니다.

3) 교복 치수 측정

예비소집일에 교복 치수 측정이 이루어집니다. 교복을 교복 판매 매장이 아닌 학교에서 치수를 재는 이유가 무엇일까요? 예전에는 학생들이 교복을 교복 판매점에서 직접 구매했지만, 요즘에는 신입생 무상 교복 지원사업이 확대되어 교복을 무상으로 지원받고 있습니다. 그래서 학교에서 주관하여 교복을 구매할 때 교복 치수를 학교에서 측정하는 겁니다. 학교에 따라 특정 매장을 안내하고, 거기에서 직접 교복 치수를 측정하고 구매하는 경우도 있고요. 개별 구매할 때 지원 금액은 1인당 30만 원 이내이며 학부모 등 보호자는 시·군 주민센터 등에 교복구입 영수증과 재학증명서 등 필요서류를 갖춰 신청하면 교복구입비를 현금으로 지원받을 수 있습니다.

4) 선택교과 희망서 제출

학교에 따라 한문, 일본어, 중국어 등의 과목을 1학년 때 선택교과로 신청받기도 해요. 이런 경우 선택한 교과로 1학년 때 반이 나눠지기도 합니다. 선택교과는 한번 선택하면 변경이 불가하니 자녀의 적성과 진로를 고려하여 자녀와 충분한 상담 후 결정을 하시면 좋겠습니다.

5) 입학식 연습

입학식은 학생들이 학교에 입학하여 처음 하게 되는 행사인데요. 미리 예행연습을 하지 않으면 어디에 앉아야 하는지, 어떻게 줄을 서야 하는지 알 수 없어 우왕좌왕하게 되겠죠? 학교에서의 첫 행사이다 보니 아이들도 매우 낯설고 긴장하기 때문에 미리 연습해보는 것이 큰 도움이 됩니다.

★ **예비소집일 준비물**

예비 소집 일정과 준비물은 각 학교 홈페이지를 통해 확인할 수 있습니다. 그러므로 예비소집일이 정해지면 예비 소집을 하기 전에 해당 학교 홈페이지에 들어가셔서 학교 소개와 공지사랑 등을 미리 보시면 도움이 됩니다. 여기서는 일반적으로 중학교 신입생 예비 소집에 필요한 준비물이 무엇인지 정리해보겠습니다.

① 배정 통지서

② 교복 신청서

③ 필기도구 및 수첩

④ 실내화

⑤ 교과서 수령용 가방

⑥ L자 파일

지금까지 중학교 신입생 예비소집일에 대해 알아보았습니다. “예비소집일에 반드시 참가해야 하나요?”라고 물으신다면 “네, 가야 합니다.”라고 대답을 드립니다. 기본적으로 신입생 예비소집일에 참여해야 하지만 불가피한 사정으로 참석이 어려울 수 있지요. 이런 경우에는 사전에 학교로 연락하셔서 예비소집일에 참여할 수 없음을 밝히시고, 그에 따른 안내를 받으셔야 합니다. 특히 다른 날이라도 꼭 방문해 배정 통지서를 기한 내에 제출하고 교과서도 받아야 하므로, 학교 측과 반드시 상의하시고 예비소집일에 빠져서 불이익을 받는 일이 없도록 해야겠습니다.

신입생 반 편성고사는 어떻게 준비해야 할까요?

1월 말에서 2월 초까지 중학교 배정을 받으면 2월 중순쯤 신입생 예비소집일에 반편성고사를 치릅니다. 중학교 신입생 반편성고사는 중학교 입학 예정인 학생들의 전반적인 학업 실력을 평가해 각 반에 골고루 배정하기 위해 치르는 시험입니다. 반을 편성하기 위해 보는 시험이므로 성적에 기재되지는 않습니다. 하지만 중학교 입학을 앞둔 아이들이 자신의 실력을 점검할 기회이기도 하고, 선생님들이 학생에 대해 파악할 수 있는 중요한 교육 지도의 척도로 활용됩니다. 또 아이들에게도 중학교 생활의 시작을 좌우하는 중요한 부분이기 때문에 미리 대비하여 시험을 잘 치를 수 있었으면 좋겠습니다. 성적이 잘 나오면 선생님뿐 아니라 친구들에게도 공부를 잘한다는 인상을 심어줄 수 있는 요인이 되며, 이는 아이의 자신감과 성취감으로도 연결되기 때문입니다(물론 성적이 전부는 아니지만, 그만큼 초등학교 과정을 충실이 이행했다는 증거가 되므로, 학생의 학습 태도나 생활 태도를 예측할 수 있는 지표가 될 수 있습니다).

★ 시험 과목

반편성고사 과목은 학교마다 다르지만, 일반적으로 국어, 수학, 영어, 과학, 사회 등이 포함됩니다. 기본적으로 국어, 수학, 영어를 중심으로 출제되며 사회, 과학은 학교에 따라 달라지므로 자녀가 입학하는 학교에서 출제 과목을 확인하기를 바랍니다.

★ 시험 난이도와 출제 범위

반편성고사 난이도는 일반적으로 평이하게 출제됩니다. 따라서, 초등학교 6학년 과정을 충실히 공부하고 있으면 충분히 대비할 수 있습니다. 출제 범위는 초등학교 6학년 과정을 중심으로 출제합니다. 앞으로 배워야 할 중학교 교육과정은 출제 범위에 해당하지 않으므로 선행학습을 할 필요는 없습니다. 초등학교 때 배운 내용을 어느 정도 기억하고 있는지 점검하는 수준으로 진행됩니다.

★ 시험 준비

반편성고사 준비를 위해서는 다음과 같은 방법을 추천합니다.

1) 교과서를 정독하고 복습하기

초등학교에서 배운 교과서를 복습하는 것이 가장 기본적인 준비 방법입니다. 교과서를 보면서 모르는 내용은 바로바로 정리하고, 복습할 때는 핵심 내용을 중심으로 정리하는 것이 좋습니다.

2) 관련된 문제집 풀기

교과서를 정독하고 복습한 후에는 관련된 문제집을 풀어보는 것이 좋습니다. 문제집을 풀면서 부족한 부분을 파악하고, 실력을 향상할 수 있습니다. 문제집을 풀면 자기가 알고 있다고 생각한 것도 틀릴 수 있고, 어떤 부분이 약한지 파악할 수 있습니다. 요즘은 반편성고사를 대비한 기출 문제 고사, 예상 문제 등이 잘 나와 있으니 한 권 정도만 구매하여 겨울 방학 동안 풀어봐도 충분합니다.

3) OMR카드 작성 요령을 미리 익히기

중학교 시험부터는 시험지를 다 풀고 컴퓨터 사인펜을 사용해 광학마크판독기(OMR) 답안지에 마킹을 해야 합니다. 실제 현장에 많은 학생이 초등학교에서 OMR카드를 작성해본 적이 없어 당황해합니다. 마킹하는 것 자체를 어려워하고, 이름을 표기하는 것에서부터 실수하게 되어 여러 번 답안지를 교체하게 되는데요. 그러다 보면 마음이 조급해지고, 긴장하게 되어 시험을 잘 치를 수 없게 됩니다. 따라서 미리 연습을 통해 OMR카드에 적응하는 것이 큰 도움이 될 것인데요. 아래 몇 가지 사항을 아이들에게 미리 알려주시면 좋겠습니다.

(1) OMR카드는 컴퓨터용 사인펜으로 마킹을 해서 원칙적으로 수정이 불가합니다.

이미 마킹한 답을 수정하기 위해서는 답안지를 교체해야 하는데, 답안지 교체 시 처음부터 다시 마킹을 해야 하므로 충분한 시간이 있어야 합니다. 따라서 아이들에게 이 부분을 미리 인지시켜주시고, 정답이 헷갈리는 문제는 먼저 답안을 마킹하지 말고 마지막까지 고민한 후 제출 직전에 마킹하도록 알려주세요. (요즘은 수정 테이프나 수정 스티커 사용을 허용하는 학교도 있으니 수정 테이프를 미리 준비하면 좋습니다.)

(2) 연필을 사용하여 예비 마킹을 먼저 하도록 알려주세요.

답안지에서 OMR카드로 시선이 왔다 갔다 하다 보면 답을 잘못 마킹하는 경우가 발생합니다. 예를 들어 2번을 칠해야 하는데, 3번을 칠하는 실수 등을 많이 하게 되죠. 따라서 처음부터 컴퓨터용 사인펜을 사용하지 말고, 연필을 이용하여 예비 마킹을 하면 답안지를 교체할 일이 없습니다. 먼저 시험지를 풀며 정답을 표기하고, 1차로 연필로 예비 마킹을 하고, 제대로 예비 마킹을 했는지 2차 점검 후 마지막에 컴퓨터용 사인펜으로 답안을 마킹하도록 지도해주세요. 또한 이럴 때 시간이 오래 걸릴 수 있으므로 반드시 시간을 보면서 문제를 풀어야 하고, 마킹할 시간을 남겨두어야 한다는 것도 잊지 마세요.

(3) 동그라미 안에 정확하게 마킹하도록 해야 합니다.

컴퓨터용 사인펜을 사용하면 번지기 쉬운데, 번짐이 심하거나 다른 곳에도 표기가 되면 채점 과정에서 오류가 생길 수 있습니다. 따라서 답을 마킹할 때는 동그라미 안에 정확하게 마킹하고, 지우개로 지우는 일은 삼가야 합니다.

★ 시험 시 주의사항

시험 시 주의사항도 미리 알고 가면 좋겠습니다. 어른들에게는 당연한 것들도 아이들은 모를 수 있으니까요.

1) 시험 시간 잘 지키기

시험 시간은 제한되어 있으므로, 시간을 잘 지키는 것이 중요합니다. 시간 안에 문제를 풀어야 하는 것이 핵심입니다. 그러므로 모르는 문제가 나오면 그 문제에만 매달리지 말고 과감히 넘겨야 합니다. 헷갈리거나 모르는 문제에는 번호에 별표 표시를 하고 넘긴 후, 정답이 확실한 것부터 답안지에 마킹을 하고, 마킹이 끝나면 별표 친 문제를 고민한 후 답안지 제출하기 전 마지막 순간에 마킹하는 것을 추천합니다.

2) 시험이 종료되면 답안지 바로 제출하기

시험이 끝나면 답안지를 빠짐없이 제출해야 합니다. 마킹을 다 하지 못했어도 무조건 제출해야 합니다. 이때 답안지를 제출하지 않으면, 부정행위로 간주되어 시험이 무효 처리될 수 있습니다.

지금까지 중학교 신입생 반편성고사에 대해 알아보았습니다. 마지막으로 당부드리고 싶은 말은 시험 전에는 열심히 준비하되, 시험이 끝난 후에는 시험 결과에 연연하지 않길 바랍니다. 반편성고사 결과는 중학교 입학 후 학업 성취도를 예측하는 데 도움이 될 수 있지만, 반 편성 결과만으로 자녀의 학업 성취도를 판단해서는 안 됩니다. 혹시 성적이 좋지 않더라도 낙담하거나 좌절할 필요는 없습니다. 반편성고사 결과에 연연하지 말고, 열심히 공부하면 앞으로 있을 중학교 시험에서 얼마든지 좋은 결과를 낼 수 있을 겁니다.

중학교 반 편성은 어떻게 하나요?

○○랑 같은 반이 되었으면 좋겠다.

○○랑 같은 반이 되기 싫다.

학년이 바뀔 때마다 아이들이 많이 하는 고민입니다. 아이들의 바람이 모두 이루어진다면 좋겠지만, 현실은 그럴 수 없죠. 과연 중학교에서는 반 편성을 어떻게 할까요? 가장 정확하면서도 민원이 들어오지 않는 방법은 성적으로 반을 편성하는 것입니다. 학생들의 학업 실력을 고르게 나누어 편성하여 학급 간 불균형을 최소화하기 위함이지요. 그래서 대부분의 학교에서는 성적으로 반을 편성합니다. 1학년은 입학 전에 반 편성 고사를 보고 그 결과를 활용하며, 다른 학년은 전년도 내신 성적을 산출하여 반 편성의 기준으로 삼습니다. (2학년에서 3학년으로 진급할 때, 자유학년제를 시행하여 내신 성적이 없을 때는 기초학력평가 결과를 활용하기도 합니다. 또 1학년의 경우 반 편성 고사를 교과목 시험이 아닌 인적성 검사로 대체하는 때도 있어요.)

여기서는 가장 보편적인 기준이 되는 성적을 가지고 어떻게 반을 편성하는지 구체적으로 살펴볼게요. 반 편성 과정은 1단계 성적으로 배치하는 과정과 2단계 조정 과정으로 나눌 수 있어요.

★ 1단계: 성적으로 배치

요즘은 4세대 지능형 나이스[3]의 반 편성 기능을 활용합니다. 쉽게 말하면 컴퓨터가 학생들의 성적을 기준으로 학급을 자동으로 편성하는 시스템입니다. 예전에 수기로 반 편성을 할 때는 남학생과 여학생을 구분하고 성별 안에서 성적 순서대로 아이들을 나열한 뒤 ㄹ자로 반을 배치했습니다. 만일 학급이 3개라고 가정한다면 이런 식으로 배치를 하는 거죠.

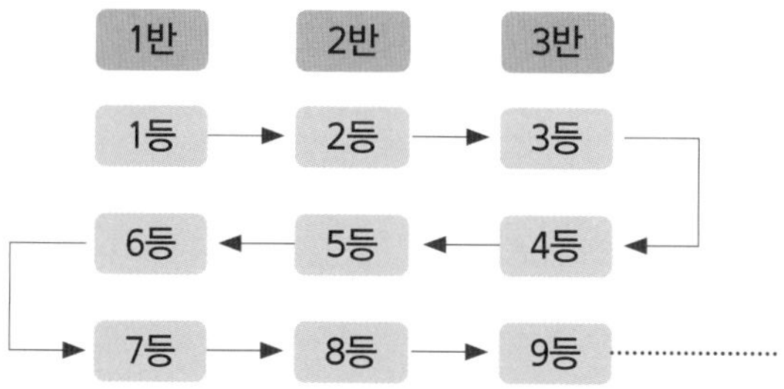

나이스에서도 이와 마찬가지로 각 반에 공부를 잘하는 아이와 못하는 아이가 고루 섞이도록 배치를 한다고 보시면 됩니다. 간혹 성적으로 반을 편성한다고 했을 때, 1반이 공부를 잘하고, 2반은 공부를 못하는 게 아니냐고 질문하시는 학부모님이 계시는데요. 그렇지 않습니다. 성적을 기준으로 삼는 것은 우열반을 나누기 위해서가 아니라 학급별 차이를 최소화하기 위한 것임을 알아두시면 좋겠습니다.

---

3) 전국 시도별로 도입된 교육행정정보시스템. 교육부가 운영하는 이 시스템은 교육 기관의 업무를 전자적으로 처리할 수 있게 도와주어, 업무 효율성을 크게 향상하는 역할을 합니다.

★ 2단계 : 조정

컴퓨터가 성적으로 학급 배치를 하면 다음은 교사들이 회의를 거쳐 반 배정을 조정하게 됩니다. 이때 고려되는 사항은 다음과 같습니다.

- 학급 간 불균형이 최소화되었는가?
- 학습 분위기나 학생 성향 등이 고르게 배정되었는가?
- (1학년의 경우) 같은 초등학교 출신 학생들이 고르게 편성되었는가?
- 쌍둥이를 한 반이나 서로 다른 반으로 배정 요청하면 반영되었는가?
- 특수 학생으로 교사나 학급 친구의 도움이 필요한 학생의 경우 반영되었는가?
- 학교폭력 등의 상황이 있었던 학생이 분리되었는가? (가해 학생과 피해 학생 분리)

이러한 고려사항을 바탕으로 교사들이 함께 모여 논의를 하며, 이전 담임교사의 상담 기록을 참조하여 조정이 이루어집니다. 그리고 반을 교체하게 될 때는 비슷한 성적의 학생 중에서 선정을 합니다. 이러한 과정은 2월에 이루어집니다. 따라서 혹시나 꼭 같은 반이 되면 안 되는 친구가 있다면 학기 중에 담임교사에게 상담하면서 넌지시 이 친구와의 교우관계가 어렵다는 상황을 알려주세요. 누구와 같은 반이 되고 싶은 요청은 절대 반영되지 않지만 보이지 않게 괴롭히는 친구, 학급에서 생활을 함께하기 힘든 친구가 있고 그 정도가 정말 심각하다면, 이러한 조정 과정에서 그 부분이 반영될 수 있거든요. 주의할 점은 꼭 미리 말씀을 하셔야 한다는 것입니다. 반 편성 결과가 나온 후에 학교로 전화해서 반을 변경해달라고 요청하시면 곤란합니다. 한번 발표된 반 편성 결과는 바꾸기 어렵거든요. 그러니 반 편성이 되기 전에 상담해주시길 바랍니다. 물론 그 요청이 무조건 100% 반영되지는 않지만, 혹시 고민해야 하는 상황에서 고려 대상이 될 수 있습니다.

이렇게 편성된 결과는 대국민 정보 서비스인 나이스[4]나 학교 홈페이지를 통해 공지됩니다. 나이스에서 반 배정을 확인하려면 나이스 사이트에 접속하신 후 학생이라면 학생 서비스, 학부모라면 학부모 서비스를 선택합니다. 그 후 자신이 속한 지역의 시도 교육청을 선택하고 학교생활기록부를 눌러줍니다. 학교생활기록부를 열람하려면 회원가입이 필요한데 모바일 앱에서는 회원가입 기능이 없으므로 PC를 통해 회원가입을 해야 합니다. 회원가입 후 로그인을 하면 반 배정을 확인할 수 있습니다(학부모의 경우는 '자녀 등록하기'를 통해 '자녀 등록하기'를 통해 먼저 자녀를 등록해줘야 합니다). 나이스로 반 배정을 확인하는 것은 학교에서 전산상으로 등록한 후부터 조회할 수 있으며 모바일 앱으로도 가능하니 참고하시면 되겠습니다. 학교 홈페이지 공지 사항에서 학급 배정을 확인할 수 있으며, 보통 2월 중순에서 2월 말경에 발표됩니다.

이번 글에서는 중학교 반 편성에 대해 알아보았습니다. 모든 아이가 원하는 대로 학급편성을 할 수는 없지만, 반 편성도 사람이 하는 일이기 때문에 조정이 가능하다는 점을 인지하시면 좋겠어요. 그래서 혹시 정말 같은 반이 되는 걸 피하고 싶은 친구가 있다면 평소에 담임 선생님과 소통을 자주 하시고, 상담 시 그러한 부분들을 미리 알려주시는 게 좋겠습니다. 물론 단순히 자녀가 그 친구를 싫어한다는 이유로는 안 되며 누구나 들었을 때 이해할 만한 이유가 있어야 합니다. 또 말씀하셔도 반영이 안 될 수 있다는 점도 기억해주시고요.

마지막으로 중학교 1학년의 경우 입학 전에 반 편성이 진행되기 때문에 학생에 대한 정보가 부족합니다. 그래서 가정통신문이나 문자를 통해서 반 편성 시 고려해야 할 사항을 수집하기도 해요. 대부분 예비소집일에 반 편성을 위한 기초자료를 수집하거나 안내하므로, 혹시 초등학교 때 학교폭력 등 관계가 좋지 않은 친구가 있거나, 쌍둥이일 경우 학교에 미리 말씀해주시는 것 잊지 마세요!

---

4) https://www.neis.go.kr/

초등학교와 중학교, 뭐가 달라질까요?

초등학교에서 중학교에 진학하면서 학생들은 심리적으로, 정서적으로 상당히 부담감을 느끼게 됩니다. 하지만 부담감이란 그에 대해 잘 모르고 있을 때 생기는 감정이기도 해서, 미리 알고 대비한다면, 금세 극복할 수 있는 부분이기도 합니다. 자녀를 처음 중학교에 입학시키는 부모님과 둘째, 셋째 아이를 입학시키는 부모님이 느끼는 긴장감은 당연히 다르겠지요? 하지만 중요한 건 아이의 인생에서 중학교 입학은 처음이라는 사실! 부모님이 잘 알고 계시더라도, 아이에게 전달되지 않으면 소용이 없겠죠. 모든 게 처음인 아이를 위해서 부모님이 어떻게 도와주면 좋을지, 초등학교와 중학교의 차이점을 비교하면서 살펴보도록 하겠습니다.

1) 수업 시간이 달라요

초등학교 수업은 1교시가 40분으로 편성되지만, 중학교에 가면 45분으로 늘어납니다. 그만큼 아이의 집중시간이 길어진다고 보는 것이죠. 고등학생이 되면 50분이 되고요. 또 초등학교 수업은 요일마다 조금씩 다르지만 주로 1교시에서 6교시로 편성되어 있어서 2~3시경이면 모든 수업을 마치게 돼요. 하지만 중학교는 1교시에서 7교시까지 수업 시간이 늘어나면서 끝나는 시간 또한 3~4시로 늦어지게 됩니다. 학교마다 방과 후 수업이 선택적으로 개설되어 있어서 실질적으로 수업이 끝나는 시간은 다를 수 있어요!

2) 과목마다 선생님이 달라요

초등학교에서는 과목 대부분을 담임 선생님이 지도하지만, 중학교에서는 과목마다 선생님이 달라요. 담임 선생님과는 조회 시간, 종례 시간에 20분 정도 매일 만나며, 나머지 시간은 시간표대로 각 과목 선생님이 들어오셔서 수업을 가르치게 됩니다. 다양한 선생님을 만나다 보면 자신의 성향에 맞는 선생님도 있지만, 그렇지 않은 경우도 생기게 돼요. 그래서 학생에 따라 해당 과목 선생님을 좋아하는지가 그 과목에 대한 호불호로 연결되기도 합니다. 기본적으로 학교에 계신 선생님들은 모두 학생들을 잘 지도하기 위해 계신 분들이라는 점을 아이들에게 상기시켜 주시고, 선생님에 대한 호불호로 해당 과목을 싫어하게 되는 일이 없도록 미리 알려주시면 좋습니다.

3) 시험을 봐요

초등학교와 중학교의 시험은 완전히 달라요. 초등학교는 담임 선생님의 재량에 따라 반마다 과목, 범위가 다르게 정해지지만 중학교에서는 시험 범위와 시험 기간이 전교생에게 공통으로 진행됩니다. 같은 학년 학생이라면 동시에 같은 범위로 시험을 치르게 되지요. 학교와 과목마다 다르지만 보통은 한 학기에 총 2번, 1차 지필평가와 2차 지필평가를 치르게 돼요. 또 초등학교에서 답안지를 선생님이 직접 채점했던 것과 달리 중학교에서는 모든 시험을 OMR

카드 답안지에 작성하여 컴퓨터로 채점을 합니다.

한편 과목마다 수행평가를 시행하는데요. 지필평가란 시험지를 통해 학생의 학습 내용을 평가하는 방법이고, 수행평가는 학생의 학습 과정과 결과를 함께 평가하는 방법입니다. 수행평가는 수업 중 발표, 과제물, 실험, 토론 등을 통해 평가하며, 수행평가를 통해 학생의 창의성과 문제해결 능력, 협업 능력 등을 평가하게 됩니다. 초등학교의 시험이 학생들의 기본적인 학업 성취도를 점검하는 측면이 강했다면, 중학교의 시험은 내신 성적의 기본 자료를 산출하고 이를 기반으로 고등학교 진학의 평가 요소로 활용된다는 점에서 매우 중요합니다.

4) 매일 교복을 입어요

가장 눈에 띄는 차이점이죠. 자유로운 복장으로 등교했던 초등학교와 달리 대부분의 중학교에서는 지정된 교복을 입고 생활하게 됩니다. 교복은 여름에는 하복, 겨울에는 동복, 봄가을은 춘추복으로 계절에 맞게 입는 기간도 정해져 있어요. 처음 학교에 오면 그 용어도 학생들이 몰라서 헷갈릴 수 있으니 용어를 알려주는 것이 좋겠죠. 또 체육 시간에 입는 체육복도 자유로운 복장이 아니라 학교마다 정해져 있습니다. 이 외에도 생활복이라고 하여 학생들이 교복 대신 편하게 입을 수 있는 옷이 있는데요. 각 옷에 학교를 상징하는 마크나 로고가 부착되어 있으며, 교복보다 훨씬 활동성을 강조하고 편해서 요즘은 교복보다 생활복을 많이 입는 추세입니다.

5) 교과서가 학교마다 달라요

초등학교는 1학년과 2학년은 모두 국정 교과서를 사용합니다. 3학년부터는 국어와 도덕은 국정, 나머지는 검정 교과서를 사용합니다. 국정 교과서는 국가가 저작권을 가지고 있으며, 전국의 모든 학교에서 사용하게 되어 있습니다. 즉 초등학교 1학년과 2학년은 전국의 모든 초등학교에서 같은 교과서를 사용한다는 뜻입니다. 이에 비해 중학교는 검인정 교과서를 사용하는데 검인정 교과서는 민간 출판사가 저작권을 가지고 있으며, 교육부 장관이 검정 또는 인정한 교과서입니다. 중학교는 학교별로 검인정 교과서를 선택하여 사용하므로 학교마다 교과서가 다릅니다. 따라서 중학교에서 어떤 교과서를 통해 공부하는지 미리 알고 싶으시다면, 입학할 학교의 홈페이지에 들어가셔서 교과서 목록을 찾아보는 것도 도움이 될 것입니다.

이 밖에도 중학생이 되면 학습량과 난이도가 올라가서 학업에 대한 부담이 증가합니다. 또 초등학교보다 활동량이 많아서 체력 단련도 중요하고요. 다양한 친구들과 어울리면서 친구 관계가 더욱 중요하게 되고, 갈등 상황도 많아집니다. 또한 자신의 정체성과 진로에 대한 고민이 본격적으로 시작되는 시기이므로 이러한 다양한 변화에 잘 적응하도록 학부모님과 학생 모두 마음의 준비를 미리 하는 것이 좋겠습니다.

하지만 너무 걱정은 하지 마세요. 중학교에는 학교마다 진로 선생님과 상담 선생님이 계시니 혹시 이와 관련하여 어려운 문제가 생기면, 담임 선생님뿐 아니라 전문적인 선생님들의 도움을 받으실 수 있으니까요.

궁금해요! 중학교

'학습'편

중학교 교육과정이란 뭔가요?

교육과정이란 무엇일까요? 쉽게 말하면 교육과정은 학생들이 학교에서 배우는 것들을 정리해둔 것이에요. 자녀가 학교에서 무엇을 어떻게 배우고 있는지 알고 싶다면 교육과정에 대한 이해가 필요해요. 여기서는 정말 간단하고 알기 쉽게 중학교 교육과정의 목표, 구성, 내용 및 방법, 평가에 대해 요약해 볼게요.

★ 중학교 교육과정의 목표

중학교 교육과정의 목표는 기본적으로 초등학교 교육의 성과를 바탕으로, 학생의 학습과 일상생활에 필요한 기본 능력과 바른 인성, 민주 시민의 자질 함양에 중점을 두고 있어요.

★ 중학교 교육과정의 구성

중학교 교육과정은 크게 교과와 창의적 체험활동으로 나눌 수 있어요. 교과는 다시 필수과목과 선택과목으로 분류됩니다. 필수과목은 모든 학생이 공통으로 이수해야 하는 과목으로, 학생들의 기초 소양과 기본 역량을 함양하는 데 중점을 두고 있습니다. 선택과목은 학생들의 개성과 적성을 고려하여 선택할 수 있는 과목으로, 학생들의 관심 분야와 진로를 탐색하고, 다양한 역량을 함양하는 데 중점을 두고 있고요.

창의적 체험활동이란 줄여서 '창·체'라는 용어로 많이 사용합니다. 창·체는 교과 이외의 다양한 활동을 통해 학생들의 창의성과 인성을 함양하는 교육활동입니다. 학교생활기록부에서 자율-동아리-봉사-진로활동으로 기록되는 영역으로, 학생들의 개성과 적성을 고려하여 다양한 활동을 선택할 수 있습니다.

- **필수과목: 국어, 영어, 수학, 사회, 과학, 기술·가정, 정보, 체육**
- **선택과목: 제2외국어, 한문, 음악, 미술, 실과, 교양, 자유학기제**
- **창의적 체험활동 : 자율-동아리-봉사-진로활동**

★ 중학교 교육과정 내용

- **미래 사회에 대비한 역량 함양**: 4차 산업혁명과 기후 변화 등 미래 사회의 변화에 대비하여, 학생들의 창의성, 문제 해결력, 의사소통 능력, 협업 능력 등을 함양하는 데 중점을 두고 있습니다.
- **학생의 개별 성장과 발전 지원**: 학생들의 개성과 적성을 고려하여, 다양한 선택과목과 학생 참여형 수업을 확대하고, 진로 교육을 강화하고 있습니다.

- **교육의 공정성과 다양성 확대**: 교육 기회의 균등과 교육의 질 향상을 위해, 특수교육 대상 학생의 지원을 강화하고, 지역 간 교육 격차를 해소하기 위한 노력을 하고 있습니다.

★ 중학교 교육과정 방법

- **학생 참여형 수업 확대**: 학생들이 수업에 적극적으로 참여하고, 스스로 학습할 수 있도록 학생 참여형 수업을 확대하고 있습니다.
- **맞춤형 교육 지원**: 학생들의 개성과 적성에 맞는 맞춤형 교육을 지원하기 위해, 다양한 맞춤형 교육 프로그램을 운영하고 있습니다.
- **협력적 학습 강화**: 학생들이 협력하여 학습할 수 있도록 협력적 학습을 강화하고 있습니다.

★ 중학교 교육과정 평가

- **학생의 역량 함양 정도**: 학생들이 미래 사회에서 필요한 역량을 얼마나 함양했는지를 평가합니다.
- **학생의 개별 성장과 발전 정도**: 학생들이 자신의 개성과 적성을 고려하여 성장하고 발전했는지를 평가합니다.
- **교육의 공정성과 다양성 확보 정도**: 교육 기회의 균등과 교육의 질 향상을 위해 교육의 공정성과 다양성이 확보되었는지를 평가합니다.

2022 개정 교육과정에서 달라진 점은 무엇인가요?

앞에서 설명해드린 것은 기본적인 중학교 교육과정에 대한 설명입니다. 중요한 것은 교육과정은 시대의 변화에 따라 지속해서 개정되고 있어서 자녀가 입학할 때 어떤 교육과정의 적용을 받는지 알아야 한다는 것입니다. 2024학년도에 중학교 1학년이 되는 학생들에게 적용되는 교육과정은 2015 개정 교육과정이지만, 2025학년도 신입생부터는 2022 개정 교육과정의 적용을 받게 됩니다. 여기서는 앞으로 적용될 2022 개정 교육과정에 주목하여 2015 개정 교육과정에 비해 달라진 점은 무엇인지 소개하겠습니다.

2022 개정 교육과정은 2025년부터 중학교 1학년을 시작으로 2027년이면 중학교 전체 학생들에게 적용되는 교육과정이에요. 2022 개정 교육과정은 미래 사회가 요구하는 '포용성과 창의성을 갖춘 주도적인 사람'을 육성하기 위한 목적으로 개발되었다고 해요. 2022 개정 교육과정 중학교의 주요 특징은 다음과 같습니다.

★ 학생 중심, 성취 중심 교육

2022 개정 교육과정은 학생의 개성과 적성을 존중하고, 학생이 스스로 학습 목표를 설정하고 성취할 수 있도록 지원하는 학생 중심·성취 중심 교육을 지향합니다. 이를 위해 교과서 중심의 일방적 수업에서 벗어나, 학생의 탐구와 토론을 중심으로 한 수업을 활성화하고, 학생의 학습 과정과 결과를 종합적으로 평가합니다.

★ 미래 사회 대비 교육

미래 사회의 변화에 대비하여 인공지능, 빅데이터, 창의 융합 등 미래 핵심 역량을 키우는 교육을 강화합니다. 이를 위해, 디지털 교과서와 같은 ICT 기반 교육을 확대하고, 창의 융합 프로젝트 수업과 같은 문제해결 중심의 수업을 활성화합니다.

★ 교육과정 다양화

학생의 다양한 관심과 적성에 맞는 교육을 제공하기 위해 교육과정 다양화를 추진합니다. 이를 위해 공통과목과 선택과목의 비율을 조정하고, 선택과목의 폭을 확대합니다.

좀 더 구체적으로 개정된 부분을 살펴보면 다음 세 가지로 정리해볼 수 있습니다.

1) 자유학기(1학년) 편성 영역 및 운영 시간 적정화

기존에 주제 선택, 진로 탐색, 예술-체육, 동아리 활동 총 4개 영역으로 나누어 170시간 운영하던 것을, 2개 영역으로 통합하고 편성 시간도 120시간으로 적정화하였어요.

2) 학교스포츠클럽 활동의 의무 편성 시간 적정화

기존 3년간 총 136시간, 연간 34~68시간 의무 편성했던 학교 스포츠클럽을 3년간 총 102시간, 연간 34시간으로 적정화하였어요.

3) 3학년 2학기 진로 연계 교육 도입

고등학교로 진학하기 전 중학교 3학년 2학기를 중심으로 고등학교에서 교과별로 배울 학습 내용과 진로 및 이수 경로 등을 학습할 수 있도록 진로 연계 교육을 도입하고 자유학기와 연계하여 운영합니다.

지금까지 중학교 교육과정에 대해 알아보았어요. 혹시 이러한 내용이 조금 어렵거나 재미없지는 않으셨나요? 영어 학원이나 수학 학원의 커리큘럼에 관심을 가지는 학부모님은 많지만, 중학교 교육과정 자체에 관심을 쏟는 분들은 많지 않으시리라 생각해요.

하지만 우리 아이가 대부분 시간을 보내는 학교에서 무엇을 어떻게 배우는지 살펴보는 것은 중요한 일이에요. 사실 학원의 커리큘럼을 비교하는 것보다 어쩌면 더 먼저 이루어져야 할 일은 아닌가 싶은 생각이 조심스럽게 듭니다. 혹시 학교나 교육청에서 학부모 연수로 교육과정 설명회를 한다면, 한 번쯤 참여하셔서 중학교 교육과정에 대한 이해를 높여보시면 좋겠습니다.

자유학년제는 뭐고, 자유학기제는 뭔가요?

요즘 자유학년제가 폐지된다는 기사가 뜨면서 자유학기제에 관한 관심이 높아지고 있는데요. 중학생이 되는 자녀를 앞둔 부모님들께서는 자유학기제와 자유학년제에 대해 궁금증이 많으실 것 같아요. 자유학기제, 자유학년제라는 용어를 자주 들어보긴 했지만, 혹시 이 둘의 차이가 무엇인지 정확히 알고 계실까요?

일단 자유학기제와 자유학년제는 중학교 학생들을 대상으로 운영되는 교육과정으로, 학생들이 자신의 진로와 적성을 탐색하고, 다양한 체험활동을 통해 역량을 함양할 수 있도록 지원하는 교육과정입니다. 쉽게 말해서 특정 시기 동안은 지필시험을 치르지 않고 진로나 체험학습 등을 통해 학생들의 꿈과 희망을 찾아주는 것을 목적으로 교육을 시행하는 교육과정을 말합니다. 자유학기제와 자유학년제의 차이는 그 기간이 한 학기냐, 한 학년이냐의 차이라고 보시면 됩니다. 자유학기제 동안에는 오전에 주로 교과 수업이 이루어지며, 오후에 주로 자유학기 활동이 이루어져요. 자유학기제 활동은 크게 아래 4가지로 구성되는데, 각각을 살펴보면 다음과 같습니다.

★ 주제 선택 활동

단순한 교과 학습에서 벗어나 교과 학습을 한층 심화시키고, 좀 더 체계적으로 학습하여 교과 학습에 대한 흥미와 동기를 유발

★ 예술·체육 활동

문화, 예술(음악+미술), 체육, 스포츠 등 다양한 교육 활동을 통해 학생의 재능과 소질을 계발시켜 학생의 행복감을 증진

★ 동아리 활동

다양한 소질과 특기를 동아리 활동에서 적극적으로 발휘될 수 있도록 학생들의 다양한 재능과 특기를 계발

★ 진로 탐색 활동

다양한 직업 체험활동을 통해 자기 적성과 소질을 발견하고, 미래 자신의 직업을 주도적으로 설계하며, 능동적으로 탐구하는 과정

그럼 자유학기제를 시행하는 동안 평가는 어떻게 이루어질까요? 교과 성취

도는 산출하지 않고, 성취도 칸에 수업을 이수했다는 의미인 'P'를 입력합니다. 또 지필평가를 실시하지 않는 대신 과정 중심 평가를 시행하여 학생의 성장 발달에 대한 평가를 학생부에 문장으로 기록하고요.

우리나라에서는 처음에 자유학기제로 시행을 시작하였다가 이후 자유학년제로 확대를 했어요. 하지만 2025년에는 자유학년제를 전면 폐지하고, 다시 자유학기제를 시행하기로 하여 혼란이 되고 있는데요. 그전까지는 시·도교육청마다 운영 정책이 달라 자유학기제와 자유학년제가 학교마다 다르게 운영되었다면, 앞으로는 전국의 모든 중학교에서 자유학기제를 운용해야 한다는 것이지요. 2024학년도부터는 자유학기제 시범운영 단계를 거치고, 2022 개정 교육과정이 중학교 신입생에게 적용되는 2025년부터 정식으로 운영된다고 하죠. 그리고 공식적으로 자유학년제는 폐지가 됩니다. 그렇다면 자유학년제가 폐지되고, 자유학기제는 유지되는 이유는 무엇일까요?

★ 자유학년제 폐지 배경

자유학년제가 폐지된 이유는 이러한 제도가 이론적으로는 좋지만 실제로 여러 문제점이 나타났기 때문인데요. 가장 큰 문제는 학업 성취도의 저하입니다. 지필평가를 보지 않다 보니 학생들의 학습 동기가 저하되고, 결국 이는 학업 성취도의 저하로 이어지게 되었거든요. 또 학교에서 배워야 할 것들을 학원에 의존하게 되는 사교육이 증가하였으며, 교사의 부담 또한 가중되었다고 하죠. 학생들의 진로와 적성 탐색을 지원하기 위해 그에 맞는 전문성이 요구되는데 실제로는 그걸 따라가지 못하다 보니 교사의 준비와 부담이 증가할 수밖에 없었습니다. 또 교사의 역량에 따라 수업의 질이 크게 달라진다는 것도 문제가 되었습니다.

특히 경기도교육청의 경우 2017년부터 도내 모든 중학교 1학년에 자유학년제를 적용하여 1년간 진로 탐색의 기회를 제공하고 성적을 내지 않았습니다. 그러나 자유학년제의 4가지 영역인 주제 선택, 진로 탐색, 예술·체육, 동아리 활동이 기존에 운영되고 있던 창의적 체험활동(자율활동, 동아리 활동, 봉사활동, 진로활동)과 중복되는 부분이 많다는 지적도 이어져 왔다고 해요. 이에 경기도교육청은 2024학년도에는 자유학기제를 시행하여 중복되는 영역을 배제하고, 1년 중 한 학기에만 집중적으로 체험활동 중심의 교육과정을 운영하기로 하였습니다. 이에 따라 경기도 내 중학교 1학년은 2024년부터 2학기 때 지필 고사를 치러야 한다고 합니다.

결국 자유학기제와 자유학년제는 이론적으로 좋은 제도가 맞지만, 실제로는 제대로 준비하지 않고 급하게 시행해서 긍정적 효과를 얻지 못했다는 평가를 받고 있어요. 그래서 앞으로는 한 학기만이라도 그 취지를 살려 잘 운영해 보려고 하는 것이겠죠. 부디 지금까지 문제로 지적된 것들은 보완하고, 장점은 살려서 앞으로는 자유학기제가 학생들에게도, 학부모에게도, 또 교사들에게도 좋은 제도로 평가받길 바랍니다.

12

중학교 내신 관리는 어떻게 해야 할까요?

중학교 내신 점수는 중학교 생활 중 교과와 비교과 항목(출결, 봉사, 창의적 체험활동, 행동 발달)을 200점 만점, 혹은 300점 만점으로 산출한 점수입니다. 지역에 따라 총점과 항목별 반영비율은 조금씩 다르지만, 반영항목은 같습니다.

1) 교과

자유학기제를 제외한 학기의 성취도 및 원점수를 반영하여 산출합니다. 음악, 미술, 체육 등 예체능 교과는 성취도만 반영하고, 그 외 교과는 성취도와 원점수를 반영하여 산출하는데 성취도는 A~E까지 절대평가에 대한 등급이고, 원점수는 실제로 받은 점수를 말합니다. 지역에 따라 원점수 대신 석차를 반영하기도 하므로 지역의 내신 산출법을 확인하기를 바랍니다.

2) 출결

출결은 기본적으로 만점에서 시작해서 미인정 항목이 있으면 감점되는 방식입니다. 미인정결석이 결석일 수에 반영되어 감점되고, 미인정 지각·조퇴·결과는 학년 단위로 횟수를 합산하여 3회를 결석 1일로 계산합니다. 미인정이란 학교에서 인정하지 않는다는 뜻으로 학교에 자신의 출결과 관련된 상태를 알리지 않고, 지각·조퇴·결과·결석을 하게 되면 미인정 처리가 됩니다. 예전에는 '무단'이라는 용어를 사용했지만, 현재는 '미인정'으로 명칭이 바뀌었습니다.

3) 봉사활동

봉사활동 만점을 받는 기준 시간은 지역청별로 다르지만, 요즘은 봉사 시간 실적의 기준 시간이 예전보다 많이 줄었습니다. 코로나19 사태가 장기화하면서 주로 교외에서 채워야 하는 봉사활동에 어려움이 따랐기 때문인데요. 경기도교육청의 경우 2020년 기준으로 1년에 20시간씩 60시간을 채워야 했지만 2021년에는 20시간이 면제돼 40시간으로 줄어들었고, 2024년 현재는 15시간으로 변경되어 3개년 총 합해서 15시간만 이수하면 만점을 채울 수 있게 되었습니다. 그러다 보니 교내 봉사활동만으로도 충분히 봉사 시간을 채울 수 있게 되었습니다. 기본적으로 창·체 시간에 전교생을 대상으로 시행하는 기본 봉사활동이 있으며, 그 외에는 도서부·급식 도우미·또래 상담부·방송부·에너지 절약 도우미 등 학교마다 봉사활동 시간을 줄 수 있는 활동이 운영됩니다. 보통 3월 학기 초에 봉사자를 모집하니, 미리 어떤 활동으로 봉사활동을 하면 좋을지 생각해두는 것이 좋습니다.

4) 창의적 체험활동(창·체)

기본점수에 가산점이 부여되는 활동을 하면 가산점이 최대 1점 부여되는 방식입니다. 가산점이 부여되는 활동으로는 학급 회장, 학교 학생회 임원 활동, 창·체 활동 관련 교내상 수상 실적 등이 있습니다.

5) 행동발달

창체활동과 같은 방식으로 '기본점수 + 가산점'의 방식으로 산출됩니다. 가산점이 부여되는 항목은 행동특성과 관련한 선행상, 모범상 등과 생활기록부에 기재되는 교내상 수상 실적입니다. 지역에 따라 4번과 5번을 합쳐 학교 활동으로 분류하기도 합니다.

정리하면 중학교 내신 점수를 잘 받기 위해서는 기본적으로 봉사활동 시간을 다 채우고, 미인정 지각·조퇴·결과·결석으로 인하여 감점이 되는 일이 없도록 해야겠습니다. 또 학생회 임원 활동 및 해당 교내상 수상으로 가산점이 부여되니, 평소 적극적으로 학교생활을 해나가는 것이 좋겠죠. 선행상, 모범상 같은 행동특성과 관련된 수상은 기본적으로 담임교사의 추천으로 이루어지며, 담임교사는 평소 학생의 생활 태도, 교우관계 등을 관찰하고 수상 대상자를 선정한다는 것도 참고하시면 되겠습니다.

지필평가와 수행평가, 어떻게 준비해야 할까요?

중학교에 입학하면 초등학교와 가장 크게 달라지는 것, 아이도 학부모님도 가장 걱정하는 것 중 하나가 바로 시험일 것입니다. 과거에는 초등학생들도 시험을 보았지만, 평가가 단답형 지식을 암기하고, 성적으로 줄을 세우기 위한 도구가 되어버렸다는 이유로 2016년에 폐지가 결정되었죠. 물론 초등학교에서도 단원평가와 수시 평가 등의 상시 평가를 통해 성장 중심의 과정평가, 관찰평가 등을 실시하고 있지만 아무래도 일제고사가 아니기 때문에 시험에 대한 부담감이 적었습니다. 그러나 중학교부터는 OMR카드를 사용하여 일제고사를 보기 때문에 이런 경험이 없던 초등학생들은 시험을 치른다는 사실만으로도 부담을 느낄 수 있습니다.

하지만 이런 학생들의 부담에도 불구하고 평가는 학생이 교육과정상의 교육 목표를 어느 정도 성취했는지 측정하는 과정이기에 꼭 필요합니다. 평가는 학생을 서열화시키는 도구가 아니라 학생의 성장과 발달에 필요한 정보를 얻는 중요한 과정이라고 생각하시면 좋겠습니다. 초등학교에서 평가가 사라질 때, 기초학력이 저하된다는 우려의 목소리가 있었으며 최근 그것이 점차 기정사실로 되면서 일부 교육청은 2024년에 초등학교에서도 총괄평가를 도입하여 사실상 중간, 기말고사를 부활시켰습니다. 또한 교육부에서는 요즘 학생들의 학업 성취도가 급격히 낮아진 것에 대한 대비로 2024년부터 초등학교 3학년과 중학교 1학년을 책임교육학년제로 지정하고 맞춤형 평가를 시행하기로 하였습니다(이 시험은 내신에는 들어가지 않습니다).

이처럼 평가는 교육활동 중 꼭 필요하지만, 자칫 부작용을 낳을 수 있는 양날의 검과 같습니다. 그러므로 학부모님은 평가의 목적을 잘 이해하여, 학생들에게 평가가 필요한 이유, 평가가 학생들에게 도움이 되는 부분 등을 잘 설명해주실 수 있었으면 좋겠습니다. 처음 중학교에 입학하는 1학년 학생들은 "왜 꼭 시험을 봐야 해요?"라고 의문을 품을 수 있으니까요. 그럼 지금부터는 중학교에서 치르는 지필평가와 수행평가가 각각 뭘 의미하는지 그 개념부터 알아보기로 하겠습니다.

★ 지필평가

지필평가는 연필이나 펜으로 종이에 답을 쓰는 형식의 평가입니다. 중간고사와 기말고사처럼 일제식 정기 고사로, 학생이 시험지의 문제에 답안을 작성하고 교사는 학생의 답안을 채점해 학업 성취도를 측정하는 평가 방법이지요. 지필평가는 선택형 문항과 서답형 문항으로 구분됩니다. 선택형 문항은 선다형, 진위형, 연결형 등이 있는데 대부분 선다형 중에서도 다섯 개의 보기 중 답을 고르는 형식인 오지선다형을 중심으로 출제를 합니다. 서답형 문항에는 단답형, 괄호형, 완성형, 논술형 등이 있습니다. 학습 내용을 정확하게 기억하고 있는지 묻는 단답형에서 학생의 논리적 사고력을 평가하는 논술형까지 다양하게 출제할 수 있으며, 최근에는 논술형이 중시되어 일정 비율 이상은 논술형으로 출제되도록 하고 있습니다. 서답형의 경우 단답형으로 답할 수 있는 문제는 OMR카드 주관식 답안 칸에 쓰거나 서술형·논술형 답안지를 따로 배부하여 작성하게 되어 있습니다. 서술형·논술형 답안은 펜으로 따로 작성해야 하므로 학생들은 문제를 푸는 시간과 답안 작성 시간을 잘 배분해서 시험을 치러야 하겠습니다.

★ 수행평가

수행평가는 많이 들어보셨죠? 교육 학생의 학습 과제 수행 과정 및 결과를 직접 관찰하여 그 관찰 결과를 전문적으로 판단하는 평가입니다. 수행평가는 학생 자신의 지식이나 기능 등을 나타내도록 하는 평가로 서술형, 논술형, 구술시험, 실기시험, 실험·실습, 면접, 관찰, 연구보고서, 포트폴리오(작품집 평가) 등 다양한 종류가 있습니다.

중학교에서의 평가는 이렇게 지필평가와 수행평가로 나누며, 중학교의 교과 내신 점수는 각 교과의 수행평가와 지필평가를 합산해서 산출합니다. 예전에는 지필평가의 비중이 더 컸지만 갈수록 수행평가의 비중이 늘고 있어요. 과거에 수행평가의 비중이 과목마다 20~30%였다면, 지금은 40~50%가 기본이고, 어떤 과목은 수행평가 100%로 내신 점수를 산출하기도 합니다. 보통 예체능 과목이 그러하지만, 주요 교과목도 수행평가의 비중이 높을 수 있습니다. 따라서 수행평가에서 좋은 점수를 받지 못하면 아무리 지필평가에서 만점을 받아도 학기 말 성적을 잘 받기 어렵습니다. 그렇다면 지필평가와 수행평가는 어떻게 준비하면 좋은 점수를 받을 수 있을까요? 과목마다 공부를 잘하는 방법은 각기 다르기에 여기서는 공통으로 기억하면 좋은 방법을 소개하고자 합니다.

지필평가는 출제자의 입장이 되어보면 답이 나옵니다. 바로 교사가 어떤 원칙을 갖고 지필평가 문제를 내는지를 파악하는 것입니다. 교사는 시험 문제를 낼 때 정확한 출제 근거를 밝히기 위해 반드시 교과서에 제시된 내용을 활용합니다. 또 수업 시간에 본인이 중요하다고 강조한 내용을 출제합니다. 난이도를 조절하기 위해 쉬운 문항과 어려운 문항을 고루 출제하지만 어려운 문항이라고 해서 수업 시간에 다루지 않은 내용을 출제할 수는 없습니다. 변별력을 높이기 위해서 문제를 한 번 더 생각하도록 변형시키거나 헷갈리는 오답을 배치하는 등의 방법을 사용하지만, 가르치지 않은 내용을 출제하지는 않습니다. 교사 입장에서 가장 안타까울 때는 내신 대비를 위해 문제집을 풀고 학원에서 프린트물로 공부를 하면서, 정작 교과서를 소홀히 할 때입니다. 지필평가를 잘 대비하는 핵심은 교과서를 바탕으로 수업 시간에 선생님이 중요하다고 하신 부분을 깊이 있게 공부하는 것임을 명심하세요. 출제하는 사람은 학교 선생님이고, 출제 범위는 교과서라는 것을 꼭 기억하면 좋겠습니다.

수능 만점자들에게 인터뷰하면 꼭 하는 말이 있습니다. 공부 잘하는 비결을 물으면 "교과서로 공부했어요. 학원 다니지 않고, 수업 시간에 집중했어요."라는 것이죠. 기운이 빠질 수도 있지만, 이 말이 사실입니다. 학교 공부가 기본 중의 기본이 되어야 해요. 간혹 학원 숙제를 학교 수업 시간에 하는 학생도 있습니다. 주객이 바뀐 것이죠. 학원은 어디까지나 학교 수업을 보완하고, 학교 수업에서 부족한 것을 채우는 것임을 잊지 마세요.

수행평가도 이와 비슷합니다. 수행평가를 하는 건 학교 선생님이지요. 수행평가를 잘 준비하는 비결은 바로 선생님이 세운 평가 계획과 채점 기준을 확인하는 것입니다. 평가 계획서는 학기 초에 학부모 총회에서 배부되는 학교 자료집, 학교 홈페이지, 또는 학교알리미의 정보공시에서 확인할 수 있습니다. 또 학기 초나 수행평가를 하기 전에 선생님들이 알려주시기도 하고요. 평가 계획서에는 지필평가와 수행평가의 비율, 수행평가의 종류, 평가 기준, 평가 시기 등이 아주 자세하게 나와 있습니다. 수행평가에서 높은 점수를 받으려면 평가 기준을 주의 깊게 보는 것이 좋습니다. 교사들이 수행평가를 채점할 때 그 기준을 바탕으로 점수를 매기기 때문이에요. 조건이 있는 평가에서는 평가 요소를 충족하지 않으면 감점이 되는 형식이기 때문에 조건을 모두 만족시켰는지 확인하는 것이 좋습니다. 또한 평소 수업 시간에 얼마나 적극적으로 참여하는지, 성실하게 활동을 하는지도 평가 기준에 들어갈 수 있으므로 각각의 평가 방법과 평가 기준을 잘 확인하여 좋은 점수를 받을 수 있길 바랍니다.

공부 잘하는 아이는 뭐가 다를까요?

아이들을 많이 가르쳐본 교사들은 잠깐만 수업을 해보면 그 학생이 공부를 잘하는 아이인지 못하는 아이인지 대강 맞힐 수 있습니다. 어떻게 그걸 구분할 수 있는 걸까요? 보통 교사들은 학생들의 태도를 보고 직관적으로 그 아이가 잘할 아이인지 못할 아이인지를 판단할 수 있습니다. 그리고 교사의 경력이 오래되면 오래될수록 그런 직관적인 판단은 꽤 정확하게 들어맞곤 합니다. 그렇게 직관의 힘을 발휘하는 데 단서가 되는 것은 수업 시간에 보여주는 아이의 표정, 눈빛, 자세와 같은 비언어적 표현들입니다.

공부를 잘하는 아이들은 교사를 바라보는 눈빛부터가 다릅니다. 그 아이들의 눈빛은 선생님으로부터 어떤 걸 배우게 될지 호기심으로 반짝입니다. 이렇게 공부를 잘하는 학생들이 또랑또랑한 눈빛으로 교사를 보는 것과 달리 공부를 못하는 아이들은 애초에 선생님과 눈을 마주치지 않습니다. 지우개를 만지

작거리거나 공책에 낙서하거나 친구와 장난을 치거나 창밖을 멍하니 응시합니다.

또 다른 예를 들어볼까요? 학교에서 수업이 시작되는 종이 울릴 때 미리 자리에 앉아서 교과서를 책상 위에 올려두고 선생님을 기다리는 학생과 종이 울려도 자리에 앉지 않고, 선생님이 몇 번을 불러야 제자리에 오는 학생이 있습니다. 누가 더 공부를 잘할까요? 높은 확률로 전자의 학생이 공부를 더 잘합니다(물론 어디에나 예외는 있습니다). 특별한 경우를 제외하고는 학습 태도가 좋은 학생이 공부를 잘하는 것은 당연합니다. 이렇게 학업 성취도는 아이들의 기본 태도와 밀접하게 연관되어 있고 이 태도를 통해 선생님들은 공부를 잘할 학생과 못할 학생을 직관적으로 구분해낼 수 있습니다.

그럼 학생들의 태도에 가장 큰 영향을 주는 것은 뭘까요? 공부 잘하는 아이들의 특징으로 여러 가지가 언급되지만 가장 강조하고 싶은 것은 바로 자신의 감정을 조절하는 '자기조절능력'입니다. 아이가 스스로 공부를 한다는 건 대단히 큰 자기조절능력이 있어야 합니다. 친구와 놀고 싶은 마음을 억누르고 수업 종이 울리면 자리에 앉는 것, 수업 시간에 딴짓하고 싶은 마음을 억누르고 선생님의 말씀에 귀를 기울이는 행동 등은 모두 자기조절능력이 갖춰진 아이들에게서 가능한 일입니다. 자신의 감정과 욕구를 통제하고 수업에 참여하도록 하는 자기조절능력이 아이의 학습 태도에 결정적인 영향을 미치고, 이 태도가 습관으로 자리를 잡게 되면 공부를 잘하는 아이로 자라는 힘을 갖게 되는 것입니다.

그럼 아이의 자기조절능력은 어떻게 키울 수 있을까요? 문제집을 열심히 풀고, 학원을 많이 다닌다고 해서 자기조절능력이 키워질까요? 흔히 공부를 잘하려면 자기주도학습이 되어야 한다고 하는데, 자기주도학습이 되려면 기본적으로 자기조절능력이 있어야 합니다. 그리고 이러한 자기조절능력은 학업 성취도뿐 아니라 아이들이 성공적으로 사회에 녹아들고, 정상적으로 생활을 영위하는 데 필요한 핵심적인 능력입니다. 그러므로 아이가 공부를 잘하길 바란다면, 또 사회생활을 잘하는 아이로 키우고 싶다면 자기조절능력을 키우는 것을 가장 궁극적인 목표로 삼으면 좋겠습니다.

자기조절능력은 자신의 감정을 조절하는 감정조절능력, 인지를 조절하는 인지조절능력, 행동을 조절하는 행동조절능력으로 구분됩니다. 자기조절능력은 어느 날 갑자기 획득되는 게 아니라 어릴 적부터 꾸준히 연습해야 합니다. 어떤 상황이 발생했을 때 아이 스스로 무엇을 할지 판단하고, 처리 과정과 결과에 대해 스스로 고민하고, 더 좋은 개선점을 만들어내는 과정을 반복할 때 자기조절능력을 키워갈 수 있습니다. 그러므로 자녀를 공부 잘하는 아이로 키우고 싶다면 무조건 학원을 많이 다니는 것보다, 아이 스스로 계획을 세우고 그것을 실행에 옮길 기회를 많이 주시길 바랍니다. 또 아이의 감정을 존중해 주시고, 아이를 믿어주시고, 아이의 자존감을 높여주세요. 아이가 자신의 감정과 인지와 행동을 조절할 줄 알면 공부는 알아서 하게 됩니다.

선행학습을 꼭 해야 할까요?

실제 중학교에 다니는 자녀를 둔 학부모님께 아이를 중학교에 보내며 가장 궁금한 점이 뭔지 여쭤보았습니다. 가장 먼저 돌아온 질문은 "선행학습을 꼭 해야 하나요?"라는 질문이었습니다. 요즘 선행학습이 얼마나 보편적으로 이뤄지고 있는지 알 수 있는 대목이었어요. 물론 선행학습을 하면 자신감이 생기고, 수업 시간에 이해가 빨리 될 수 있다는 장점이 있습니다. 하지만 결코 무시할 수 없는 단점도 있습니다. 바로 학원에서 먼저 배운 것이기에 학교 수업이 재미가 없고, 학생들은 이미 자신이 알고 있다고 생각해서 자칫하면 학교 수업을 무시할 수 있다는 것이지요.

선행학습에 장점이 더 큰지, 단점이 더 큰지를 따져보면 선생학습을 꼭 해야 하는지 답이 나옵니다. 물론 모든 아이가 같을 수는 없겠지만 대부분은 선행학습의 장점보다 단점이 드러나는 경우가 많습니다. 선행학습을 하고 자신감이 생겨 그 과목을 더욱 좋아한다기보다는 다 안다고 생각해서 정작 학교 수업 시간에는 집중하지 못하는 경우가 더 흔하거든요.

궁극적으로 우리가 아이들에게 선행학습을 시키는 이유는 무엇일까요? 선행학습은 결국 공부를 잘하기 위해서, 학교에서 좀 더 좋은 성적을 받기 위해서 하는 것입니다. 그런데 가장 기본이 되어야 하는 학교 수업에 흥미를 잃으면, 그게 과연 올바른 교육의 방향인지 의구심이 들지 않을 수 없습니다. 학교 시험의 출제자는 학원 선생님이 아니라 학교 선생님이며, 시험 문제는 학교에서 배운 내용을 바탕으로 출제됩니다. 이 점을 기억한다면 선행학습을 굳이 하지 않더라도 얼마든지 좋은 성적을 받을 수 있다는 결론을 얻게 됩니다.

사실 우리나라 법에는 「선행학습금지법」이 있다는 것 알고 계시나요? 2014년 만들어진 이 법의 정식 이름은 「공교육 정상화 촉진 및 선행 규제에 관한 특별법」입니다. 공교육을 담당하는 초·중·고등학교의 교육과정이 정상적으로 운영되게 하려면 교육 관련 기관의 선행교육 및 선행학습을 유발하는 행위를 규제하기 위해 제정된 특별법이죠. 이 법에 따라 학교는 국가교육 과정 및 시·도교육과정에 따라 학교 교육과정을 편성해야 하며, 편성된 학교 교육과정을 앞서는 교육과정을 운영해서는 안 됩니다. 따라서 지필평가, 수행평가 등 학교 시험에서 학생이 배운 학교 교육과정의 범위와 수준을 벗어난 내용을 출제해 평가하는 행위, 각종 교내 대회에서 학생이 배운 학교 교육과정의 범위와 수준을 벗어난 내용을 출제해 평가하는 행위가 금지됩니다.

하지만 이 법은 학교에서 선행학습을 못 하게 하고 학원은 선행학습 광고를 할 수 없게 하는 법입니다. 이 법 제8조 선행학습 유발 광고 금지조항에 따라 학원은 선행학습을 유발하는 광고나 선전을 하지 못하게 됩니다. 달리 말하면 광고만 하지 않으면 학원은 강의실에서 선행학습을 할 수 있는 것입니다. 그리고 혹시 광고하더라도 그에 대한 처벌은 "교육부 장관이나 교육감이 시정이나 변경 명령을 내릴 수 있다"(제14조)뿐이고요. 법만으로는 학생이 학교 밖에서 선행학습을 하는 것을 막지 못하는 것이 현실입니다. 그러다 보니많은 부모가 선행학습을 꼭 해야 하는 것으로 생각하고 조바심을 냅니다. 하지만 공교육에 있는 교사 입장에서 선행학습보다 더 중요한 것은 현행학습이며, 가장 기본적인 공부는 예습이 아니라 학교에서 배운 것을 아이 스스로 복습하는 것임을 다시 한번 강조하고 싶습니다.

16

동아리 활동, 공부에 방해되지 않을까요?

만일 아이가 학교에서 '동아리'에 가입한다고 한다면, 부모님은 어떻게 하실 건가요? '동아리'를 하는 것이 나쁘진 않겠지만 혹시 공부하는 시간을 많이 뺏기고, 아이가 동아리 활동에만 전념할까봐 걱정되진 않으실까요? 이를 판단하려면 동아리가 어떤 것인지부터 알아야 하기에 동아리란 무엇인지 개념과 종류에 대해 알아보도록 하겠습니다.

동아리는 흥미, 적성, 특기가 비슷한 학생들이 자발적으로 참여하여 관심 분야에 관한 체험활동을 하고 능력을 개발하는 활동입니다. 동아리의 종류는 '학교 교육과정에 근거한 동아리'와 학생이 주도적으로 조직하여 학교장의 승인을 받아 운영하는 '자율 동아리'가 있습니다. '학교 교육과정에 근거한 동아리'란 정해진 시간에 정규 수업 시간으로 운영되는 것이기에, 모든 아이가 참여하는 것이므로 이 글에서는 선택적으로 운영되는 '자율 동아리'에 집중하도록 하겠습니다.

'자율 동아리'는 순전히 학생의 자율적 의사로 참여하는 것이기에 해도 되고, 하지 않아도 됩니다. 하지만 동아리 활동을 참여하는 학생의 경우 교과 지식을 벗어나 다양한 경험을 할 수 있고, 교과목 공부로는 배울 수 없는 다양한 것들을 배울 수 있습니다. 예를 들어 협동심, 도전 정신, 창의력, 자율성, 적극성, 끈기, 프로 정신, 리더십, 자기주도력 등을 함양하기 좋습니다. 동아리 활동을 하려면 혼자 할 수 없고, 친구들과 협력해야 하며, 스스로 창의적인 아이디어를 내야 합니다. 또 도중에 포기하지 않고 끝까지 도전하는 정신으로 동아리 활동을 지속해야 하기에 끈기를 배울 수 있게 됩니다. 동아리 이름부터 부원 구성, 모집에서 홍보, 활동 커리큘럼, 운영 방안 등 모두 학생들이 자율적으로 꾸려가다 보니 리더쉽과 자기주도력이 길러질 수밖에 없습니다. 이렇게 동아리 활동은 학생 스스로 만족도가 높을 뿐 아니라 학교생활의 활력을 얻는 데 크게 작용하는데요. 자율 동아리를 만드는 과정을 정리하면 다음과 같습니다.

관심 분야 선정 ➡ 동아리원 모집 ➡ 지도교사 섭외 ➡ 활동 계획서 작성 ➡ 자기주도적인 프로젝트 활동 진행 ➡ 기록

학교의 동아리 조직은 학급과 학생 인원에 따라서 차이를 드러냅니다. 동아리는 대개 학년별 또는 학년 통합으로 이루어지며 크게 학술 활동, 문화예술 활동, 스포츠 활동, 진로활동 등으로 구성됩니다. 각 분야는 교과별, 특성별로 세분되어 다양하게 운영됩니다. 또 학교에 따라 자율 동아리로 지정을 하지 않더라도, 방과 후 시간을 통해 취미와 적성이 같은 아이들끼리 활동하는 부

서가 편성되기도 하고, 방송부나 도서부, 또래 상담부처럼 봉사 시간이 부여되는 활동도 있습니다.

다시 처음 질문으로 돌아가서 동아리 활동이 공부에 방해되지 않느냐는 질문을 받는다면, 저는 오히려 도움이 된다고 말씀드리고 싶습니다. 앞에서 공부 잘하는 아이의 특징에 대해서도 살펴보았지만 공부를 잘하는 아이들은 자기조절능력이 뛰어나고, 자기조절능력은 동아리 활동을 통해서도 길러지기 때문입니다. 물론 타인과 교류나 협동 없이, 자기만의 세계에서 혼자 공부를 하는 학생들도 물론 있습니다. 하지만 우리가 원하는 아이들은 이런 아이들이 아니죠. 사회가 필요로 하는 인재도 공부만 잘하는 사람이 아니라 사회성이 뛰어난 사람, 협력하고 소통할 줄 아는 사람입니다.

개인적으로 동아리 활동은 '학교생활의 꽃'이라 생각하기에 학부모님들도 자녀들의 동아리 활동을 적극적으로 권장했으면 좋겠습니다. 실제로 상담을 하다 보면 동아리 활동이 공부에 방해가 될까봐 우려하시는 부모님이 적지 않습니다. 하지만 동아리 활동은 아이들의 꿈과 끼를 발현시키고, 아이를 자기주도적으로 성장하게 하면서, 학습에도 긍정적인 영향을 미칩니다. 시간을 많이 빼앗길까봐 걱정하실 수도 있지만, 오히려 동아리 선생님과 친해지면서 공부에 더 도움을 받기도 하고, 선생님과도 친해지는 계기가 되기도 합니다. 그럴 뿐만 아니라 학교생활기록부에 자율 동아리 활동이 기록되기 때문에 아이의 고등학교 진학에도 도움을 주기도 합니다. 만일 특목고나 자사고를 준비한다면 오히려 자율 동아리 활동을 반드시 하는 게 좋습니다.

우리 아이는 어떤 고등학교에 진학해야 할까요?

우리 아이, 고등학교는 어디로 가야 할까요? 내 아이가 일반고에 진학한다면 크게 상관없지만(혹시 비평준화 지역이면 어느 학교를 써야 할지 고민이 되겠지만), 혹시 일반고가 아니라 다른 학교를 진학한다면 학부모의 고민은 더욱 깊어지게 됩니다. 고민하기에 앞서 기본적으로 현재 우리나라 고등학교 종류는 어떻게 되는지 알아보도록 하겠습니다.

우리나라의 고등학교는 일반고등학교, 특수목적고등학교, 특성화고등학교, 자율고등학교, 이렇게 크게 네 가지로 구분됩니다. 먼저 가장 많은 학생이 진학하는 일반고등학교는 다양한 분야에 걸쳐 일반적인 교육을 시행하는 고등학교를 말합니다. 고등학교 유형 중 가장 큰 비중을 차지하고 있으며, 학생은 지역에 따라 컴퓨터로 추첨·배정하거나 내신성적 등으로 학교장이 선발합니다. 대학 진학을 목표로 하는 인문계 고등학교를 일컫습니다.

특목고란 특수목적고등학교의 줄임말로 특수분야의 전문적인 교육을 목적으로 하는 고등학교를 말합니다. 특수목적고등학교에는 과학 인재 양성을 위한 과학계열의 고등학교(과학고), 외국어에 능숙한 인재 양성을 위한 외국어계열의 고등학교(외국어고), 국제 전문 인재 양성을 위한 국제계열의 고등학교(국제고), 예술인 양성을 위한 예술계열의 고등학교(예술고), 체육인 양성을 위한 체육계열의 고등학교(체육고), 산업계의 수요에 직접 연계된 맞춤형 교육과정을 운영하는 산업수요 맞춤형 고등학교(마이스터고등학교)가 있습니다. 학생은 학교생활기록부, 교원추천서, 면접, 실기시험성적 등 학생의 자기주도학습 능력을 평가할 수 있는 사항을 반영하여 선발합니다. 특히 과학고, 외국어고, 국제고는 입학정원의 20% 이상을 사회적 배려가 필요한 학생을 대상으로 사회통합 전형을 통해 선발하고 있습니다.

특목고와 특성화고를 혼동하는 분들이 있는데요. 이름은 비슷할지 몰라도 둘은 성격이 엄연히 다릅니다. 특성화고는 쉽게 생각하면 예전의 실업계 고등학교를 떠올리면 됩니다. 소질과 적성 및 능력이 유사한 학생을 대상으로 특정 분야의 인재 양성을 목적으로 하는 교육 또는 자연 현장실습 등 체험 위주의 교육을 전문적으로 실시하는 고등학교를 뜻합니다. 특성화고에서는 국어, 수학, 영어, 사회 등과 같은 보통 교과 이외에 농·생명 산업, 공업, 상업정보, 수산·해운, 가사·실업 등 학교의 특성에 따라 다양한 직업 전문교육을 받을 수 있습니다. 특성화고의 학생은 내신성적, 면접, 실기 등으로 선발되는데 대학 진학이 목표인 일반고등학교와 달리 직업전문가를 육성하는 고등학교라 기억하시면 되겠습니다. 단 마이스터고등학교는 유망 분야의 특화된 산업수요와 연계하여 예비 장인(기능장, 장인)을 양성하는 고등학교로 성격은 특성화고에 가깝지만, 특성화고가 아니라 특목고로 분류되니 주의가 필요하겠습니다.

자율고등학교는 자율형 사립고등학교(이하 자사고)와 자율형 공립고등학교(이하 자공고)로 나눌 수 있습니다. 자공고와 자사고는 기본적으로 나라에서 정한 교육과정을 따르며, 학교에서 임의로 일정 부분에 대해 변화를 줄 수 있는 고등학교입니다. 자사고는 학교를 세우고 운영하는 주체가 공공기관이 아니라 개인이나 단체인 반면, 자공고는 학교를 운영하는 주체가 시나 도 등으로 공공기관이라는 점이 다릅니다. 자사고는 학교 자체 교육과정 운영의 자율성을 보장받되 정부 지원을 받지 않는 학교를 말합니다. 따라서 학생선발과 교사 선발, 교육비 정책 등이 학교 재량으로 운영되며 모집지역별로 전국단위 자사고와 광역 단위 자사고로 나누어집니다.

자공고는 몇 해 전 폐지 논란에 휩싸였으나 2023년 기준 총 34개교가 전국 각지에 남아 있으며 앞으로 더 늘어날 것으로 추측하고 있습니다. 자공고의 경우 지역에 따라 컴퓨터로 추첨·배정하거나 내신성적 등으로 학생을 선발하고, 자사고는 학교생활기록부, 교원추천서, 면접, 실기시험성적 등 학생의 자기주도학습 능력을 평가할 수 있는 사항을 반영하여 선발합니다.

이 밖에도 우리나라에는 영재고가 있는데 영재고는 영재진흥원법의 적용을 받는 학교로 초·중등교육법이 적용되지 않아 정식 고등학교는 아닙니다. 이름에 과학고라는 말이 붙어 있는 영재고가 있어 특목고의 과학고와 혼동될 수 있으나 이는 원래 과학고였던 학교들이 영재학교로 전환하면서 이름을 그대로 사용하고 있기 때문입니다. 영재학교는 고등학교가 아니라서 중학교를 졸업하지 않아도 지원할 수 있으며, 2023년 기준 전국에 8곳밖에 없습니다.

한편 고등학교는 지원 시기에 따라 전기학교와 후기학교로 구분할 수 있는데요. 고등학교의 유형을 알고 있는 것도 중요하지만 자녀가 가고자 하는 학교가 어느 시기에 지원을 해야 하는 학교인지 알아두는 것도 매우 중요합니다. 그것에 맞게 고등학교 입시 계획을 세울 수 있기 때문입니다. 우리나라의 고등학교를 전기와 후기로 구분하면 다음과 같습니다.

- **전기학교**: 특수목적고(과학고, 예술고, 체육고, 마이스터고), 특성화고, 일반고의 특성화학과
- **후기학교**: 특수목적고(외국어고, 국제고), 자공고, 자사고, 일반고의 보통과

모든 전기학교는 1개교만 지원 가능하며, 전기학교에 합격한 학생은 후기학교에 지원할 수 없습니다. 그래서 전기고에 지원할 때는 신중해야 하며, 만일 불합격했을 때는 후기고나 전기고의 추가 모집에 지원 가능합니다. 후기고는 전기고의 입시가 진행되고 난 뒤에 진행되기 때문에 후기고라 부르는데, 떨어질 때 다른 후기고에 지원할 수 있지만 합격 시에는 다른 고등학교에 지원이 불가합니다. 전기고의 경우 보통 8월부터 12월까지 원서접수를 시작하여 12월쯤 입학전형이 마무리되며, 후기고는 보통 12월에 원서접수를 시작하고 1월 중에 모든 합격자 발표가 마무리됩니다.

고등학교 진학은 학생의 미래에 큰 영향을 미치는 중요한 결정이므로 신중하게 고려해야 하는데요. 자녀와 충분한 대화를 통해 결정하고, 학교에 있는 진로진학 상담 선생님, 또 담임 선생님과도 상담을 시행하여 학생들이 자신의 꿈과 목표에 부합하는 학교와 진로를 선택할 수 있기를 바랍니다.

궁금해요! 중학교

'생활'편

창의적 체험활동이 뭔가요?

지인 중 이번에 중학교를 졸업하는 자녀를 둔 학부모님이 계셔서 혹시 창의적 체험활동에 대해 아시냐고 여쭤보았어요. 학부모님은 고개를 갸웃하시며 난감한 표정을 지으셨어요. 그래서 이번에는 창·체를 아시는지 물었더니, "창·체? 공부 안 하고 노는 거 아니야?"라는 대답이 돌아왔어요. 우리는 마주 보고 웃을 수밖에 없었는데요. 창의적 체험활동은 이처럼 자녀를 중학교에 3년을 보낸 학부모님께도 낯설 만큼 이름이 입에 잘 붙지 않아요. 그래서 대부분 줄임말인 창·체라고 부르고, 하위 영역들의 앞 글자를 따서 '자–동–봉–진'이라는 용어를 사용하기도 합니다.

이렇게 이름부터 길고 어려운 창의적 체험활동은 대체 뭘까요? 체험활동을 하는데 창의적으로 하란 말일까요? 생각하신 것과 비슷합니다. 학교에서는 학생들에게 공부만 가르치는 것이 아니죠. 교과 이외의 다양한 활동이 이루어지는데요. 창·체는 바로 교과 이외의 다양한 활동을 통해 학생들의 창의성과 인성을 함양하는 교육활동을 말해요.

이 창·체는 학생의 성장과 발전을 지원하기 위해 운영되는 중요한 교육활동입니다. 이러한 활동들을 통해 학생들은 창의성과 문제 해결력을 기르고, 올바른 인성을 함양하며, 공동체 의식을 길러나가기 때문이지요. 또 학생들은 이러한 활동들을 통해서 자신의 개성과 적성을 발견하고, 진로를 탐색해 나가기도 합니다. 창·체는 다음과 같은 영역으로 구성됩니다.

★ 자율활동

학교에서 실시한 활동으로 자치, 적응, 행사 등이 이에 해당합니다.

★ 동아리 활동

흥미, 적성, 특기 등이 비슷한 학생들이 자발적으로 참여하여 체험활동을 하고 능력을 개발하는 활동으로 학교 교육과정에 근거한 동아리와 자율 동아리(학생이 주도적으로 조직하여 학교장의 승인을 받아 운영)가 있습니다. 자율 동아리의 경우 학기 초에 신청 안내를 하니 눈여겨보았다가, 적극적으로 참여하면 좋겠죠.

★ 봉사활동

지역사회나 학교에 도움이 되는 활동으로 학교에서 이루어지는 학교 봉사활동과 외부에서 개인적으로 참여하는 봉사활동이 있어요. 학교 내에서 단체로 전교생이 참여하는 봉사 시간이 있고, 도서관 도우미나 급식실 도우미처럼 본인이 신청하여 봉사활동을 해서 봉사 시간을 받는 방법이 있어요. 되도록 교내에서 하는 봉사활동을 신청하는 것이 좋아요. 일관성 있고, 방향성 있게 봉사활동을 하면 학교에서 선생님과의 관계나 교우관계에도 긍정적인 영향을 주며 진로를 결정할 때도 봉사활동이 도움이 될 수 있습니다.

★ 진로활동

자신의 진로를 탐색하고, 진로 선택을 지원하는 활동으로 흥미와 적성, 소질에 기반을 두고 자아 정체성을 확립하고 지속해서 발전을 추구하는 활동입니다.

학교에서는 학생들이 다양한 창·체에 참여할 수 있도록 다양한 프로그램을 운영하고 있습니다. 하지만 학생들이 미리 창·체에 대한 개념이 없다면, 아무래도 활동하기가 쉽지 않을 거예요. 또 활동한다고 하더라도 깊이 있게 이해가 되지 않을 것이고요. 물론 학교에서 선생님들이 학기 초에 학생들에게 기본적으로 교육을 하고 있지만, 가정에서 부모님이 관심을 두고 지도를 해주신다면 그 효과가 배가 되리라고 생각합니다.

창·체가 생활기록부에 기록된다는 사실도 알고 계시지요? 따라서 특목고 진학을 염두하고 있는 학생이라면 동아리 활동에도 적극적으로 참여하는 것이 좋아요. 예를 들어 외국어고에 가고 싶은 학생의 경우 UN 동아리, 과학고에 가고 싶은 학생은 과학실험 동아리 등을 학생들이 자율적으로 만들어 운영하면 생활기록부에 기재되고, 그 내용이 고교 입시에 도움이 될 수 있습니다.

마지막으로 꼭 특목고에 진학하지 않더라도 창·체에 적극적으로 참여한다면 즐겁고 활기찬 학교생활을 해나갈 수 있을 거예요. 학생들이 자신의 관심과 적성에 맞는 창·체를 하면서, 학교생활을 즐겁고 알차게 꾸려가길 바랍니다.

학교생활기록부 관리는 어떻게 하면 좋을까요?

학교생활기록부, 줄여서 생기부라고도 합니다. 생기부는 학생이 학교생활을 어떻게 했는지에 대해 기록한 문서이고, 기본적으로 학년이 바뀌면 수정할 수 없기에 관심을 가지고 그때그때 필요한 사항을 잘 챙겨야 합니다. 생기부는 고등학교 입시를 위한 기본적인 전형 요소이기에 고등학교를 특목고나 자사고를 목표로 하고 있다면 생기부 관리가 더욱 중요한데요. 생기부가 좋다는 것은 그만큼 학교생활을 적극적으로, 충실하게 했다는 것을 증명하는 셈이기 때문입니다. 또한 꼭 진학에 필요한 부분이 아니더라도, 평생 기록으로 남아 그 학생의 학창 시절이 어땠는지를 살펴볼 수 있는 중요한 문서이므로, 학교생활기록부에 어떠한 내용이 있는지 관심을 갖고 살펴보면 좋겠지요. 학교생활기록부 영역을 살펴보면 다음과 같습니다.

- **인적 및 학적사항**
- **출결상황**
- **수상경력**
- **창의적 체험활동**(자율활동, 동아리 활동, 봉사활동, 진로활동)
- **교과학습 발달상황**(세부능력 및 특기사항)
- **독서활동 상황**
- **행동특성 및 종합의견**

이 중에서 가장 중요하게 볼 부분이 창·체와 교과학습 발달상황(세부능력 및 특기사항), 독서활동상황, 행동특성 및 종합의견입니다. 앞에서 창·체에 대해서는 자세히 살펴보았기 때문에 여기서는 봉사활동에 대해서만 좀 더 구체적으로 이야기해볼게요.

봉사활동은 다른 영역에 비해 학생 스스로 관리할 수 있는 영역이 큰 비중을 차지하는 영역입니다. 앞에서도 말한 바 있지만 스스로 봉사활동을 계획하고, 실행해나가는 것이 의미가 있으며 봉사 시간을 채우는 것도 중요하지만, 어떤 봉사활동을 했는지가 더 중요합니다. 특히 특목고, 자사고를 생각하는 학생들에게 봉사활동은 자신의 비전, 관심사, 흥미, 역량 등을 드러낼 수 있는 부분이므로 자신의 진로와 관련된 봉사활동을 일관성이 있게 하는 것이 좋습니다. 나에게 맞는 봉사활동을 찾아보려면 '1365 자원봉사포털'에서 봉사 참여-시간인증봉사를 검색해보는 것도 좋은 방법입니다.

교과학습 발달상황에서는 교과목별로 학생의 성적이 기재되고, 밑에 세부능력 및 특기사항 칸이 있습니다. 세부능력 및 특기사항은 교과 담당 교사가 교과 활동이 우수한 학생을 선정하여 기록하는 것을 말합니다. 모든 학생을 써주는 것이 아니라, 평소 수업 시간 학생들의 태도를 참여도 바탕으로 교과

활동이 우수한 학생을 선별하여 쓰게 됩니다. 이때 중요한 것은 지필평가 성적이 우수한 학생이 대상이 되는 것이 아니라, 수업 시간에 질문과 토론에 적극적으로 참여하고 수업 태도가 좋은 학생들이 그 대상이 된다는 것이에요. 교사는 지필평가와 수행평가 외에도 모든 수업 시간에서 학생을 관찰하고 기록할 수 있으며, 그러한 것들이 생기부에 반영될 수 있다는 점을 기억해주세요. 예를 들어 수업 시간에는 잠만 자거나 수업에 불성실하게 참여하면서 지필평가 성적만 좋은 학생이 있을 수 있겠죠? 태도는 불량한데 공부만 잘하는 학생이라면 세부능력 및 특기사항 부분에서 긍정적인 평가를 받을 수가 없을 거예요. 개인적으로 이 글을 읽는 학부모님의 자녀분은 성적만 우수한 학생보다, 학습 태도가 바람직한 학생이 되었으면 좋겠습니다.

독서활동상황 상황 역시 봉사활동처럼 학생이 채워나가는 부분입니다. 독서활동상황은 학생이 스스로 책을 선택하며, 읽은 책을 기록한 것을 바탕으로 작성됩니다. 독서 활동은 학교마다 확인하는 양식이 조금씩 다른데요. 대부분은 학교에서 독서록을 주고, 꾸준히 독서록을 쓰게 한 후 그걸 교사가 확인하고 생기부에 기록하는 방식입니다. 독서록에는 책에 대한 정보, 독서 동기, 줄거리, 느낀 점과 알게 된 점, 인상에 남는 문장 등을 기록하게 되며, 주로 국어 교과에서 독서록 쓰는 법을 지도하고 관리합니다. 학교마다 독서활동상황을 기재하는 교사가 조금씩 다르지만 대부분 특정 교과와 관련이 없는 공통 독서 활동은 담임이 입력하며, 교과와 연계된 독서 활동일 경우 교과 담당 교사도 과목별 세부능력 및 특기사항 안에 교과와 관련된 독서 활동을 입력할 수 있습니다.

독서록은 시간적 여유가 있을 때 미리미리 꾸준하게 작성하는 것이 좋으며, 자신의 관심사, 흥미를 반영할 수 있는 책을 선택해서 읽는 것도 필요합니다.

진로와 관련된 책을 읽으면 특목고나 자사고를 대비할 때 도움이 되며, 책을 읽고 나서 교과 활동과 연계한 독후활동을 하는 것도 권장됩니다. 마지막으로 가장 중요한 팁을 말씀드리면 독서록 제출 기한을 잘 지키는 것입니다. 독서활동 상황은 보통 학기 말에 입력하게 되는데 선생님이 제출하라고 하는 기간에 독서록을 제출하지 않으면 입력이 빠질 수도 있기 때문입니다. 이처럼 봉사활동과 독서활동상황은 학생 스스로 자신의 생활기록부를 만들어갈 수 있는 부분인 만큼 신경을 쓰면 좋겠고, 나이스 학부모 서비스를 신청하면 자녀의 현재 상태를 확인할 수 있으니 참고하시기 바랍니다.

마지막으로 행동특성 및 종합의견은 담임교사가 학생을 종합적으로 평가하여 학기 말에 적는 부분입니다. 담임교사가 학생에 대해 강조하고 싶은 부분이나 인상적인 모습을 기록하게 되는데요. 행동특성 및 종합의견은 특히 교과학습 발달상황에서 드러나기 어려운 개별 특성이 잘 나타날 수 있는 항목이라, 학생의 관심사나 학습 태도, 인성 및 사회성, 발전 내용 등을 종합적으로 판단하는 데 큰 역할을 합니다. 물론 중학교 생활기록부가 대학 입시와 직결되지는 않지만, 특성화 고등학교를 준비하는 학생이라면 이곳에 담임교사의 긍정적인 평가가 들어가면 더 유리하겠죠.

지금까지 중학교 생활기록부 관리에 대해 알아보았습니다. 생기부는 고등학교 진학, 대학 진학, 취업 등 학생의 미래를 결정하는 중요한 자료입니다. 따라서 생활기록부를 잘 관리하여 자신의 역량을 드러낼 기회로 삼을 수 있기를 바랍니다.

20

위(Wee)클래스, 문제가 있는 아이들만 가는 곳?

몇 해 전 아이를 초등학교에 입학시킨 지인이 저에게 위Wee클래스에 관해 물은 적이 있습니다. 정서 행동특성 검사에서 아이의 불안도가 다소 높게 나와 담임 선생님이 위클래스 상담을 권유했는데 가도 되는 건지 고민이 된다고요. 저는 당연히 가도 되고 가야 한다며 적극적인 상담을 권유했지만, 실제 학교 현장에서 부모님들이 어떤 걱정을 하시는지를 한 번에 느낄 수 있던 대목이었습니다. 인터넷 맘카페에는 이와 비슷한 상황에 놓인 부모님이 괜히 솔직하게 체크를 했다고, 후회하는 글들도 눈에 띄었습니다. 혹시나 내 아이에게 안 좋은 낙인이 찍히는 것은 아닌지, 주변에서 내 아이를 문제가 있는 학생으로 보는 것은 아닌지 우려했기 때문입니다.

하지만 사실 위클래스는 문제가 있는 아이들만 가는 곳이 아니라 모든 아이가 이용하는 학교 상담실입니다. 만일 '저 아이는 왜 상담실에 가지? 뭔가 문제가 있는 건 아닌가?' 하고 편견을 가지는 어른이 있다면 그 사람이 잘못된 것이며, 실제 학교 현장에서는 어떤 교사도 그러한 시선으로 아이들을 보지 않습니다. 몸이 아프면 보건실에 가듯이, 마음이 아프면 상담실에 갈 수 있으니까요. 그리고 상담실은 꼭 마음이 아프지 않아도 소속 학교 학생이라면 누구나 마음 편하게 찾아갈 수 있는 학교 내 사랑방 같은 곳이랍니다.

실제로 아이들은 상담실에 수시로 드나들고, 친구들과 상담실에 아무 목적 없이 그냥 놀러 오기도 합니다. 상담실은 학교의 다른 어떤 곳보다 냉난방이 잘 되고, 간식도 있고, 따뜻한 상담 선생님이 계시는 곳이기 때문이지요. 상담실은 일부 부모님이 생각하는 것처럼 그렇게 폐쇄적인 공간이 아니라 누구에게나 열려 있는 편안한 공간입니다. 그러므로 부모님은 자녀가 위클래스에 간다고 해서 특별히 부담을 느낄 필요는 없겠습니다. 또한 만일 상담이 필요한 학생이라면, 오히려 위클래스를 적극적으로 활용하셔서 아이에게 당면한 문제를 함께 풀어가는 것이 좋습니다.

간혹 위클래스에서 상담한 내용이 생활기록부에 남는 것은 아닌지 불안해하는 경우를 보았는데요. 상담한 내용은 생기부에 남지 않으며, 상담 내용은 특정한 경우를 제외하고(아이의 신변에 위험이 있는 경우) 비밀이 보장됩니다. 그러니 혹시 아이도, 부모도 상담이 필요한 경우가 발생하면 주저하지 마시고 위클래스에 계신 전문상담 선생님을 활용하시길 바랍니다. 또 대부분의 위클래스에서는 학생들을 대상으로 '또래상담' 동아리를 운영하고 있습니다. 또래상담사가 되면 소정의 교육을 받고 선생님을 도와 위클래스와 관련된 일을 하게 되는데요. 심리학 및 상담에 관심이 많은 친구가 지원하기도 하며, 해당 진로에 관심이 없더라도 선생님과 친해지고 싶은 학생, 위클래스에 호감을 느끼고 있는 학생들이 지원하게 됩니다. 또 이러한 도우미로 활동을 하면 학교에서 봉사 시간을 부여하거나 생활기록부에 기록을 하는 경우가 많아서 이를 위해 지원을 하는 때도 있습니다. 어떤 이유든 간에 아이가 이런 활동을 한다고 하면 부모는 두 팔 벌려 환영할 일입니다. 또래상담사로 활동하면서 전문상담 선생님과 많은 시간을 함께하다 보면 어려운 일이 생기면 선생님께 바로 상담을 할 수도 있고, 같이 활동하는 선후배와 친구들과 사이도 돈독해져 정서적으로 의지가 되기도 하는 등 좋은 점이 많기 때문입니다.

위클래스[5]가 무엇인가요?

요즘 학교에서는 상담실 대신 위클래스라는 용어를 사용합니다. 위클래스는 학교, 교육청, 지역사회가 연계하여 학생의 건강하고 즐거운 학교생활을 지원하는 다중의 통합지원 서비스망인 위Wee 프로젝트의 1차 안전망Safe-net입니다. 위Wee 프로젝트는 2008년 학교폭력·학업 중단 등 학교에서 발생하는 다양한 위기 요인들로부터 우리가 모두We 학생을 보호하고 건전한 교육Education을 통해 건강한 마음Emotion을 도모하기 위한 목적으로 시행되었습니다. 위Wee 프로젝트의 추진 체계를 살펴보면 학교에는 위Wee 클래스, 교육지원청에는 위Wee 센터, 교육청에는 위Wee 학교, 가정형 위Wee 센터, 병원형 위Wee 센터로 나뉘게 됩니다.

1차 안전망인 위클래스에서는 모든 학생을 대상으로 예방 상담을 진행하고 잠재적 위기 학생에 대해 조기 진단하고 대처하게 되는데요. 대한민국의 초·중·고등학교 소속 학생이라면 누구나 무료로 위클래스를 이용할 수 있습니다. 하지만 모든 학교에 위클래스가 설치된 것은 아니라서 소속 학교에 위클래스가 없는 경우에는 교육지원청의 위Wee 센터를 통해(또는 순회 상담을 통해 학교 내에서) 같은 지원이 가능합니다. 또 위클래스에서 상담받기 어려운 학생, 위클래스에서 연계한 학생은 위Wee 센터에서 상담을 진행하며 지역 내 인적·물적 자원 연계망을 활용하여 심리평

5) https://www.wee.go.kr/

가-상담-치유를 위한 one-stop 서비스를 제공합니다. 신청은 직접 방문 신청이나 전화로 사전 접수 후 방문이 가능하며 학교에서 연계하였을 때 소속 학교를 통해 공문으로 신청할 수 있습니다.

한편 중·장기 위탁 교육이나 상담, 치유가 필요한 고위기 학생의 경우는 교육청의 위Wee 스쿨을 이용할 수 있습니다. 위Wee 스쿨은 협의 기간에 따른 단기 대안교육으로 소속 학교를 통해 공문으로 신청합니다. 가정형 위Wee 센터는 보호·상담·교육을 통해 학생의 적응 환경을 개선하여 가정 및 학교 복귀를 지원하는 중·장기 위탁기관입니다. 장기결석, 등교 거부, 학교폭력 가·피해 학생이나 정서·행동 문제, 은둔형, 범죄, 가출 등 기숙형 보호가 필요한 학생, 가정폭력, 학대·방임, 빈곤, 가정해체 등 가정적으로 위기인 학생들을 위탁하여 3개월(필요할 때 연장 가능) 동안 보호하고 교육하는 일을 합니다.

마지막으로 병원형 위Wee 센터는 심리적·정서적 어려움을 겪고 있는 위기 학생들에게 상담·교육·치료와 의료 자문뿐만 아니라, 필요한 경우 전문의의 병원 치료까지 지원하는 위탁 치료형 대안교육 위탁기관입니다. 정신건강의학과 전문의, 정신건강 사회복지사, 대안교과 교사, 매체 치료사, 청소년 상담사, 간호사 등이 위탁교육을 실시합니다.

위클래스는 학교 운영 시간 내(쉬는 시간, 점심시간, 방과 후)에는 언제든지 이용 가능하며 수업 시간에 상담을 원하는 학생은 미리 상담을 예약해야 합니다(단, 긴급한 경우에는 선생님과 상의해서 즉시 상담이 가능합니다). 수업 시간에 상담 활동을 하는 경우 출석으로 인정되니 그 부분도 염려하지 않아도 됩니다. 또 학교를 등교하지 않고 위Wee 센터를 이용할 때도 출석으로 인정이 되는데 이 경우 반드시 사전에 학교에 알려 동의를 얻은 후 참여하여야 합니다. 위Wee 스쿨 및 가정형 위Wee 센터도 마찬가지로 해당 학교의 동의 및 정식적인 의뢰 절차를 통해 서비스를 받아야 원적교의 학적 유지가 가능하니 참고하시길 바랍니다.

아이의 친구 관계는 부모가 어떻게 접근해야 할까요?

중학생들의 고민은 다양합니다. 나는 누구인가, 자신의 정체성에 대한 고민에서부터 시작해서 친구 관계, 학업 성적, 진학 고민, 진로 고민, 부모님과의 갈등 등 무궁무진하죠. 그중 가장 높은 비중을 차지하는 건 아무래도 친구 관계에 대한 고민일 텐데요. 특히 여학생들의 경우 남학생들보다 친구 관계에 대한 고민의 정도가 더 심한 경향이 있습니다.

중학생에게 친구는 왜 그렇게 중요한 걸까요? 그것은 학생들의 성장 발달과도 관련이 있습니다. 중학생 시기는 사회적 발달이 활발히 일어나는 시기로, 친구와의 상호 작용을 통해 소통 및 대인관계 능력을 키워나가게 됩니다. 또한 이 시기는 자아 정체성이 형성되는 시기로 친구와의 관계가 자아 정체성을 형성하는 데 밀접한 영향을 주기도 합니다. 아이들은 친구와의 상호 작용으로 자기 자신을 발견하고 자신의 가치관, 성격, 흥미가 무엇인지 파악해나가게 됩니다. 한편 중학생은 감정적으로 민감한 시기여서 친구로부터 감정적인 지지와 위로를 받기 때문에 유독 친구 관계를 더 중요하게 생각하기도 합니다. 이 시기의 아이들은 대부분 어른이 자신들을 이해하지 못한다고 생각하기 때문에 자신의 마음을 헤아려주는 친구의 존재가 그만큼 더 중요해지는 것이죠. 그러므로 중학생들이 학교생활을 원만하게 잘하려면 무엇보다 교우관계가 원만해야 합니다. 특별한 경우를 제외하고 이 시기의 삶의 질은 친구에 의해 좌우된다고 해도 과언이 아닐 것입니다. 그렇다면 친구와 잘 지내기 위해서는 어떻게 해야 할까요? 부모의 관점에서 해줄 수 있는 것을 세 가지로 정리해 보았습니다.

첫째, 아이에게 친구가 소중한 존재임을 인정하기

이 시기의 아이들에게 친구가 얼마나 중요한지 부모가 이해하는 것이 먼저입니다. 혹시 아이가 부모보다 친구를 더 좋아하거나 친구 관계에 의존한다고 해도, 서운해하기보다 "그래! 지금은 그럴 때지!" 하고 이해해주는 태도가 필요합니다. 중학생들은 친구를 통해 다른 사람의 마음을 이해하고 상상하며 정서적인 성장을 이룹니다. 따라서 친구를 사귀는 것이 공부에 방해된다며, 친구와의 관계를 제한하는 것은 좋지 않습니다. 친구 관계는 자녀의 사회성 발달을 위해 꼭 필요한 관계라는 것을 잊지 마시길 바랍니다.

둘째, 자녀의 친구를 존중해주기

'저 친구보다는 이 친구랑 더 잘 지냈으면 좋겠는데.' 중학생들은 워낙 친구의 영향을 많이 받다 보니 아이가 부모가 봤을 때 좋은 친구와 사귀었으면 하는 마음은 이해합니다. 부모로서는 공부도 잘하고, 성격도 좋고, 온순한 친구와 어울리기를 바라지요. 그러다 보면 때론 아이가 친하게 지내는 친구가 혹시 내 마음에 들지 않기도 합니다. 하지만 내 아이 역시 다른 친구의 부모에게 탐탁지 않은 친구가 될 수도 있어요. 중요한 것은 아이가 선택한 친구를 존중해주는 것입니다. 그리고 혹시나 그 친구가 마음에 안 들더라도, 아이에게 친구에 대한 욕을 직접적으로 하는 것은 삼가세요. 아이로서는 친구와 멀어지는 게 아니라 자신이 좋아하는 친구를 싫어하는 부모를 오히려 미워하게 될 수도 있습니다. 이럴 땐 아이에게 막연히 그 친구와 어울리지 말라고 할 것이 아니라 부모가 어떤 점을 걱정하고 있는지 객관적으로 알려주는 것이 좋습니다. 또 혹시나 친구가 어떤 잘못을 한다면 친구의 인격을 비난하기보다는 친구가 한 행동에 대해 잘못된 부분을 짚어주어야 합니다.

셋째, 친한 친구 부모와 교류하기

아이가 친하게 지내는 친구가 있다면, 또는 친하게 지내고 싶은 친구가 있다면 그 친구의 부모님과 소통하고 교류하는 것도 좋은 방법이 됩니다. 유치원생이나 초등학생도 아닌데, 부모끼리 잘 지내는 것이 무슨 의미가 있냐고요? 아이들이 어릴 때처럼 아이들이 놀 때 그 자리에 부모도 함께 있으면서 어울리라는 것이 아닙니다. 다만 아이가 친한 친구가 있으면 부모끼리 연락을 주고받으면서 정보를 공유하기도 하고, 아이들의 활동을 지원하는 방법을 모색하길 권합니다. 예를 들어 친한 친구들끼리 주말에 박물관이나 도서관, 미술관 등에서 문화 체험을 할 수도 있고, 자연으로 캠핑하는 걸 계획할 수도 있죠. 방학 때 가까운 곳으로 가볍게 가족 여행을 떠나거나 부모들이 상의하여 함께 청소년 캠프를 보낼 수도 있습니다. 이러한 경험은 아이들에게 좋은 추억을 만들어 줄 뿐 아니라 어른들이 아이들의 관계를 지지하고 응원하고 있다는 신호가 되어줍니다.

중학생은 그 어느 때보다 또래 집단이 중요한 시기입니다. 여럿이 몰려다니기를 좋아하고, 또래 집단 안에서 자신들만의 언어로 이야기하고, 그들만의 세계를 만들기를 좋아하지요. 그러므로 일차적으로 이러한 집단성을 인정하는 것이 중요합니다.

아이가 선생님과 친해지려면 어떻게 해야 할까요?

아이가 선생님과 친해지는 것은 아이의 학교생활에 여러모로 도움이 됩니다. 일단 선생님과 관계가 좋은 아이들은 학교생활도 잘할 확률이 높습니다. 아이가 선생님과 친해진다고 특별한 혜택이 있는 것은 아니지만 선생님과 친밀한 아이들은 대체로 학교생활이 즐겁기 때문입니다. 또 혹시나 어려운 일이 생겼을 때도 좀 더 쉽게 교사에게 도움을 청하기도 합니다. 물론 친구들과 좋은 관계를 유지하는 것만으로도 행복한 아이들도 있지만, 학교에서 선생님과 잘 지내는 아이들은 대체로 교우관계도 원만하지요.

학습적인 면에서도 그 과목 선생님을 좋아하면 좀 더 열심히 하는 경우가 많습니다. 열심히 하다 보면, 자연스럽게 성적도 향상되기 마련이고요. 나아가 선생님을 많이 좋아하는 경우 꿈이 그 과목 교사로 바뀌기도 합니다. 이렇게 선생님과 좋은 관계를 유지하는 것은 정서적으로도, 학습적으로도, 심지어 진로에까지 긍정적인 영향을 미칩니다.

그럼, 어떻게 하면 선생님과 친해질 수 있을까요? 가장 쉬운 방법은 **첫째, 인사를 잘하는 것입니다.** 교사로서는 학생이 밝은 얼굴로 인사만 잘해도 눈길이 가는데요. 특히 신입생의 경우, 아직 선생님도 아이의 얼굴과 이름을 익히지 못했을 때, 아이가 웃는 얼굴로 인사를 하면 그 아이를 유심히 보게 됩니다. 꼭 그런 건 아니지만 인사를 잘하는 아이는 아주 높은 확률로 평소에 예의도 바르고 어른에게 공손합니다. 선생님과 복도에서 마주쳤을 때 멀뚱멀뚱 바라만 보고 지나가는 아이와 교내에서 마주칠 때마다 씩씩하게 인사를 건네는 아이가 있다면 선생님은 누구의 이름을 먼저 외울 수 있을까요?

둘째, 수업 전후로 선생님께 말을 거는 것입니다. 초등학교와 달리 중학교는 과목마다 선생님이 다르므로 아이들이 교실에 있으면 시간표에 따라 해당 과목 선생님이 교실로 오게 됩니다. 그때 복도에서 아이들과 마주치기도 하고, 수업을 시작하기 전이나 수업이 끝난 직후에 교실에서 아이들과 대화를 나눌 수 있는 시간이 있는데요. 아주 짧은 시간이지만 이때 선생님에게 말을 걸면 대부분 선생님은 반갑게 들어주시고, 그 짤막한 대화를 기억하여 아이에 대한 정보를 머릿속에 입력하게 됩니다.

선생님에게 어떤 말을 해야 할지 모르겠다면, 흔하디흔한 날씨 얘기도 좋습니다. "선생님, 오늘 날씨 정말 좋지 않아요? 전 이렇게 맑은 날씨가 좋아요." 이런 인사를 건네도 좋고 "선생님, 오늘 하신 목걸이 예뻐요. 잘 어울리세요." 라고 가볍게 칭찬의 말을 해드려도 좋습니다. "선생님, 오늘 수업 정말 재미있었어요."라고 수업에 관해 얘기를 한다면 더 좋고요. 이러한 긍정적인 말 한마디가 교사에게도 힘이 될 뿐 아니라, 아이에 대한 호감도를 올리고, 아이에게

한 번 더 눈길을 주게 만듭니다.

셋째, 친해지고 싶은 선생님이 지도하는 동아리에 들어가는 것도 하나의 방법입니다. 학교에는 다양한 동아리 활동이 있습니다. 미술부, 밴드부, 도서부, 또래 상담부, 배드민턴부, 방송부, 사진부 등 학교마다 동아리는 다 다르지만, 기본적으로 교내 선생님들이 전공과 관련된 부서를 담당하여 지도하는 경우가 많습니다. 예를 들어 미술 선생님이 미술부, 음악 선생님이 밴드부, 사서 선생님이 도서부, 상담 선생님이 또래 상담부, 체육 선생님이 배드민턴부…. 이렇게 동아리 활동을 하다 보면 선생님과 더 깊은 유대 관계를 쌓을 수 있게 됩니다.

물론 교사는 모든 아이에게 관심을 두고, 모든 아이를 두루 살피려고 노력합니다. 그러나 현실적으로 학교는 단체 생활을 하는 곳이고, 한 명의 교사가 수십 명, 수백 명, 학교 규모에 따라 수천 명의 아이를 동시에 대해야 하죠. 부모가 자식이 여럿 있을 때 모든 아이를 사랑하지만 어떤 아이는 혼자서도 잘하고, 어떤 아이는 도움의 손길이 좀 더 필요하기에 그에 따라 에너지를 쏟는 양과 방향이 다른 것처럼, 교사도 마찬가지입니다. 그러므로 혹시 자녀가 선생님과 친해지고 싶어 한다면, 내 아이가 선생님과 좀 더 친해지길 바란다면, 부모님께서 앞에 말한 방법들을 아이들에게 조언해주시면 좋겠습니다.

23

아이의 사춘기, 어떻게 대처해야 할까요?

이름만 들어도 무서운 사춘기, 부모는 아이의 사춘기를 어떻게 대처해야 할까요? 모든 어른이 사춘기를 겪고 어른이 되었지만, 자녀의 사춘기를 대하는 것은 부모로서 쉬운 일이 아닙니다. 자녀의 사춘기를 슬기롭게 대처하려면 사춘기가 무엇인지 사춘기에 대해 부모가 먼저 알고, 이해하는 자세가 필요하겠습니다.

사춘기는 육체적, 정신적으로 어린이에서 성인이 되는 시기로서 사람마다 다르지만 평균적으로 만 11~13세부터 시작됩니다. 요즘은 아이들의 성장이 빨라지면서 초등학생 때부터 사춘기가 찾아오는 경우가 많다고 하지만, 일반적으로 가장 많은 아이가 사춘기를 겪는 시기는 중학생 때입니다. 따라서 부모와의 갈등도 중학교 때 최고조를 이룹니다. 오죽하면 북한이 남침을 못 하는 이유가 '중2가 무서워서'라는 우스갯소리가 있을까요.

실제로 중2가 되면 사춘기의 절정을 겪으면서, 학교에서도 달라지는 아이들을 많이 보게 됩니다. 심지어 이때의 중학생들은 초등학생들보다도 감정 기복이 심하고, 충동적인 행동을 많이 합니다. 이런 아이를 보며 부모들은 "초등학교 때까지는 잘하던 아이가 중학생이 되며 변했다."라고 걱정을 하지만 사실 사춘기에 아이들이 변하는 것은 당연한 현상입니다. 아동기까지 유지해왔던 안정적인 뇌 구조가 깨지고 시스템을 정비하면서 새로운 혼란을 겪는 시기이기 때문입니다.

청소년들이 감정적이고 충동적으로 행동하는 이유는 아이들의 뇌가 어른들의 뇌와 다르기 때문인데요. 어른들의 뇌는 전두엽의 발달이 끝났지만, 중학생의 뇌는 발달 초기에 있어서 불안정합니다. 구체적으로 뇌의 인지를 담당하는 영역과 감정을 담당하는 영역 간의 발달이 불균형을 이루면서 여러 가지 문제가 나타나곤 하지요. 쉽게 말하면 사춘기의 아이들은 감정의 영역이 급격히 발달하지만, 그것을 다스리고 조절하는 인지 영역은 그만큼 발달하지 못합니다. 그래서 부모나 선생님, 친구의 사소한 말이나 행동에도 쉽게 흥분하고 상처를 받는가 하면, 합리적으로 판단하고 조절하는 능력이 미약하지요.

이뿐 아니라 사춘기에는 성호르몬이 두드러지게 분비되면서 신체에도 많은 변화가 나타나는데 이 호르몬은 신체뿐 아니라 정서적으로도 많은 영향을 끼칩니다. 자신도 모르게 감정이 급격하게 변하기도 하며 기존에 느꼈던 정서가 두 배, 세 배로 더 강력하게 자신을 지배하기도 합니다. 예를 들어 불안이 있었던 아이는 불안이 증폭되거나, 공격성이 내재되어 있는 아이는 공격성이 더 강력하게 분출되는 것이죠. 또한 사춘기 때는 성호르몬이 편도핵[6]을 자극해서 별 이유 없이 분노, 불안, 공포가 몰려오기도 합니다.

6) 두뇌 가장 아랫부분에 위치한 기관

따라서 자녀의 사춘기를 현명하게 대처하려면 기본적으로 사춘기의 이런 특징을 이해하는 것이 중요합니다. 사춘기 때 아이들이 일으키는 문제는 대부분 이러한 우리 몸의 변화 때문에 일어나는 것이기 때문에 부모는 아이가 마음에 들지 않는 행동을 하더라도 일단 아이를 질책하기보다는 아이를 이해하는 마음을 갖고 '네가 많이 힘들겠구나.'라는 마음으로 접근을 해야하는 것이죠.

물론 잘못된 행동은 바로잡아야 하지만 어느 때보다 조심스럽고 중요한 시기이므로 혹시 아이가 잘못을 했더라도 그 방식이 인격적으로 비난하고 공격하는 것은 금물입니다. 무섭게 훈계하기보다는 아이의 마음과 행동을 진정시킬 수 있도록 부드러운 분위기에서 해결 방법을 찾아야 하는데요. 아이는 자신이 이해받지 못한다고 느낄 때 더 좌절하고, 공격적인 행동을 할 수 있으니 부모가 아이를 이해하려고 노력하고 있다는 신호를 보여주는 것이 좋습니다. 그리고 그 신호의 첫걸음은 아이의 말을 끝까지 들어주고, 아이의 말에 공감을 해주는 것입니다. 또 사춘기 자녀와 대화를 할 때는 태도보다는 말의 내용에 중점을 두어야 합니다. 보통 아이의 불손한 태도, 반항적인 태도를 부모가 문제 삼으면서 부모와의 갈등이 증폭되는데, 이 시기 아이들을 대할 때는 태도나 말투에 집중하기보다는 말 속에 들어있는 아이의 속마음을 들여다보는 부모의 노력이 필요하겠습니다.

중학생의 이성 교제와 성교육, 어떻게 해야 할까요?

중학교는 신체적으로 왕성한 성장이 일어나고, 호르몬의 영향을 받는 시기인 만큼 이성에 관한 관심과 호기심도 많은 시기입니다. 그러다 보니 이성 교제를 하는 아이들도 많고, 성에 눈을 뜨게 되는 아이들도 많습니다. 초등학생 때야 이성 친구와 사귄다고 하면 귀엽게 봐줄 수 있지만, 중학생이 되어 자녀가 이성 교제를 하게 되면, 걱정부터 되고, 어디까지 허용을 해야 할지 부모로서는 고민이 되는 것이 사실입니다.

이 시점에 "중학생의 이성 교제, 허락해도 괜찮을까요?"라는 질문을 하신다면 그건 이미 부모가 허락하고 말고 할 문제가 아니라는 답변을 드려야 할 듯합니다. 부모가 허락을 안 한다고 해서 요새 아이들이 이성 친구를 안 사귈 것도 아니고, 또 강제로 못 만나게 한들 더 큰 부작용을 감내해야 할지도 모르는 일이지요. 차라리 아이가 이성 교제를 감추고 부모 몰래 하지 않도록, 부모가 나서서 축하해주고, 건전한 교제를 할 수 있도록 제대로 된 성교육을 해주어야 합니다.

"아직 어린데 네 나이에 무슨 남자 친구야. 공부나 해."
"지금은 여자 친구 사귈 때가 아니야. 연애는 어른이 되어서 하는 거야."

혹시 자녀에게 이렇게 말씀을 하진 않으셨겠죠? 이성 친구가 생겼다는 아이의 말에 이렇게 반응하신다면 아이는 앞으로 부모에게 더 마음의 문을 닫아버릴지도 모릅니다. 부모님도 연애를 해보셔서 알겠지만 반대하고, 헤어지라고 재촉할수록 남녀 관계는 더 애틋해지기 마련이니까요.

그럼 부모로서 자녀의 이성 교제를 어떻게 바라보아야 할까요? 핵심은 아이의 이성 교제를 모르는 척하거나, 반대하는 것이 아니라 자연스러운 일로 인정하고 수용하는 것입니다. 요즘 아이들은 우리 때와 다릅니다. 예전에야 소위 노는 학생들이 이성 교제를 했다지만 요즘은 공부를 잘하는 학생들, 성적이 좋은 학생들도 연애를 합니다. 이성 교제를 한다고 무조건 공부에 방해가 되는 것도 아니고, 오히려 건전한 이성 교제는 아이의 학교생활이나 공부에도 도움이 될 수도 있습니다. 또한 대부분 아이는 이성 친구가 생겨도 3개월 안에 사귀다 헤어지기 때문에 미리 너무 걱정할 필요는 없습니다. 다만 지나치게 상대방에 집착하거나 정서적으로 의존할 때, 과도한 신체접촉이나 성적인 문제가 있을 때는 부모의 적절한 개입이 필요하며, 그런 문제가 발생하기 전에 부모가 건전한 이성 교제를 유도하는 것이 중요합니다. 그렇다면 건전한 이성 교제는 어떻게 유도할 수 있을까요? 이때 중요한 것이 제대로 된 성교육입니다.

부모들은 아이들이 성에 대해 모른다고 생각하지만, 아이들은 부모님이 생각하는 것 이상으로 훨씬 더 성에 대해 많이 알고 있습니다. “우리 애는 아닐 거야. 우리 아이는 그런 쪽으로 관심이 없어.”라고 생각한다면 그건 부모님만의 착각일 수도 있단 뜻입니다. 설령 아이가 진짜 관심이 없어도, 부모가 먼저 성에 대해 알려주어야 합니다. 성에 대한 문제는 감출 것이 아니라 혹시 잘못 알고 있을 수 있는 성 지식을 바로잡는다는 생각으로 접근을 하는 것이 좋습니다. 물론 학교에서 기본적으로 성교육을 시행하지만, 성을 대하는 태도와 책임감을 가르치는 것은 결국 부모의 몫이 됩니다. 요즘 엄마들은 성교육 강사를 초빙해서 그룹별로 성교육을 시키기도 하지만 가장 중요한 건 가정에서 엄마, 아빠와 성에 대해 감추지 않고 얘기할 수 있는 분위기와 관계를 만드는 것입니다.

★ 유아의 성교육

성교육은 어느 순간 갑자기 한 번 하고 마는 것이 아니라 아이들이 어릴 때부터 아이의 수준에 맞게 자연스럽게 이루어져야 합니다. 아이들은 3~4세에 신체 부위에 대한 호기심이 생기고, 자신의 성에 대해 인식하기 시작하는데요. 이때 남자와 여자의 신체 구조가 다르다는 것을 알려주고, 생식기의 명칭을 물어보면 정확히 명칭을 알려주는 것이 좋습니다. 5~7세는 아기가 어떻게 생기고 어디로 나오는지 궁금해하고, 또래끼리 성과 관련된 놀이를 하기도 하며 성과 관련된 호기심이 왕성해집니다. 따라서 유아 때부터 일상에서 성이 자연스럽게 흘러가도록 하는 것이 중요합니다. 성을 특별하고 민망한 것이 아니라 언제라도 편하게 이야기할 수 있는 일상적인 주제로 만들어 두는 것입니다. 아이와 수시로 성에 대한 이야기를 나누고, 아이가 언제라도 성에 대해 이야기할 수 있도록 분위기를 조성하는 것이 관건이겠지요.

★ 초등학생의 성교육

초등학생이 되면 학교에서 다양한 주제로 성교육을 받게 되는데 저학년기에는 자신과 다른 사람의 몸에 대한 이해와 존중에 집중하고, 고학년기부터는 성 정체성과 성적 성숙에 대한 이해를 목적으로 좀 더 실질적이고 구체적으로 성교육이 이루어집니다. 따라서 부모는 아이의 연령에 맞게 성교육을 어떻게 해야 하는지 관심을 가지고, 성에 대해서 꾸준하게 대화를 해나가면 좋겠습니다. 그동안 아이와 성에 대해 얘기할 기회가 없었더라도, 아직 늦지 않았습니다. 갑자기 얘기하기가 어색하다면, 아이가 학교에서 성교육을 받고 왔을 때, 오늘 배운 내용이 어땠는지, 더 궁금한 건 없는지 질문을 던져보면 어떨까요? 이때 주의할 점은 아이와 성에 관한 주제로 대화를 할 때는 아이가 어떤 질문을 하더라도 당황하지 말고, 당당하게 들어주어야 한다는 것입니다. 또 아이가 수위 높은 질문을 하더라도 "너 그런 거 어디서 들었어? 이상한 유튜브 본 거 아니야?"식의 반응은 금물입니다. "오, 그런 것이 궁금했구나. 맞아, 엄마 아빠도 너 나이 때 그게 궁금했었어." 하고 자연스럽게 대화를 이어나가는 것이 좋습니다.

★ 중학생의 성교육

얼마 전 지상파의 한 예능 프로그램에서 전체 청소년의 5.7%가 성관계 경험이 있고, 성관계를 시작한 나이는 평균 만 13.6세라고 조사되었다고 말해 충격을 준 일이 있습니다. 이 설문 결과는 2018년 청소년 60,040명을 대상으로 조사한 '14차(2018년) 청소년 건강행태조사 통계'에 따른 것인데요. 이 통계에 따르면 중학생 때부터 성관계를 경험한 학생이 있다는 것이며, 지금은 그 수치도 더 많아졌을 것이라 추정됩니다. 중학생을 대상으로 하는 성교육이 얼마나 중요한지를 느끼게 하는 자료이기도 합니다. 성관계의 연령이 이처럼 낮아진 데는 대중문화의 영향이 큽니다. 중학생은 대중문화에 영향을 많이 받는데, 문제는 대중문화가 성을 주요 매개로 삼는다는 것입니다. 대중문화에서는 성을 상품화하고, 성을 인격의 만남이 아닌 쾌락의 도구로 사용합니다. 아이들이 따라 하는 여자 아이돌의 춤만 봐도, 여성의 몸을 관능적으로 표현하고, 섹슈얼리티를 강조하고 있죠. 또 인기 있는 드라마에서는 범죄에 속하는 데이트폭력을 사랑으로 미화시키기도 하고요. 이러한 문화 속에서 아이들은 알게 모르게, 성에 대해 그릇된 가치관을 가질 수 있습니다. 따라서 이 시기의 아이들에게 올바른 성 가치관을 확립해주고, 남녀 간의 성관계가 생명과 직결되는 것임을 인지시켜주어야 합니다. 성관계는 생명으로 연결되는 다리이므로 성 앞에서 심사숙고해야 하며, 성인이 되어 자신의 행동에 책임을 질 수 있을 때까지 기다려야 한다는 걸 반드시 알려주어야 합니다.

궁금해요! 중학교

'학부모'편

학부모 총회, 꼭 참석해야 할까요?

3월이 되면 모든 학교는 학부모 총회를 개최하게 됩니다. 요즘은 맞벌이 부모들이 많고, 학교에서 딱히 부모가 하는 활동도 없는 것 같은데 왜 굳이 학부모 총회를 시행하는 것인지 의문이 드실 수 있어요. 실제로 학부모 총회에 참석하는 학부모도 많지 않고, 괜히 학부모 총회에 참석했다가 뭔가 직책을 떠맡을까봐 참석을 꺼리는 부모도 있습니다. 학부모회장이 선출되어도, 사실 누가 학부모회장인지 알기도 어렵고, 몇몇 적극적인 부모를 제외하고는 학부모회는 나와 상관없는 일이라고 생각하기도 하고요. 그렇다면 학부모 총회는 꼭 가야 하는 걸까요? 결론부터 얘기하자면, 아무리 바쁘더라도 내 아이의 학교생활이 궁금하다면, 자녀의 교육에 관심이 있다면 학부모 총회는 참석하는 것이 좋습니다. 그 이유를 세 가지로 정리해보겠습니다.

1) 학교생활에 대한 전반적인 정보 습득

학부모 총회에 참석하면 전년도 진학실적을 비롯해 올해 교육과정, 학교 운영 방향, 연중행사, 학사 일정, 방과 후 교실, 동아리 활동 등 학교생활 전반에 대한 정보를 얻을 수 있습니다. 또 학교에 따라 학교폭력예방교육, 청렴 교육 등 학부모 연수가 함께 이루어지기도 합니다. 물론 한정된 시간 안에 이러한 내용이 다 머릿속에 들어오지 않을 수 있어서 배부되는 총회 자료집을 참고하면 좋고, 혹시 총회에 참석하지 못한다면 추후 학교 홈페이지에 올라오는 학부모 총회 자료집과 연수물을 따로 챙기는 것이 좋습니다.

이 밖에도 학부모 총회에서는 전체 교사진이 소개되기 때문에 담임교사뿐 아니라 다른 과목의 선생님을 만날 수 있다는 장점이 있는데요. 중학교의 경우 초등학교와 달리 과목마다 선생님이 달라서, 담임 선생님을 제외하고 과목 선생님이 학부모와 소통할 일은 많지 않습니다. 그래서 혹시 아이가 특별하게 상담이 필요한 과목이 있다면, 별도로 상담을 요청할 수도 있지만, 학부모 총회를 활용하는 것도 방법이 됩니다. 예를 들어 미술이나 음악, 체육 특기생의 경우 해당 과목 선생님이 누구인지 파악하고, 선생님과 안면을 익혀두면, 추후 상담할 때 훨씬 도움이 될 수 있겠지요.

마지막으로 학부모 총회에서 교장 선생님 말씀을 통해 교장 선생님의 성향과 분위기, 학교 운영 방침 등을 파악하는 기회가 되기도 합니다. 특별한 일이 없는 한 학부모가 교장 선생님과 대화를 나눌 일은 흔치 않기 때문입니다.

2) 담임교사와 소통할 기회

학부모 총회가 끝나면 대부분 담임교사와의 시간이 이어집니다. 각 교실로 이동하여 담임교사와 인사를 나누고, 우리 아이가 공부하는 교실도 둘러볼 수 있습니다. 여러 학부모가 있어서 학부모 상담주간처럼 1대 1로 내 아이에 대해 상담을 한다기보다는 학교생활을 어떻게 시작하면 좋은지, 선생님의 학급 운영 방침이나 교육 철학은 어떻게 되는지 파악할 기회로 삼으면 좋습니다. 혹시 맞벌이라 나중에 시간을 또 내기 어려운 경우라면 학부모 총회에 와서 담임교사와의 시간에 선생님과 인사를 나누고 안면을 익힌 후 나중에 전화로 상담하는 것을 추천해드립니다.

3) 다른 학부모와 교류하고 소통할 수 있는 창구

학부모 총회에 참석하면, 학교 운영위원회 학부모 위원이나 학부모회의 임원을 비롯하여 학급 대표, 학년 대표를 선출하고 학부모 단체를 조직하는 데 참여하게 됩니다. 또 특별히 직책을 맡지 않더라도 다른 학부모와 인사를 하고 연락처를 교환하면서 소통하고 교류하는 기회를 얻게 됩니다. 이렇게 학부모들끼리 서로 교류하게 되면 사안이 있을 때마다 소식을 주고받을 수 있고, 교육활동 전반에 대한 소식도 들을 수 있어 자녀의 학교생활에 도움이 되는데요. 요즘은 개인정보 보호법 때문에 학교에서 같은 반 엄마들의 연락처를 함부로 알려줄 수 없으므로 총회에 참석한 엄마들끼리 반 모임을 결성하는 경우도 많습니다. 특히 이제 막 중학교에 입학한 중학교 1학년 자녀를 둔 학부모의 경우, 학교에 대한 정보가 부족하므로 학부모 총회에 참석하여 정보를 공유받는 것이 좋겠습니다.

지금까지 학부모 총회에 참석하면 좋은 이유에 대해 살펴보았습니다. 물론 학부모 총회에 참석하지 않았다고 해서 불이익이 있거나, 담임 선생님 및 다른 학부모들과 교류할 수 없다는 뜻은 아닙니다. 다만 학부모 총회에 참석하면 이런 장점들을 활용할 수 있으니 자녀가 학교생활을 하는 데 좀 더 도움이 될 수 있다는 뜻입니다. 실제 학교 현장에서도 학부모회에 참석하는 학부모보다 여러 사정으로 참석하지 못하는 학부모가 훨씬 더 많으니 불참한다고 해서 걱정은 하지 않으셔도 됩니다.

26

헷갈리는 학부모회와 학교운영위원회, 뭐가 다를까요?

학교에서 학부모가 참여할 수 있는 자치 기구는 크게 학부모회와 학교운영위원회(학운위)로 나눌 수 있습니다. 둘 다 학부모가 참여한다는 공통점이 있지만, 그 구성원과 역할이 다른데요. 먼저 학부모회와 학운위가 헷갈린다면 이렇게 기억하면 됩니다. 학부모회가 오직 학부모로 구성된다면, 학운위는 학교의 여러 구성원이 함께 모여 구성된다는 것! 뒤에서 살펴보겠지만 학운위는 학부모 위원뿐 아니라 교원 위원과 지역 위원이 함께 참여하게 됩니다.

그럼 먼저 학부모회란 무엇인지 개념부터 알아보겠습니다. 학부모회란 '해당 학교의 전체 학부모로 구성되며, 교육공동체의 일원으로서 학교 교육 발전에 이바지하기 위하여 학교 교육 활동에 참여·지원하는 기구'입니다. 정의에도 나와 있듯이, 해당 학교에 재학하는 학생의 학부모 전체가 학부모회의 일원이 되는데요. 다시 말하면 자녀가 학교에 입학하면 내가 학교에 가서 활동하든 하지 않든 자동으로 학부모회에 가입된다는 뜻입니다. 그럼 학부모회는 어떻게 구성되며 학교에서 어떠한 역할을 하는 걸까요?

학부모회는 앞에서 말한 해당 학교에 재학하는 학생의 학부모 전체를 회원으로 하며, 임원은 회장, 부회장, 감사로 구성되고, 임기는 선출일 다음 날부터 다음 학년도 정기총회일까지입니다. 학부모회 임원은 학부모 총회에서 민주적인 절차에 의하여 선출하며 학교에 따라 대의원회, 학년별 학부모회, 학급별 학부모회, 기능별 학부모회를 구성할 수 있습니다. 이렇게 구성된 학부모회가 학교에서 하는 기능은 다음과 같습니다.

- **학부모회의 기능**: 학교 운영에 대한 의견 제시, 학교 교육 모니터링. 학교 교육활동 참여 및 지원, 자녀교육 역량 강화를 위한 학부모 교육, 그 밖의 학부모 학교 참여 사업 등

과거보다 학부모의 역할이 많이 줄었다고 하지만 사실 학부모는 학생회, 교직원회와 함께 학교자치의 교육주체로 중요성이 계속 커지고 있어요. 2013년도 경기도를 시작으로 학부모회 조례가 대구를 제외한 모든 시도 교육청에 제정되었고(2023년 기준), 조례 제정으로 모든 학교에서는 학부모회가 법적 기구로서 자리매김하게 되었습니다.

한편 학운위는 교직원, 학부모, 지역 주민 등 교육공동체 구성원들이 참여하여 학교 운영의 중요한 사항에 대해서 민주적 절차에 의해 자율적으로 결정할 수 있는 심의 기구인데요. 학운위는 초·중등교육법에 따라 모든 학교에 설치 운영하게 되어 있어요. 학운위에서 하는 일들은 다음과 같습니다.

- **학교운영위원회의 기능**: 학교 예산안과 결산, 학교운영지원비의 조성, 운영 및 사용, 학교급식, 학교 교육과정의 편성 및 운영, 교복 및 졸업앨범 등 학부모 경비 부담 사항, 공모 교장의 공모 방법, 임용, 평가 등, 학교 운영 전반에 대해 심의·자문

학교 자치 실현에 있어 학부모 자치는 빼놓을 수 없는 성공의 열쇠입니다. 학부모가 교직원, 학생과 협업하여 자율적으로 학교 운영을 지원한다면 소통의 부재로 일어나는 문제점도 줄어들 것이며, 학교의 모든 일에 함께하는 든든한 한 팀이 될 것입니다. 학부모회든 학교운영위원회든, 학부모가 되었다면 학교에 좀 더 관심을 두고 참여해보는 건 어떨까요?

27

중학생인데 학부모 상담을 가야 할까요?

3월 말쯤이 되면 대부분의 학교에서 학부모 상담주간을 공지하고, 담임교사가 학부모를 대상으로 상담을 시행합니다. 보통은 가정으로 가정통신문을 발송하면 학부모가 학교에 방문하여 상담을 할 수 있는 날을 표시하여 회신하고, 교사는 일정을 조율하는데요. 그러나 생각보다 학부모 상담을 신청하는 부모는 그리 많지 않습니다. 맞벌이 부모의 경우 직장 생활을 하면서 따로 시간을 내어 오기가 힘들기도 하겠지만, 시간이 될 때도 특별히 상담할 내용이 없으면 굳이 학교에 방문하여 상담하지는 않는 듯합니다. 실제로 학기 초에는 담임 선생님께 별로 할 말이 없기도 하고, 막상 학부모 상담에 가더라도 무슨 말을 해야 할지 부담스럽고 막막하기 때문이겠죠. 또 초등학교 때와 달리 중학교는 자녀 스스로 잘해나갈 거라는 믿음과 학교에서 부모의 역할이 크지 않다는 생각에 굳이 상담을 오지 않으시기도 하고요. 하지만 학부모 상담, 이대로 정말 안 가도 괜찮은 것일까요?

결론부터 말씀드리면 학부모 상담에 가시기를 권해드립니다. 학부모님들의 기대와 달리 학생들은 사춘기를 겪으며, 초등학교 때 잘하던 아이도 오히려 중학교에서 적응을 잘하지 못하기도 합니다. 특히 이제 막 중학교에 입학한 신입생의 경우 학생도, 학부모도 학교에 대해 잘 모르기 때문에 되도록 부모님이 학부모 상담 때 오셔서 학교에 대한 전반적인 것들을 파악하는 것이 좋습니다. 학부모와 교사는 아이를 사이에 두고, 함께 걸어가야 할 동반자이자 파트너이므로 서로 협업하는 것이 중요한데, 학기 초 이루어지는 학부모 상담은 서로가 인사를 나누고 소통을 시작하는 첫 단추가 됩니다. 특히 학기 초에 실시하는 상담은 학부모로서는 사랑하는 자녀를 1년 동안 책임지고 지도할 담임교사가 누구인지 확인하고, 교사로서는 학생에 대한 정보를 얻을 수 있는 핵심 통로가 됩니다. 그럼 결국 학생의 성장을 도모하는 데 상담이 발판이 되어 제대로, 제때 학생을 지원할 수 있게 되죠.

여기까지 읽으시면, 상담을 하긴 해야 하는데 어떤 마음으로 가야 상담을 잘할 수 있을지 의문이 생기실 거예요. 지금부터는 생각의 전환이 필요합니다. 학기 초 학부모 상담은 선생님께 우리 아이에 관한 얘기를 들으러 가는 게 아니에요. 부모님들은 아이가 학교에서 어떤지, 공부는 잘하는지, 친구들과는 잘 지내는지, 이런 것들이 궁금하시겠지만, 3월은 사실 그러한 것들을 다 파악하기에는 너무 짧은 시간이죠. 물론 상담주간이 언제냐에 따라 담임 선생님이 아이의 특성을 어느 정도 파악을 할 수도 있지만, 대부분은 파악이 어렵습니다. 특히 중학교는 초등학교와 달리 담임교사가 아이들과 함께 하는 시간은 조례와 종례 시간, 그리고 자신의 교과목 시간에 한정되기 때문에 좀 더 시간이 필요해요. 그럼 이 시기 학부모 상담은 왜 하는 걸까요? 바로 담임 선생님께 우리 아이에 대한 정보를 드리기 위해 하는 거예요.

제가 근무하는 학교에서는 코로나 이전까지만해도 학기가 시작되자마자 학생들의 집에 가정 방문을 다녔습니다. 담임교사가 집에 방문하며 부모님을 만나고, 가정환경을 파악하여 혹시나 도움이 필요한 학생이 있는지를 살폈던 것인데요. 이렇게 상담한 내용을 정리하여 특이사항을 공유하고, 학생의 학교생활 적응을 돕는 기초자료로 활용하였습니다. 너무나 정신없이 바쁜 3월 초에 굳이, 학부모 상담주간을 잡는 이유는 조금이라도 빨리 학생들을 파악하기 위해서였죠. 지금은 이런 가정방문이 사라졌지만, 여전히 전화로 학부모 상담을 실시하면서 아이들에 대한 정보를 파악하고 있습니다.

이처럼 학부모 상담은 교사로부터 우리 아이에 관한 얘기를 듣기 위해서라기보다는, 학부모가 학생의 정보를 공유하는 시간이라고 생각을 전환하시면 좋겠습니다. 그럼 이렇게 생각을 전환하신 뒤에는 어떻게 해야 할까요? 바로 학기 초 상담은 상담을 주도하는 것이 교사가 아니라 학부모님이 되어야 한다는 사실을 인지하시면 됩니다. 즉, 선생님이 어떤 얘기를 할지 기다리기보다 부모가 아이에 대해 선생님이 아셔야 할 내용을 중점적으로 말씀드리면 됩니다. 그러려면 상담에 가기 전에 아이의 성향과 특성을 부모가 먼저 파악해야 합니다. 아이의 장단점, 교우관계, 학습 태도, 특이사항 등을 미리 정리하신 뒤 상담 시간에 말씀해주시면 좋습니다. 이때 혹시나 아이의 안 좋은 부분을 미리 얘기해서 선생님이 선입견을 품을 것이라는 두려움은 갖지 않으셔도 됩니다. 교사는 전문가입니다. 생각보다 부모님이 말씀하신 것을 그대로 받아들이지 않아요. 말씀하신 것을 참고로 하되 선생님의 눈으로 다시 아이를 관찰하고 객관화된 시각으로 판단할 것이니 그런 염려는 접어두셔도 좋습니다.

처음 만나는 담임 선생님, 어떻게 대하면 좋을까요?

학부모 상담을 꼭 해야 하는 것도 알겠고, 가서 어떤 말을 해야 하는지도 머릿속으로 알겠는데, 막상 담임 선생님을 처음 뵈면 어떻게 대하면 좋을지 막막하긴 합니다. 처음 만나는 사람이니 어색하고 낯선 건 당연해요. 그건 교사도 마찬가지입니다. 특히 대부분은 3월 학부모 총회나 학부모 상담주간에 교사와 학부모가 만나게 되는데요. 핵심은 담임 선생님을 대할 때 우리 아이를 위해 1년 동안 애써주실 동반자, 조력자라고 생각하고 호의적으로 대해주시면 됩니다. 괜히 처음부터 선생님을 경계하거나 방어적으로 대하실 이유가 없다는 거예요. 비록 그 선생님에 대해 알지 못하고 전혀 정보가 없더라도, 우리 아이의 담임 선생님이라는 사실 하나만으로 호감을 느껴주시면 좋겠습니다. 그럼 선생님을 대하는 말투나 표정, 행동에도 자연스럽게 좋은 감정이 묻어날 것이고, 교사도 그걸 느끼게 돼요.

왜 그래야 하냐고요? 담임 선생님은 1년 동안 부모와 함께 아이를 지도할 파트너니까요. 교사와 학부모는 협력적 관계이므로 적대시할 필요가 없습니다. 아니, 적대시하면 안 됩니다. 우리 아이에게 손해인 거예요. 담임 선생님은 내 아이가 잘 자라기를 간절히 원하는 사람, 나와 아이의 든든한 지원군입니다. 소중한 내 아이를 위해서 이렇게까지 마음을 쓰는 사람이 가족 외에 또 누가 있을까요?

교사들은 담임이 되면 학교에서는 내가 '이 아이들의 보호자'라는 생각으로 아이들을 지도합니다. 가정에 학부모님이 계신다면, 학교에서는 담임교사가 아이를 보호하고, 지켜주는 존재라 생각하고 아이들에게 최선을 다하죠. 학교에서 학생에게 무슨 일이 생겼을 때 가장 먼저 뛰어가고, 걱정할 사람…. 수많은 선생님 중 아이에게 가장 관심을 두고, 사랑을 줄 사람은 기본적으로 담임 선생님이란 점을 잊지 말아 주세요.

물론 선생님도 사람이기 때문에 모든 선생님이 다 좋은 선생님은 아닐 수 있어요. 일부 그렇지 않은 교사도 있을 수 있겠지만 그건 어디까지나 개인의 문제인 거고, 대다수 선생님은 소명 의식을 가지고 아이들을 대합니다. 그러니 기본적으로 학부모님은 선생님을 믿고, 긍정적으로 바라봐주시면 좋겠습니다. 그래야 내 자녀도 선생님을 존경하고, 선생님과 좋은 관계를 형성할 수 있어요. 내 아이가 학교생활을 잘하길 바라고, 학교에서 행복하길 바란다면, 부모님부터 선생님을 존중해주시고, 신뢰해주셨으면 좋겠습니다.

최근 학부모와 교사 사이에서 불미스러운 일이 발생하여 사회적으로 문제가 되기도 하고, 가슴 아픈 일이 발생하기도 했습니다. 옛말에 스승의 그림자도 밟지 않는다는 말이 있죠. 요즘 사회에 그런 것까지 바랄 수는 없지만, 최소한 내 아이를 가르치는 선생님에 대한 예의는 지켜주셨으면 하는 바람입니다.

학부모 상담에서 선생님께 아이에 대해 부정적인 말을 듣는다면?

학기 초 상담에서는 앞서 말씀드린 것처럼 아이에 대한 정보를 공유하는 자리이기 때문에, 웬만해서는 학기 초 상담에서 교사가 학생에 대해 고쳐야 할 부분을 언급하지는 않습니다. 아직 학생에 대해 파악이 덜 되기도 하였고, 좀 더 지켜봐야 하는 단계이니까요. 하지만 만일 선생님이 학부모님께 아이의 문제에 대해 언급한다면 그건 최소한 세 번 이상 고민하시고 말씀하시는 그거로 생각하시면 됩니다. 이때 가장 주의해야 할 점은 "우리 아이가 그럴 리는 없다."라며 교사의 말을 믿지 않는 것이에요. 이건 부모가 아이를 믿어주는 것과는 다른 문제입니다.

아이들은 가정에서 보이는 모습과 학교에서의 모습이 매우 다를 수 있어요. 이 다름을 인정해야 합니다. 아주 당황스러우시겠지만, 사실 상당수의 아이가 가정에서와 학교에서 다른 모습을 보입니다. 긍정적인 방향이든 부정적인 방향이든, 부모가 보는 아이와 다른 사람이 보는 아이는 다를 수가 있거든요. 그런데 이걸 인정하지 않으면, 선생님이 아이에 대해 부정적인 말씀을 했을 때 받아들이기가 힘듭니다. 담임 선생님을 신뢰하지 않으면, 우리 아이가 그럴 리가 없는데 담임 선생님이 우리 아이만 미워한다고 오히려 담임 선생님을 미워하게 되는 경우도 발생하지요.

정말 선생님이 우리 아이만 미워하고 부정적으로 보는 걸까요? 대부분 교사는 아이를 위해서, 아이를 사랑하기 때문에 관심을 두고 부모님께 얘기를 해드려요. 아이에게 관심이 없다면, 무심하다면, 힘들게 그런 이야기도 하지 않아요. 그러니 혹시 선생님이 아이가 고칠 점이 있다고 말씀을 하시거나, 아이의 잘못에 대해 언급하신다면 기본적으로 담임 선생님을 신뢰하시고, 선생님의 말씀을 수용해주시면 좋겠습니다.

이 부분이 되지 않으면 그다음으로 진행이 되지 않아요. 즉 부모님이 교사의 말을 수용하지 않으면, 그 뒤로는 아이의 잘못된 점을 개선하거나 바로잡기가 힘들어집니다. 담임교사 혼자서는 아이를 바꾸기 어렵거든요. 부모가 함께 노력해야 아이를 긍정적으로 바꿀 수 있습니다.

1학기 학부모 상담에 못 가면 어떻게 해야 할까요?

학기 초 상담을 하는 이유는 앞에서 학생에 대한 정보 공유라고 그 목적을 말씀드렸지만, 또 한 가지 목적이 있습니다. 바로 선생님과 래포Rapport, 즉 신뢰관계를 형성하는 것입니다. 래포란 상담에서 많이 쓰는 용어로 '상호간에 신뢰하며, 감정적으로 친근감을 느끼는 인간관계'를 뜻합니다. 즉 선생님과 안면을 트고, 친밀감을 형성하러 가시는 거예요. 그렇다면 선생님이 나를 친밀하게 느끼려면 어떻게 하는 게 좋을까요?

방법은 간단합니다. 담임 선생님이 아이에 대해 언제든지 마음 편히 얘기할 수 있도록 "선생님, 아이가 고쳐야 할 점이 있으면 언제든지 말씀해주세요."라고 말해놓는 것이 중요해요. 이러한 말 한마디가 선생님에게는 '아, 이분은 마음이 열려 있는 분이구나.'라는 생각과 함께 무슨 일이 생겼을 때 학부모님께 바로 연락을 취할 수 있게 만듭니다. 또한 아이의 교육과 성장에 관심이 있는

분이라는 긍정적인 인상을 심어주게 되죠.

학부모님이 선생님을 어렵게 느끼시는 것처럼, 선생님들도 학부모님을 대하는 게 어려울 수 있어요. 그런데 대면 상담을 통해 미리 얼굴을 익혀두고, 교사에게 호의적인 태도를 보여주시면 교사로서도 그런 학부모님께 더 친근감과 친밀함이 느껴질 수밖에 없습니다. 물론 말이 전부가 아니라 실제로 무슨 일이 생겼을 때 선생님을 신뢰하고, 교사의 말을 수용할 수 있어야 하겠죠?

물론 학교로 오실 수 없을 때는 전화로 상담도 가능하지만 아무래도 얼굴을 직접 마주 보는 것과 전화상으로 상담을 하는 것은 온도차가 있어요. 특히 학부모 입장에서 교사는 한 사람이지만, 교사 입장에서는 많은 학부모를 한꺼번에 상대해야 하므로 확실히 대면 상담을 한 경우 기억에 더 잘 남게 됩니다. 따라서 매번 방문 상담을 하실 필요는 없지만, 학기 초 한 번 정도는 대면 상담을 통해 선생님과 래포를 형성해두시면, 이후 전화나 문자를 통해서 선생님과 소통이 좀 더 원활하게 되실 거예요. 그런데 상담하고 싶어도 맞벌이 부모님이거나, 일정이 안 되어 학부모 상담에 못 오는 경우 어떻게 하면 좋을까요? 그럴 때는 전화로라도 상담을 진행하시는 게 좋습니다. 학기 초에 전화로라도 통화를 한번 하는 것과 전혀 소통이 없는 것은 교사 입장에서도 느낌이 매우 다르거든요.

제가 담임교사를 할 때는 3월 학기 초에 대면 상담을 못 하는 학부모님을 위해 유선 상담을 진행했습니다. 학부모님들께 전화로라도 인사를 드리고, 짧게라도 대화를 나누는 것이죠. 유선 상담을 진행할 때도 학기 초라면 학부모님이 상담을 주도하시는 게 좋습니다. 아이에 대한 정보를 공유해주시고, 교사가 알아야 할 부분들을 미리 언급해주시면 생활 지도에 큰 도움이 될 뿐 아니라 교사 입장에서도 학부모님과 어느 정도 친밀감을 형성하게 됩니다. 따라서 상담을 못 오시더라도 전화로 충분히 상담을 진행할 수 있으니, 너무 걱정하지 마시기를 바랍니다. 또 학부모 상담주간이 아니더라도 학부모 총회나 학교의 다른 행사가 있을 때 참여를 하시는 것도 좋은 방법입니다.

학부모 공개수업, 꼭 가야 할까요?

4월 중순쯤 되면, 학부모 공개수업을 한다고 가정통신문이 날아옵니다. 3월에 학부모 총회와 학부모 상담도 겨우 참석했는데 4월에 또 바쁜 시간을 쪼개어 공개수업에 가야 할지 말아야 할지 고민이 시작되죠.

'갔는데 나만 있으면 어쩌지?'
'다른 분들은 가는 건가, 안 가는 건가?'
'바쁘고 시간도 없는데, 꼭 가야 하나?'

이런 생각이 들면서 가도 부담, 안 가도 부담이 되는데요. 결론부터 말씀드리면, 학부모 공개수업 역시 여건이 된다면 가는 것이 좋습니다. 하지만 안 간다고 해서 문제 될 것은 전혀 없습니다. 학부모 공개수업은 사실 학교나 교사를 평가하러 가는 것이 아니라 내 아이가 수업 시간에 어떻게 하는지를 중점적으로 보러 가는 것입니다. 그래서 예전에는 학부모 공개수업 참관록이 교사의 수업을 확인하는 데 집중되어 있다면, 요즘은 참관록의 질문들도 자녀의 학습 태도에 초점을 맞추고 있습니다. 예를 들면 아이의 수업 태도가 어떠한지, 선생님 말씀에 집중하는지, 발표는 잘하는지, 친구들과 선생님과 의사소통은 잘하는지, 책상 주변 정리는 잘하는지 등 아이를 관찰하러 가는 것이죠. 이러한 내용을 확인하면서 아이의 생활 습관과 공부 습관을 확인할 수 있고, 집에서는 알 수 없는 아이의 또 다른 면모를 살펴볼 수 있습니다. 따라서 아이의 학교에서의 모습이 궁금하다면, 학부모 공개수업은 아이를 관찰할 좋은 기회가 됩니다.

공개수업은 보통 2~3교시에 이루어지며, 그날은 시간표를 바꿔서 전 과목 선생님의 수업을 공개하도록 짜는 것이 일반적입니다. 모든 학교가 그러한 것은 아니지만 공개수업 후 4교시에는 담임 선생님의 수업 시간을 비우도록 시간표를 편성하여 학부모님과 담임교사가 상담 시간을 갖기도 합니다. 3월 학부모 상담주간에 일이 있어서 상담을 못 왔다면, 4월 학부모 공개수업을 활용하는 것도 하나의 방법이 됩니다. 물론 학교에 따라 공개수업 후 담임 선생님이 바로 수업이 있는 일도 있어서, 이러한 경우는 쉬는 시간 동안 간단하게 인사만 나누는 것도 좋습니다. 그리고 공개수업이 끝난 후에는 집에 가셔서 학교에 다녀온 아이에게 부모님이 수업에 참여한 소감을 들려주시는 것도 아이들과 소통하는 데 도움이 됩니다. 아이가 공개수업에서 열심히 수업에 참여했다면, 그 모습을 칭찬해주시고, 만일 그렇지 않았다면 부모님이 학교에 가셔서 느낀 점을 긍정적으로 말씀해주시면 됩니다.

"우리 OO가 아까 손들고 발표하는 모습을 보니, 엄마가 정말 뿌듯하더라."

"우리 OO가 교복 입고 의젓하게 앉아 있는 모습을 보니,
정말 멋지더라(예쁘더라)."

"우리 OO가 친구들과 학교에서 잘 지내는 모습을 보니,
엄마도 기분이 참 좋았어."

"우리 OO가 공부하는 교실이 어떤지 궁금했는데
이번에 직접 보니 엄마도 감회가 새로웠어."

반대로 "다른 친구들 다 발표하는데 너는 왜 발표를 안 하냐.", "너는 수업 태도가 왜 그렇게 엉망이냐." 등의 지적은 조심하셔야 합니다. 그렇게 되면 아이들은 부모가 학교에 오는 것에 거부감을 느끼거나, 달가워하지 않을 수 있습니다. 기본적으로 아이들은 부모님이 학교에 오는 것을 대체로 좋아합니다. 부모님이 학교 행사에 참여하는 것 자체가 아이에게는 부모가 자신에게 관심이 있다는 사랑의 표현이 될 수 있으니까요. 그런데 부모님이 학교를 방문한 뒤 부정적인 피드백이 돌아오면, 나중에는 부모가 학교에 오는 것 자체를 싫어할 수 있겠지요. 또 주의할 점은 그날의 모습으로만 아이를 평가하지는 않으셨으면 합니다. 공개수업 때의 모습이 아이의 전부가 아니기 때문입니다. 평소에는 잘하던 아이도, 어른들이 뒤에 있으면 긴장을 해서 발표를 못 할 수도 있고, 반대로 평소에 못 하던 아이도, 부모님께 잘 보이고 싶어 발표를 열심히 할 수도 있습니다. 보이는 것이 전부는 아니며, 아이가 평소와 다른 태도를 가질 수 있다는 것을 염두에 두시고, 공개수업 한 시간에 너무 큰 의미를 두지는 않았으면 좋겠습니다.

2학기 학부모 상담은 어떻게 해야 할까요?

일반적으로 학부모 상담주간은 두 번 있습니다. 1학기에 한 번, 2학기에 한 번 각각 학기 초에 실시하게 됩니다. 1학기 상담이 학생 정보 공유와 교사와 학부모 간의 래포 형성이 목적이라면 2학기 상담은 교사가 주도하는 상담으로, 부모님들이 보편적으로 생각하시는 상담에 가깝습니다. 아이가 학교생활을 잘 하고 있는지, 학습 태도는 어떠한지, 공부는 잘하고 있는지, 성적은 어느 정도 나오는지, 친구와의 관계는 어떤지, 진로는 어떻게 결정하면 좋을지 등을 심도 있게 물을 기회입니다. 물론 이런 상담은 꼭 상담주간이 아니더라도 학기 중 언제든 요청하시면 하실 수 있습니다. 그러나 학기 중에는 담임 선생님도 수업하랴, 생활 지도하랴 정신없이 바빠서 마음의 여유가 없습니다. 또 성적 상담을 하려면 미리 기초자료를 준비해야 하는데 이런 준비 없이 상담하게 되면 원활한 상담이 이루어지지 않을 수 있습니다. 따라서 2학기 학부모 상담주간을 활용하여 충분한 상담을 하시고, 부족한 부분 등은 추후 별도로 상담 요청을 하시면 좋겠습니다.

상담을 하기 전에는 우리 아이에 대해 궁금한 부분들을 미리 생각하셔서 질문지를 만들어가시면 좋습니다. 질문지를 적어가면 막상 선생님과 상담을 시작하고 질문을 잊어버릴 염려가 없으며, 좀 더 체계적으로 상담이 진행될 수 있다는 장점이 있습니다. 교사 입장에서도 학부모님이 질문을 해 주시면 좀 더 대답하기가 쉽고, 이야깃거리가 많아지기도 하고요.

한 가지 방법을 알려드리면 상담 가기 전에 아이뿐만 아니라 담임 선생님의 장점, 좋았던 점, 아이가 선생님에 대해 칭찬했던 부분들을 떠올려보세요. 그리고 그런 부분들을 상담 중간에 언급해주시면 상담 분위기가 한층 더 부드러워지고, 담임 선생님에게도 좋은 인상을 심어줄 수 있을 것입니다. 예를 들면 "우리 아이가 선생님을 너무 좋아한다."라고 하거나 "선생님의 이런 교육 방침이나 교육 철학이 참 좋더라."라는 긍정적인 이야기를 보태면 선생님 입장에서도 보람을 느낄 수밖에 없겠죠?

마지막으로 집에 돌아오셔서 할 일이 있어요. 바로 아이에게 오늘 상담에 대해서 긍정적으로 말해주는 것입니다. 아이들은 대부분 오늘 엄마 또는 아빠가 학부모 상담을 다녀왔다는 사실을 알고 있어요. 내색하지는 않아도 어떤 대화가 오갔는지 무척 궁금하고, 또 선생님과 부모님이 혹시 자기 흉을 보지는 않았을까, 자기 욕을 하진 않았을까 엄청 신경을 씁니다. 그럴 때 집에 가서 아이에게 꼭 이렇게 말해주세요.

"오늘 담임 선생님과 상담하고 왔는데, 너희 선생님 진짜 좋은 분이더라. 그리고 선생님이 네 칭찬을 엄청 많이 하셨어. 학교에서 선생님도 많이 도와드린다며? 선생님이 널 좋아하셔서 엄마도 기분이 참 좋았어."

여기서 핵심은 실제로 만약 담임 선생님이 이런 말을 하지 않았더라도, 이렇게 말해주는 것입니다(물론 이 경우는 학생과 교사 사이에 특별한 문제가 없는 일반적인 상황에 해당합니다). 이후 아이는 선생님에 대한 신뢰가 형성되고, 학교생활을 더 열심히 하려고 할 것입니다. 아마 다음날 학교에 가면 선생님을 바라보는 눈빛이 한층 더 반짝일 것입니다.

한편 꼭 담임교사가 아니더라도, 전문상담 선생님, 진로진학 상담 선생님, 다른 교과목 선생님과도 상담을 할 수 있습니다. 아이가 특별히 잘하거나 못하는 과목이 있다면, 담당 과목 선생님과 상담을 진행할 수 있어요. 또 아이의 진로에 대해서는 진로진학 선생님, 아이의 정서나 심리에 대해 전문적인 상담이 필요하실 때는 전문상담 선생님께도 상담을 요청할 수 있습니다.

33

좋은 부모란 어떤 부모일까요?

중학생은 말 그대로 '질풍노도의 시기'입니다. 어쩌면 아이의 인생에서 가장 힘든 시기이고, 그 어느 때보다 부모의 관심과 사랑이 필요한 시기일지 모릅니다. 그런데도 중학생의 현실은 초등학생과 고등학생 사이에 끼여 어른들로부터 크게 관심을 받지 못하곤 합니다. 학교 가는 게 처음이라 신경을 많이 썼던 초등학생, 대학 입시를 위해 중요한 시기인 고등학생에 치여 상대적으로 주목을 덜 받는 중학생. 하지만 부모의 노력이 가장 필요한 시기는 초등학생도 고등학생도 아닌, 중학생이라는 사실, 믿어지시나요?

《중학생, 기적을 부르는 나이》를 집필하신 박미자 선생님은 사람에게는 폭풍 같은 성장기가 딱 두 번 찾아오는 데 한 번은 신생아, 또 한 번은 중학생 때라고 말한 바 있습니다. 부모들에게 가장 영향을 많이 받는 때이기도 합니다. 인생의 모든 시기는 다 중요하지만, 중학교 시기가 특히 더 중요한 건 이 시기가 사춘기의 정점에 있는 시기이기 때문입니다. 사춘기를 어떻게 보내느냐가 때로는 인생을 바꿀 수도 있을 만큼 중요한 요소로 작용한다는 사실을 기억한다면, 중학교 시기를 어떻게 보내느냐는 결코 만만하게 생각할 문제가 아니죠.

앞에서 중학교 생활에 대한 전반적인 이야기를 다루었지만 결국 아이의 행복한 학교생활을 위해 가장 중요한 건 부모와의 관계입니다. 중학교 교육과정, 중학교 내신 성적, 중학교 학교생활기록부…. 이러한 것들은 아이가 다니는 학교에 대한 부모의 이해를 높여, 결국 아이의 학교생활에 대해 부모가 좀 더 관심을 가지고, 아이가 중학교 3년을 슬기롭게 보내도록 돕기 위한 하나의 과정에 불과합니다.

가장 중요한 건 아이를 사랑하고 존중하는 부모의 마음이며, 잊지 말아야 또 한 가지는 부모 스스로 행복한 삶을 사는 것입니다. 가정에서 부모가 행복해야 결국 아이도 행복하다는 사실을 기억해주세요. 중학생들은 어느 때보다 또래 관계에 집착하고 친구를 중요하게 생각하지만, 사실 아이의 속마음은 부모를 향해 있다는 사실을 알려드리고 싶습니다.

아이들은 부모에게 가장 상처받고, 부모에게 가장 인정받고 싶어 합니다. 부모가 자신을 사랑하지 않는다는 생각이 이 시기 아이들의 가장 큰 고민 중 하나입니다. 아이의 비뚤어진 행동, 반항적인 모습들은 결국 부모와의 관계에서 문제가 있을 때, 부모로부터 사랑받고 싶은 마음이 충족되지 못할 때 일어나며 아이들은 부모가 행복하지 않으면 슬프게도 자신의 인생도 행복하게 생각하지 않곤 합니다.

따라서 내 아이가 행복하길 바란다면, 부모님부터 행복한 모습을 오래 보여주셨으면 좋겠습니다. 그리고 나는 아이에게 어떤 부모가 되고 싶은지 자신에게 되물어보세요. 좋은 부모란 아이를 잘 이해하는 부모이기도 하지만, 아이를 진정으로 이해하는 것도 나 스스로 행복해야 가능한 일이거든요.

이 책을 읽는 독자분들은 나 자신부터 행복한 부모가 되어 아이도 부모도 모두 행복한 슬기로운 중학교 생활을 하셨으면 하는 바람입니다.

궁금해요! 고등학교 고교 생활 설계

궁금해요! 고등학교 대학 진학 준비

궁금해요! 고등학교 대입 성공 전략

고등학교
궁금해요!
고등학교

궁금해요! 고등학교

고교 생활 설계

고등학교 학부모가 자녀의 대입을 위해 무엇을 알아야 하나요?

첫 질문부터 너무 어렵습니다. 자녀의 상황과 수준 등에 따라 학부모의 기대치와 자녀의 진로 희망 등이 각양각색이기 때문에 획일적인 해답을 제시하기는 어렵습니다. 교직에서 33년간 대입과 진학 지도를 했던 경험을 통해 고등학교 학부모가 궁금해하는 질문을 뽑았고 각 질문에 답을 드렸습니다.

그동안 학부모님과 많은 진학 상담을 하면서, 부모님께서 소홀하기 쉬운 문제를 3가지 짚고 이하 이어지는 질문에서 세세히 답변을 드리겠습니다.

우선, 학부모님께서 내 자녀에게 주목하시면 좋겠습니다.

"그 학교는 서울대를 몇 명 보냈다."
"친구 딸은 재수해서 의대에 합격했다."
"옆집 아들은 논술로 대박 났다."

우리나라가 아직도 학벌을 중시하고 상대적인 비교 속에서 살다 보니 주변에서 들리는 이야기에 귀가 얇아집니다. 그러나 그런 이야기는 대부분 내 자녀와 무관한 내용들입니다. 예를 들어 우리 아이가 학급에서 중간 정도의 성적을 거두고 있는데, 서울대와 의대 진학 정보는 마음에 담을 이유가 없습니다. 자녀가 다니는 학교 상황, 주변에서 들리는 수험생들의 진학 사례, 사교육 기관에서 선전하는 홍보 등에 마음이 휘둘리면, 내 자녀에 적합한 맞춤식 대입 전략을 세울 수가 없습니다. 철저히 객관적으로 자녀의 상황을 직시하고 자녀에게 가장 좋은 길이 무엇인지를 고민하시면 좋겠습니다.

다음으로 결국은 자녀가 대학에 가는 것이라는 것을 인정해야 합니다. 급변하는 사회와 복잡한 입시제도에서 학부모님의 고민은 깊어집니다. 자녀에게 뭔가 해주고 싶은데 무엇을 어떻게 해줘야 할지 방법을 찾기 어렵습니다. 학교를 찾아가는 것이 쉽지 않고 넘쳐나는 사교육 기관의 유혹을 외면하자니 불안합니다. 교육 기관, 학원, 컨설팅 회사, 개인 사업자, 유튜버까지 저마다 대단한 합격의 황금 열쇠를 가지고 있는 것처럼 학부모님을 현혹합니다. 그러나 여기서 간과하면 안 되는 것이 있습니다. 결국 내신 공부, 수능, 대학별 고사 등 그 모든 것은 자녀가 해야 한다는 것입니다. 대입 정보가 부족해서 자녀가 대학에 못 가는 것도 아니고, 자녀가 움직이지 않으면 부모의 노력은 아무런 의미가 없습니다. 쉽지만 그래서 지나치는 "결국은 내 자녀가 해야 한다."는 말을 생각하시고 대입에 접근하시길 바랍니다.

끝으로 장기적인 관점에서 자녀의 인생을 생각해 주시면 좋겠습니다. "19세기의 교실에서 20세기의 교사가 21세기에 살아갈 아이들을 가르친다."는 말이 있습니다. 과거의 교육환경에서 현재에 통용되는 지식으로 미래의 가치를 제시하는 어리석음에 대한 표현입니다. 당장 입시가 코앞이라 우선 좋은 대학을 가는 것이 목적이라고 생각할 수 있습니다. 그러나 급하면 체한다는 말도 있습니다. 지금은 학부모님의 노력으로 자녀의 행복을 만들어주신 것 같지만, 시간이 지나고 나서 자녀의 인생에 독이 될 수도 있습니다. 예를 들어 좋은 대학이 목적이라면 대입 성공은 목적 달성이지만, 진학 실패는 곧 자녀의 고교생활은 실패와 불행으로 해석이 됩니다. 행복이 목적이고 좋은 대학을 목표로 공부하면, 설사 원하는 대학에 진학하지 못해도 불행은 아닙니다. 자녀는 스스로 자신의 행복을 만들어가며 인생을 살아가는 법을 배우고, 대학 진학 후 편입으로 학부모님께서 원하는 대학 합격의 기쁨을 주기도 합니다. 넉넉하고 장기적인 관점을 가지고 입시에 접근하면 오히려 더 짧은 시간 안에 좋은 결과를 만들어 내는 일을 자주 경험했습니다.

식자우환(識字憂患)이라는 말이 있습니다. 대입 정보를 알아 갈수록 근심이 커지기도 합니다. 교사, 입시 전문가도 내 자녀의 입시 지도는 어렵습니다. 학부모님은 내 자녀가 원하는 대학 진학을 돕는 등대가 될 수 있지만, 사공이 아니라는 것을 생각하시면 좋겠습니다.

02

고등학교 학생부에는 어떤 내용이 기록되나요?

학교생활기록부는 학생의 학교생활을 객관적으로 기록한 공적인 장부입니다. 기록자는 교사이고 관찰 대상은 학생이며, 기록하는 내용은 학생의 교과 영역과 비교과 영역입니다. 교과영역은 성적과 관련한 내용이고 비교과 영역은 교과 이외의 모든 영역을 지칭합니다. 학교생활기록부는 영역에 따라 담임, 교과 지도 교사, 창의적 체험활동 담당 교사(동아리 활동 지도교사, 자율활동 지도교사) 등이고 담임이 학생의 종합적인 평가와 기록을 확인합니다.

고등학교 학교생활기록부(이하 학생부)는 중학교 때 학생부와 같습니다. 단지 고등학교에서의 학생부는 대학 입시 특히 학생부종합전형에서 중요한 평가 자료로 활용되기에 그 중요성이 커졌습니다. 대학은 학생을 선발할 때 학생보다 학생부를 먼저 면밀하게 검토합니다. 학교생활을 잘하는 것은 기본이고 그 활동을 학생부에 잘 기록하기 위한 노력도 중요하다는 것입니다.

이 부분은 뒤에 학생부종합전형에서 좀 더 자세하게 살펴보겠습니다. 학생부에 기록되는 항목과 기재 내용은 변화가 있는데 현재의 학생부는 아래와 같습니다.

<table>
<tr><th>연번</th><th colspan="2">항목</th><th>기재 사항</th></tr>
<tr><td>1</td><td colspan="2">인적사항</td><td>부모 정보 및 특기사항, 가족 변동 사항 삭제</td></tr>
<tr><td>2</td><td colspan="2">학적사항</td><td>인적사항과 통합</td></tr>
<tr><td>3</td><td colspan="2">출결상황</td><td>질병, 미인정, 기타로 구분하여 결석, 조퇴, 결과 기재</td></tr>
<tr><td>4</td><td colspan="2">수상경력</td><td>교내 수상을 기록하나 대입 미반영</td></tr>
<tr><td>5</td><td colspan="2">자격증 및 인증 취득상황</td><td>대입 자료로 미반영</td></tr>
<tr><td>6</td><td colspan="2">진로희망 사항</td><td>항목삭제(창체 진로활동 특기사항에 기재)</td></tr>
<tr><td rowspan="4">7</td><td rowspan="4">창의적 체험 활동</td><td>자율활동</td><td>학교 교육의 계획에 의한 학교와 학급에서의
활동 500자 기록</td></tr>
<tr><td>봉사활동</td><td>봉사 특기사항 미기재, 개인 봉사활동 실적 대입 미반영</td></tr>
<tr><td>동아리 활동</td><td>학교교육계획 이외의 청소년단체 활동 미기재</td></tr>
<tr><td>진로활동</td><td>진로활동 특기사항의 진로 희망 분야 대입 미반영</td></tr>
<tr><td>8</td><td colspan="2">교과학습 발달상황</td><td>방과 후 활동, 영재, 발명 실적 미반영
교과활동 상황 중요</td></tr>
<tr><td>9</td><td colspan="2">독서활동 상황</td><td>도서명과 저자 기재하나 대입 미반영</td></tr>
<tr><td>10</td><td colspan="2">인행동특성 및 종합의견</td><td>500자로 축소, 누가기록 기재관리 방법은 시도에 위임</td></tr>
</table>

먼저 교과 영역부터 알아보겠습니다. 교과 즉 국어, 영어, 수학, 사회, 과학 등 각 교과의 성적과 수업 시간의 활동을 교과 담당 교사가 기록합니다. 성적은 과목에 따라 9등급(1~9), 3등급(A~C) 또는 2단계(이수, 미이수) 등으로 평가된 등급과 원점수, 과목평균, 수강 학생수, 표준편차 등이 기록됩니다. 그야말로 학생이 친구들과의 경쟁에서 어느 정도의 성과를 거두었는지를 기록하

는 내용이라서 대학 입시에서 가장 중요하게 평가되는 항목입니다. 그리고 수업 시간에 학생이 활동한 내용을 교과 지도 교사가 기록하는 과세특(과목별 세부능력 및 특기사항)이 있습니다.

다음으로 비교과 영역을 알아보겠습니다. 인적사항, 학적사항, 출결상황, 수상경력, 자격증 및 인증 취득상황, 자율활동, 봉사활동, 동아리 활동, 진로활동, 행동발달 및 종합의견 등입니다. 비교과 영역 담당자가 최초 기록한 내용을 담임교사가 확인하고 반영합니다. 특히 행발(행동발달 및 종합의견)은 담임이 자녀에 대해 종합적으로 평가한 추천서의 성격을 띠기 때문에 학생부 평가에서 중요한 자료가 됩니다.

문과와 이과의 선택 기준은 무엇이고 어떤 과목을 선택해야 하나요?

고등학교는 일반고와 특목고가 있고 특목고에는 과학고, 외고, 국제고, 예고, 체고, 마이스터교 등이 있습니다. 특목고가 특수한 설립 목적이 있다면, 일반고는 학생의 진로 희망에 따라 문과, 이과로 분류했었습니다. 과거에 인문·사회 계열을 문과, 자연·이공 계열을 이과라고 불렀습니다. 예를 들면 1학년 때는 공통교육과정으로 운영하다가, 2학년으로 진급할 때 1~5반은 문과반, 6~10반은 이과반으로 편성했었습니다.

현행 교육과정에서 문과와 이과라는 구분 자체가 없으므로 문과와 이과를 선택하는 기준은 없습니다. 일반고를 기준으로 볼 때, 1학년 때 배우는 교과는 같습니다. 1학년 여름 즈음부터 학생들에게 교육과정 설명과 교과목 선호 조사를 하고, 몇 차례 희망을 조사한 후, 1학년 말에 학부모의 동의를 받아 학생들의 교과 선택을 결정합니다. 이때 학생들은 문과 이과가 아니라, 인문·어학·경상·사회·자연·공학·의학·예체능·국제 계열 등 진로 희망 계열에 따라 교과목을 선택합니다.

과거에 문과로 분류됐던 학생들은 주로 영어와 사회교과목을 선택합니다. 반면 이과로 분류됐던 학생들은 수학과 과학교과목을 더 선택합니다. 학생들이 미리 수학, 과학, 사회 교과 등에서 진로 심화 과목을 어떻게 선택할지를 걱정하지 않아도 됩니다. 학교마다 상황이 다르고 학생마다 진로 희망이 다르기에, 고등학교를 다니면서 진로를 탐색하고 담임 상담이나 친구들과 의견을 나누며 교과를 선택하면 됩니다.

아래는 이해를 돕기 위해 일반고의 사례를 제시합니다. 학교마다 교육과정이 다르니 참고만 하시면 됩니다. 공통교과는 모두가 배우는 것이고 선택교과는 학생의 희망을 받는 것이고, 숫자는 일주일에 배우는 시간 수를 의미합니다.

학기	공통 교과	선택 교과
1학년 1학기	국어4 수학4 영어4 한국사3 통합사회3 통합과학2 과학탐구실험2 체2 미2 정보3 *모든 교과를 동일하게 배웁니다.	
2학년 1학기	문학4 수학I4 영어I4 체1 음1 한문2	• 고전, 기하, 영문 택1(2H) • 중I, 일I 택1(2H) • 세지, 세계사, 정법, 윤사, 물I, 화I, 생I, 지I 택3(3H)
3학년 1학기	진로2 예술2 교양1 체2	• 독서, 미적, 확통, 영작 택3(4H) • 심화국어, 수학탐구, 진로영어 택1(2H) • 한지, 경제, 사문, 생윤, 물, 화, 생, 지II 택2(3H) • 중II, 일II 택1(2H)

실제로 일반고에서는 언론에서 말하는 만큼 선택의 폭이 넓지도 않습니다. 그리고 그 선택으로 인해 대학 진학이나 진로에 막대한 영향이 있지도 않습니다. 현실적인 답변은 모든 학생은 수학을 아주 잘하고 국어와 영어도 열심히

하며, 사회 교과군(사회, 윤리, 역사, 지리 등)과 과학 교과군(물리, 화학, 생명과학, 지구과학)에서 좋아하는 과목을, 학교에서 설명하고 선택하는 시점에서 결정하면 됩니다.

어느 과목을 선택할지 미리 결정하지 말고 고교 진학 후 자신의 진로를 탐색하면서 학교에서 선택 과목을 결정할 때, 부모님과 자녀가 의견을 나누면 됩니다. 그리고 선택 과목보다 더 중요한 것은 인문, 자연 구분 없이 모든 학생이 배우는 교과를 잘해야 내신에서 낭패를 보지 않습니다. 즉 과거처럼 수학을 못해서 문과를 선택한다는 것은 성립하지 않습니다. 문과 이과 구분 없이 국어, 영어, 확률과 통계 등을 못하면 내신 성적을 잘 받을 수가 없습니다.

절대 평가와 상대 평가는 무엇이고 지필평가에서 등급은 어떻게 나뉘나요?

절대 평가는 어떤 절대적인 기준에 따라 학생의 성적을 평가하는 것입니다. 예를 들어 절대평가로 90점 이상을 'A'등급으로 부여한다면, 90점 이상의 학생이 1명이든 100명이든 90점이라는 절대적인 기준을 통과했기에 모두 'A'라는 평가를 받는 것입니다.

상대 평가는 다른 학생과 비교하여 성적의 위치를 부여하는 평가입니다. 예를 들어 어떤 학생이 90점을 받았는데, 전체 응시자 100명 중에 50등을 했다면 상대적으로 좋은 성적이라고 할 수 없고, 상대 평가 백분위로 표시하면 50등/100명으로 50%라는 백분위로 9등급제에 의하면 5등급을 부여받는 것입니다.

절대 평가는 학생이 절대적인 기준에 얼마나 도달하였는지 알 수 있습니다. 학교 교과목 중에서 진로 선택 교과는 절대 평가를 하고 수능에서 영어, 한국사, 제2외국어는 절대 평가 방식입니다. 수능에서 영어시험의 경우 1등급의 기준은 90점이기에 90점 이상을 받은 학생이 몇 명이든 상관없이 1등급을 부여받습니다. 즉 100점부터 90점까지 모두 1등급으로 평가된다는 것입니다. 학교 내신도 학생이 받은 점수를 기준으로 성취도 3단계 평가되는 과목이 있는데, 진로 선택 과목은 성취도에 따라 아래와 같이 3단계인 'ABC'로 평가됩니다. 따라서 학교에 따라 A, B, C 등급의 비율이 모두 다릅니다. 실제로 어느 학교의 물리II 과목의 A등급 비율이 60%인 경우도 있고, A등급이 없고 C등급이 대부분인 경우도 있습니다.

성취율	성취도	비고
100~80%	A	• 학생의 진로선택을 권장하기 위해 성취도 ABC로 절대평가 • 대학교는 자체기준으로 변환하여 대입에서 반영
80% 미만~60% 이상	B	
60% 미만	C	

상대 평가는 집단 속에서 학생의 성적이 어느 정도인지 서열에 의해 상대적인 위치를 드러내는 평가입니다. 대학에서는 학생이 부여받은 상대적인 위치를 정확하게 파악하여 선발하는 데 편하다는 장점이 있으나, 집단의 수준을 반영할 수 없다는 단점이 있습니다. 즉 특목고 1등급과 일반고의 1등급은 교과 전형에서 같은 평가를 받는다는 의미입니다.

수능과 같은 상대 평가의 시험은 학생의 등급, 백분위, 표준점수로 학생의 서열을 아래와 같이 평가합니다. 수능과 학교의 일반 선택과목은 모두 상대 평가로 현재는 9등급으로 평가되기에 아래의 표를 참고하여 등급에 따라 자녀의 성적이 어느 정도인지 파악할 수 있습니다.

비고	백분위	100명 기준	40만 기준 누적
1	96% 이상 (상위 4%)	1~4등	16,000명
2	96% 미만 ~ 89% 이상 (상위 11%)	5~11등	44,000명
3	89% 미만 ~ 77% 이상 (상위 23%)	12~23등	92,000명
4	77% 미만 ~ 60% 이상 (상위 40%)	24~40등	160,000명
5	60% 미만 ~ 40% 이상	41~60등	240,000명
6	40% 미만 ~ 23% 이상 (하위 40%)	61~73등	308,000명
7	23% 미만 ~ 11% 이상 (하위 23%)	74~89등	356,000명
8	11% 미만 ~ 4% 이상 (하위 11%)	90~96등	384,000명
9	4% 미만 (하위 4%)	97~100등	400,000명

05

수행평가는 어떻게 준비해야 하나요?

수행평가는 교사가 제시한 평가 과제를 얼마나 제대로 수행했는지를 평가하는 것입니다. 수행평가Performance assessment는 학생의 학습 과제, 수행 과정 및 결과를 교사가 관찰하여 그 결과를 평가하는 것입니다. 정기고사가 정해진 기간에 이루어지는 것에 비해 수행평가는 평소에 이루어지는 평가라서 과정 평가라고도 합니다. 수행평가는 학습의 결과뿐만 아니라 학습의 전 과정을 평가한다는 의미입니다.

수행평가는 학생이 실제로 행동하는 과정이나 결과를 평가함으로써 창의력과 문제해결 능력을 길러주기 위해 도입하였습니다. 학습 결과나 성취 중심의 평가에서 벗어나 학습 과정 중심의 평가를 지향하며, 교사와 학생 또는 학생과 학생 간의 역동적 관계를 중시하는 것이 특징입니다. 수행평가는 주로 수업 시간에 과정 평가로 이루어지거나 과제 형태로 주어집니다. 결과물을 제출하는 평가는 학교에서 지양하는 방식입니다. 결과물을 누가 어떻게 준비해

줄지 알 수 없기 때문입니다. 수행평가는 비교적 변별력이 낮은 편이나 학교 생활의 충실도와 관련이 있고, 학생부에 반영하는 기초 자료가 됩니다. 수행평가에서 작은 차이라고 소홀하면 학기말에 성적를 합산할 때 타격이 큽니다. 그렇지만 이미 수행평가는 끝났고 성적 확인 기간이 지났기에 수정하는 것은 어렵습니다.

수행평가를 잘하는 방법은 교사가 제시하는 수행평가의 기준과 평가 시기를 숙지하는 것입니다. 수행평가를 학생들이 어려워하는 이유는 과목마다 평가하는 형식이 다양하고 일정한 시기에 몰려서 이른바 '수행 폭탄'이라고 불리기 때문입니다. 그렇지만 수행평가는 학기 초에 담당 교사가 평가의 형식과 시기 및 평가방식 등을 자세하게 안내하고 학교 홈페이지 등에 공지하게 되어 있으므로 이를 잘 활용하여 만반의 준비를 하는 것이 중요합니다.

수행평가가 중요한 이유는 평소 이루어진 평가 점수가 학기 말에 지필고사와 합산하여 등급을 내는 데 활용되기 때문입니다. 예를 들어 중간고사와 기말고사가 각각 30% 정도의 비율로 환산된다면, 수행평가는 40%의 비율로 평가 점수 그대로 반영되는 일이 많기에 작은 점수 차이라도 성적 산출에 큰 영향을 줍니다.

수행평가는 수업 시간에 발표나 공동 과업을 수행하는 등 다양한 형태로 이루어지기에 학생의 능력과 특성이 잘 드러납니다. 그래서 교사는 학생이 수행하는 과정에서 드러난 특징을 관찰하여 교과별 세부능력 및 특기사항에 기록합니다. 학생부에 기록된 사항은 수시 학생부종합전형에서 매우 의미 있는 평가 자료로 활용이 됩니다. 또한 친구들과 함께 과제를 수행했다고 하면 공동체 역량이 드러나고 전공과 관련한 활동 결과를 제출하면 진로 역량도 긍정적인 평가를 받게 됩니다.

수행평가에서는 계획성과 자기주도성이 중요합니다. 수행평가가 특정 시기에 몰려서 학생과 학부모의 민원이 발생하지 않도록 학교는 교사들에게 협조를 구합니다. 그러나 과목당 평가가 보통 2가지 이상이고 배우는 과목이 많으며 준비하는 기간이 필요하기에, 아무리 분산을 위해 노력해도 평가 시기가 겹치게 됩니다. 그렇지만 수행평가는 사전에 공지가 되기에 조금만 주의를 기울이면 준비하는 데 문제가 없습니다.

수행평가를 잘 받기 위해 학생은 학기 초에 공지한 수행평가 실시 계획을 참고하여 언제 어떤 과목을 어떻게 준비하겠다는 계획을 세우는 것이 중요합니다. 그리고 수행평가는 발표, 탐구활동, 프로젝트 수행, 영상물 제작 등 다양한 방식으로 진행되기에 자신이 부족한 부분이 있다면 어떻게 보완할 것인지 대비해야 합니다. 쉬운 수행평가라고 생각하고 성의 없이 지나치기보다는, 자신의 진로와 연결하여 결과물을 만들어 내는 것이 좋습니다.

교과별 세부능력 및 특기사항은 어떻게 써야 하나요?

교과별 세부능력 및 특기사항은 학생부 교과 영역에 대한 기록으로 학생이 배운 모든 교과목에서 과목 지도 교사가 기록합니다. 교과 지도 교사가 학생참여형 수업 및 수업과 연계된 수행평가 등에서 관찰한 내용을 입력합니다. 지필평가와 수행평가 결과를 토대로 과목별 성취기준에 따른 성취수준의 특성 및 참여노와 태도 등 특기할 만한 사항을 구체적이고 객관적으로 입력합니다.

과목별 세부능력 및 특기사항(이하 과세특)을 잘 기록해야 하는 것은 수시 학생부종합전형에 응시하는 학생에게는 매우 중요한 사항입니다. 과세특은 그 과목을 응시한 모든 학생을 기록합니다. 과거에는 성적이 우수한 학생을 중심으로 교과 담당 교사가 과세특을 기록해줬지만, 지금은 모든 학생을 기록하게 되었습니다. 그렇지만 과세특 기록은 학생마다 천차만별입니다. 성적이 낮거나 활동이 거의 없는 학생은 거의 의미 없는 문장으로 그 칸을 채웁니다. 교과별 학업 성취기준이 제시되어, 그 기준에 맞게 유려한 문장을 500자까지 써줄 수는 있습니다. 교과별 학업 성취기준은 공통적인 문구이기에 학생의 특성이 아니라서 표현이 좋더라도 평가에서 나쁜 평가 결과를 받게 되는 것입니다.

좋은 과세특을 원하면 교과 등급을 잘 받는 것이 기본입니다. 1등급(상위 4% / 100명이 이수하면 4명까지) 학생은 그 교과목의 학업 우수상을 받습니다. 그 과목을 잘한다는 것은 어떤 부분에서 능력이 있다는 것이기에 지도 교사가 학생의 우수한 부분을 상세하게 기록할 것입니다.

과세특 기록이 좋으려면 수업 시간에 활동이 왕성해야 합니다. 좋은 수업 태도는 물론이고 수업 중에 교사에게 질문하고 적극적으로 참여하며 지도 교사와 좋은 관계를 맺는 것이 중요합니다. 친구들과 프로젝트 수행이나 협업을 한다면 주도적인 역할을 하는 것도 중요합니다. 학문적 호기심을 갖고 교과에 대한 관심을 표현하고 심화 학습을 하는 것은 자연스럽게 그 기록을 좋게 만들 수 있습니다.

다음으로 수행평가에 정성을 다해야 합니다. 수행평가는 주로 수업 시간에 학생 활동 중심의 과정 평가로 이루어집니다. 수행평가 결과점수도 있지만, 그 과정을 교사가 관찰하고 기록을 합니다. 이왕이면 자신의 진로와 연관을 지어서 수행평가를 하면, 과세특이 좋을 뿐만 아니라 학생의 탐구 능력과 진로 역량을 긍정적으로 평가받는 요소가 됩니다.

많은 교사는 학기 말에 모든 평가와 진도를 마치고 나면 학생에게 자기 평가서 형식으로 과세특에 반영할 내용을 제출하게 합니다. 학생의 진로를 알 수 없고 과세특을 개별화하기 위해 참고 자료로 학생에게 평가 기록지를 제출하게 합니다.

그런데 여기서 학생들은 많은 차이가 있습니다. 한 자라도 더 의미 있는 내용을 쓰고 싶어서 교과 지도 교사에게 계속 반영하고 싶은 내용을 요구하고 수정하기 위해 교사와 갈등을 빚는 학생도 있습니다. 그렇지만 상당수의 학생은 별 의미 없는 내용을 몇 자 적거나 심지어 미제출하는 학생도 있습니다.

그리고 과세특과 비슷한 개인별 세부능력 및 특기사항을 500자 기록할 수 있습니다. 개인별 세특은 담임이 쓰는 내용입니다. 요즘 학교는 기말 고사 이후 수업량 유연화에 다른 학교 자율적 교육활동을 운영합니다. 이때 과목마다 이루어진 활동을 교과 담임의 협조를 받아 담임이 반영을 하는 영역입니다. 특이하게 교과 담당 교사가 무심하여 자녀의 기록을 소홀히 하여 속상하다면, 담임교사가 작성하는 개인별 세특을 고려해볼 수 있습니다. 아무리 생각해도 억울하다는 생각이 들면, 담임교사에게 예의를 갖춰 설득력 있게 설명하여 학생부에 기록될 수 있도록 노력해보세요. 지성이면 감천입니다.

고교학점제는 무엇이고 어떻게 진행이 되나요?

고교학점제는 고등학생들이 적성과 희망 진로에 따라 필요한 과목을 선택하고 기준학점을 이수하면 졸업을 인정받는 제도입니다. 고등학생이 대학생처럼 수강 신청한 교실을 찾아다니며 수업을 듣고 학점을 채워 졸업하는 제도입니다. 고등학교 교육이 입시에 따라 획일적으로 운영되는 문제점을 해결하고 학생 개인의 진로와 적성에 따라 맞춤식 교육과정을 제공한다는 취지입니다. 그렇지만 고교학점제를 정착시키기 위해서는 해결해야 할 많은 문제점이 있고, 현 정부에서 정책을 계속 추진할 의지가 약해 보입니다. 고교학점제와 수능으로 학생을 선발하는 정시의 확대는 엇박자로, 뜨거운 아이스 아메리카노처럼 양립이 불가한 모순되는 정책입니다.

현실적으로, 학부모님께서는 고교학점제는 신경 쓰실 필요 없다고 말씀드리고 싶습니다. 언론이나 사교육업체 등에서 말하는 고교학점제에 기반한 진학 전략과 같은 형태의 강의는 학교 현장이나 입시를 모르고 떠드는 소리로 지나치셔도 됩니다. 고교학점제는 자녀가 다니는 학교의 교육과정과 진로에 따라 과목 선택을 고민하면 되는 문제라고 이해하시면 됩니다. 자녀가 다니는 학교에서 제공하는 교육과정을 이해하고 선택과목을 결정할 때 좀 더 신경을 쓰시면 됩니다.

학부모님의 고민은 선택 과목에 따라 달라지는 평가와 대입에서의 영향일 것입니다. 현재 고등학교는 원점수·평균·표준편차 등 상대 평가 점수와 절대 평가에 따라 산출된 학업성취도를 학생부에 동시에 기록하고 있습니다. 그런데 고교학점제가 시행되면 수강 인원이 적어질수록 좋은 등급을 받기 어려워지고, 성적이 높은 학생들이 몰리는 과목은 수강 신청을 피하는 현상이 나타납니다. 교육부는 내신을 현행 9등급 상대 평가에서 절대 평가인 성취평가제로 바꾸기 위해서는 대입제도의 개선과 고교 체제를 연계해서 종합적으로 검토한다고만 말하고 있습니다.

고교학점제는 고등학교에서는 2025년 전면 시행이고, 대입에서는 2028년에 적용되는 것으로 추진하고 있습니다. 고등학교 현장에서 느끼는 고교학점제는 학생의 선택권이 늘어나고 있다는 정도입니다. 학부모가 직접 밥상을 차리는 것이 아니라 차려진 밥상에서 원하는 것을 균형 있게 선택하면 되는 것이니 너무 걱정할 필요는 없습니다. 지금 일선 학교에서는 고교학점제라는 용어 자체를 쓰지 않는 방향으로 흐르고 있고 2022 개정 교육과정이라고 말하며 학생들의 진로에 따라 과목을 선택하는 정도의 의미입니다. 실제 학교에서는 과거 문과와 이과라는 구분은 없어졌지만 인문·사회 계열을 희망하는 학생은 영어와 사회 교과에 가중치를 두고, 자연·이공 계열 학생은 수학과 과학 과목에 치중하고 있습니다. 대부분의 학교에서는 1학년 때 공통과정을 운영하고, 2학년 때 계열에 따라 교과목 군에서 과목을 선택하고 세분화한 심화 진로 과정을 결정합니다.

학생들은 선택 과목이 어느 정도 입시와 관련이 있을지 고민합니다. 대입 정시는 고교학점제와 무관하게 수능 공부에만 매달리면 됩니다. 수시는 정시와 좀 다릅니다. 수시 교과전형의 경우 교과를 선택한 학생 수와 평가방식에 영향을 받습니다. 좋은 등급을 받기 위해 학교 시험을 대비하는 방식으로 공부해야 교과전형에 유리합니다. 그러나 학생부종합전형에서는 선택과목이 중요합니다. 생명공학을 전공하려는 학생이 생명과학 교과를 선택하지 않는 것이 이상한 것과 같은 이치입니다. 선택한 교과에 따라 동아리와 진로활동으로 이어지기도 합니다. 학생의 선택이 전공 적합성, 자기주도성, 발전 가능성을 평가하는 중요한 지표로 활용되기도 합니다.

08

내 자녀의 고등학교 생활을 어떻게 알 수 있나요?

자녀의 담임교사와 상담은 학기 초에 하는 것이 좋습니다. 신학기 자녀를 통해 담임의 전화번호를 받아 저장해둡니다. 담임과의 상담이 필요하다고 생각하시면 언제든지 전화를 하여 상담 시간을 예약하고 방문을 하시면 됩니다. 그리고 거의 모든 학교는 학기 초에 학부모 상담주간을 운영합니다. 그때 자녀를 통해 상담 희망 일지를 적어내시고 지정된 시간에 학교를 방문하여 상담을 진행하시면 됩니다.

자녀의 학생부를 확인하는 방법은 '나이스 대국민 서비스'를 활용하시면 됩니다. 나이스 대국민 사이트(http://www.neis.go.kr)에 접속하여 회원가입을 하고 인증서를 등록합니다. 등록된 인증서로 로그인을 하여 해당 교육청을 선택하고, 자녀의 정보(학교, 학번, 이름)를 입력하고 '학부모 서비스'를 신청합니다. 이후 학교에서 학생과 학부모를 확인하고 승인하면 자녀의 정보를 언제든지 편하게 열람할 수 있습니다. 자녀가 다니는 학교의 정보, 자녀의 학생부, 학부모 상담, 오늘의 식단과 일정, 학생의 성적 등 다양한 정보를 확인하실 수 있습니다.

내 자녀를 이해하고 상담하는 데 일차적으로 도움을 받을 수 있는 곳은 학교입니다. 기본적으로 학교는 교육이 목적이고 사교육 기관은 영리가 목적입니다. 학교는 학생을 대상으로 돈벌이를 하지 않습니다. 그보다 더 중요한 것은 학교가 학생을 지도하고 있고 교사가 자녀를 가장 잘 알고 있다는 것입니다. 입시에서 기본이 되는 학교 시험은 자녀의 지도교사가 출제합니다. 자녀의 학생부는 담임교사와 해당 영역 지도 교사가 기록합니다. 일반적인 수험 정보만이 아니라 그 학교 학생들의 누적된 입시 자료를 갖고 학생의 수준과 특성을 고려하여 맞춤식 입시 상담을 할 수 있습니다.

학교에서 이루어지는 상담은 학급 담임, 진로진학실, 상담실 등이 있습니다. 자녀가 학교에서 상담하는 내용은 학교마다 차이가 있으나 일반적인 흐름은 다음과 같습니다.

시기(월)	주요 일정	100명 기준	100명 기준	40만 기준 누적
3	• 학부모 총회 • 모의고사	• 학생 기본 신상	• 학부모 총회 • 모의고사	• 학생 기본 신상
4			• 모의고사	• 진로와 목표 대학 설정
5	• 중간고사	• 학습과 지필평가	• 중간고사	• 내신 성적과 수시 목표
6	• 모의고사		• 모의 수능	• 모의고사와 정시 목표

7~8	• 기말고사 • 1학기 학생부 마감 • 모의고사	• 성적과 진로희망 • 학생부 작성과 관리	• 기말고사 • 모의고사 • 1학기 학생부 마감 • 모의 수능	• 내신과 모의고사 분석 • 대입 전형과 대학 결정 • 학생부와 수시 • 서류준비
9		• 2학기 학교생활	• 학교 지필고사	• 수능 원서작성 • 수시 원서작성
10	• 중간고사	• 진로과목 선택과 입시	• 모의고사	• 수시 전형과 수능 목표
11	• 모의고사	• 내신과 대입전형	• 수능	• 수시 전형 준비
12	• 기말고사	• 방학 중 학습 계획	• 정시 원서접수	• 정시 대학 상담
1~2	• 2학기 학생부 마감	• 학생부 확인 및 수정	• 정시 충원 마감 • 추가 모집	• 정시, 대학별 고사대비

야간 자율학습이나 방과후 활동은 어떻게 하나요?

방과후 활동은 학교에서 정규 교과 교육과정이 끝난 이후의 활동을 말합니다. 종례가 끝나고 귀가하거나 학교에 남아서 방과후 활동을 합니다. 하교 후 개인 용무를 보거나 독서실이나 스터디카페를 이용하기도 하고 학원 공부나 과외를 하는 학생도 있습니다.

학교에 남아서하는 방과후 활동과 집에서 하는 자습 중에 어떤 것이 더 좋을까요? 일장일단이 있겠지만 집에 가서 스스로 공부하기는 거의 불가능합니다. 이미 학교 수업에 지쳤고 공부에 질렸는데 별 재미도 없는 공부를 스스로 할 것이라 기대하기는 어렵습니다. 방과후 활동은 학생의 눈높이에 맞춰 수준별로 교과 수업이 개설되거나 특기 능력 신장 수업 형태로 운영됩니다. 철저하게 개인의 선택으로 이루어지는 수업이기에 참여 학생이 많지는 않습니다.

학교에 남아서 이루어지는 방과후 활동은 주로 야간 자습입니다. 흔히 말하는 야자를 잘 관리해주는 학교가 있는데, 강제성이 없기에 학생 대부분은 귀가하거나 학원으로 향합니다. 야자를 하는 학생과 학원에서 또 다른 수업을 듣는 학생 중 누가 더 효율적으로 학습하는 것일까요? 좋은 학원과 유능한 과외 교사에게 지도를 받는 만큼 실력이 향상된다면 좋겠는데 투자한 만큼의 성과가 나오지 않아 답답해하는 학부모도 많습니다. 학교에서 하는 공부가 싫고 뚜렷한 목표가 없는 학생이라면 학원에 등록했어도 공부를 하는 것은 아닙니다. 학습(學習)은 배우고 익히는 것입니다. 누군가에게 배운 것이 있다면 그것을 자신의 것으로 익히는 시간과 노력이 필요합니다. 학교에서 배우고 또 학원에서 배우고 그걸 다시 학교로 가져오는 일이 반복된다면 학생과 학부모 모두 지치는 일입니다. 학(學)의 계속된 반복으로 학생은 습관적으로 공부하는 공간에 있지만 학습 성과를 기대하기 어렵습니다.

공부할 방법을 찾는 자녀에게는 그에 맞는 지원을 해도 됩니다. 그러나 부모의 의지와 계획에 의해 자녀를 또다른 사교육 기관으로 내모는 것은 권하기 어렵습니다. 이도 저도 아니라면 차라리 안전한 학교에서 친구와 자습하면서 즐거운 학교생활을 하라고 유도하는 것이 낫습니다. 아니면 본인의 진로를 찾아 의미 있는 활동을 찾아볼 것을 권하는 것이 좋습니다.

아르바이트는 권장하지 않습니다. 지금 필요한 것은 삶에 필요한 기본 소양과 지식을 통해 학습 경험을 쌓아가는 것이기 때문입니다.

야간 자습이 가장 잘 이루어지는 학교는 기숙형 학교입니다. 학습 시간이 확보되고 학습 이외의 일에 신경을 덜 쓰기 때문에 학습 집중력도 높습니다. 더구나 주변의 친구들과 선의의 경쟁을 하기에 기숙형 특목고와 자사고의 학습 능력은 높을 수밖에 없습니다. 그들은 이미 선행학습을 했기에 입시 출발선에서 앞서 있다고 하더라도, 고교 입학 이후 그 격차는 더 벌어질 가능성이 큽니다. 그만큼 더 많이 공부하고 방과후 시간을 잘 활용하기 때문입니다.

요즘 방과후 활동으로 적극적으로 권장할 수 있는 것이 학교 간 연계 교육과정입니다. 주변의 학교를 묶어서 교육과정을 구성하거나 온라인으로 수업을 진행하는 방식이 늘고 있습니다. 대학과 연계한 수업도 다수 개설되고 있습니다. 개별 단위 학교에서 개설하기에 어려움이 있는 진로 심화 수업을 교육청 단위로 주변 학교를 묶어서 교육과정을 운영합니다. 주로 저녁 시간이나 주말을 이용해서 수업이 이루어지고 있습니다. 이렇게 고등학교, 대학교, 온라인으로 개설한 강좌를 학생이 희망하여 수강하면, 그 활동을 학생부에 그대로 반영해줍니다. 상대 평가를 하지 않고 주도적으로 활동한 특이사항을 학생부에 기록해주기에 학생부종합전형에서 좋은 자료로 활용이 됩니다. 학교에서 교육과정이 개설되어 있지 않았다면 학교 밖 교육과정에도 관심 갖기를 권합니다.

10

휴대전화로 인한 갈등을 어떻게 해결해야 하나요?

자녀가 공부는 안 하고 스마트폰만 보면 부모님 속은 터집니다. 밥 먹을 때도 손에 쥐고 있고 방에서 나오지 않고 스마트폰을 만지고 있으면, 당장 스마트폰을 빼앗아 집어 던지고 싶은 마음도 들 때가 있을 것입니다. 학교에서도 학생들은 시간만 나면 휴대폰을 손에서 놓지를 않습니다. 휴대폰을 걷었다가 귀가할 때 돌려주는 학교가 있지만 요즘은 학생의 빈대와 분실의 우려 등으로 휴대폰을 보관하는 학교는 줄어들고 있습니다. 이에 따라 많은 학생은 쉬는 시간은 물론이고 수업 시간에도 휴대폰으로 영상을 보는 일이 빈번히 발생하고 있습니다. 요즘 학생과 스마트폰은 이미 한 몸이 된 듯합니다. 과거 TV 앞에 있던 아이들이 지금은 손에 스마트폰을 들고 생활하는 것이 자연스러운 문화가 되었습니다. 자녀가 손에서 스마트폰을 놓지 않는 문제를 어떻게 봐야 할지 고민일 것입니다.

자녀가 스마트폰 중독이라면 문제를 해결하는 방법을 찾아야 합니다. 스마트폰이 없을 때 불안감을 느끼고 시도 때도 없이 스마트폰을 손에서 놓지 않는다면 중독이라고 할 수 있습니다. 스마트폰을 장시간 사용하기에 건강에도 좋지 않습니다. 잠자기 전에 스마트폰을 하다가 수면 시간이 줄어들어 수면장애로 힘들어지며, 눈의 피로도가 높아지고 시력 저하와 안구건조증이 심해질 수 있습니다. 스마트폰 사용을 금지하면 안절부절못하고 짜증이 심해져서 언성을 높이는 일이 발생합니다. 스마트폰을 볼수록 빠르고 강하며 자극적인 것을 선호하여 일상생활에 갑갑함을 느끼고 언어와 문장에 대한 이해력이 떨어질 수 있습니다.

스마트폰 중독은 예방이 중요합니다. 스마트폰 사용 시간을 자녀와 협의해서 정하는 것이 좋습니다. 정해진 시간에 잘 사용하는 습관을 지닌다면 아무 문제도 없고 보호자가 먼저 스마트폰을 자제하는 모습을 보여준다면 자녀들도 지켜보면서 무의식적으로 따라 하는 거울 효과를 기대할 수 있습니다. 자녀가 집에서 할 일이 없어 스마트폰을 붙들고 있는 것이라면 자녀가 해야 할 일에 대한 계획을 직접 세우게 하고 이를 실천하는 습관을 들이게 함으로써 문제를 해결해 나가는 게 좋습니다. 즉 스마트폰을 손에서 놓지 않으니 그 시간을 줄이려 강제하는 방법보다는 문제를 해결하는 접근 방법을 달리해 보시라는 의미입니다. 자녀가 할 일을 스스로 잘하도록 돕는 방법으로 문제를 해결해 나가시면 좋겠습니다.

학생들은 스마트폰으로 필요한 정보를 찾아보고 학습에 도움이 되는 정보를 공유합니다. 친구들과 소통하고 인적 네트워크를 형성하며 영화, 게임, 음악 등을 즐기며 재미를 찾습니다. 나아가 스마트폰으로 디지털 문해력을 키울 수 있습니다. 디지털 문해력은 디지털 플랫폼의 다양한 미디어를 접하면서 명확한 정보를 찾고, 평가하고, 조합하는 개인의 능력을 뜻합니다. 모바일 기기의 출현과 소셜 미디어의 확장으로 단순히 기기를 사용하는 방법만이 아니라 정보를 다루고 가공하는 일까지 범위가 확장되었습니다.

이제는 스마트폰으로 다양한 학문 정보의 탐색, 분석, 평가, 활용, 관리, 소통, 추상화, 생산 및 프로그래밍을 할 수 있습니다. 스마트폰을 하면서 정보와 데이터를 다루는 기술, 정보에 대한 비판적 접근과 활용, 안전과 윤리적 태도를 배워야 하는 시대에 살고 있다는 것입니다. 이러한 시대의 특성을 인정하실 필요도 있습니다.

자녀가 스스로 자신의 꿈과 목표를 생각하고 추진하는 원동력은 건강한 육체와 정신입니다. 건강해야 스트레스를 극복하며 긍정의 에너지로 변환할 수 있습니다. 공부를 지속하려면 적당한 휴식도 필요합니다. 휴식은 시간 낭비가 아니라 재창조의 시간이고 집중력을 유지시켜주는 일입니다. 휴대폰은 자녀의 자기 관리 능력을 키우고 휴식의 도구를 주는 긍정적인 기능도 있음을 수용하시고 자녀의 행동을 참아주는 게 필요할 수도 있습니다.

공부를
지속하려면
적당한 휴식도
필요합니다.

궁금해요! 고등학교

대학 진학 준비

내신 성적을 망쳤을 때 어떻게 진학할 수 있나요?

내신이 좋지 않아도 대학을 가는 방법은 많습니다. 입시에서 내신을 보지 않는 전형으로 대학을 가면 됩니다. 내신 반영비율이 높은 전형은 피해야 되는 것이고요. 내신으로 대학가는 전형은 수시 교과 전형, 수시 학종 전형은 내신의 비중이 크고, 수시 논술과 특기자전형은 내신의 비중이 거의 없는 수준입니다. 그리고 극소수를 제외하면 정시는 내신 성적을 반영하지 않습니다. 그러니까 내신이 안 좋으면 수시에서 논술, 특기자전형 그리고 수능을 잘봐서 정시로 가면 됩니다. 결론적으로 말씀드리면 내신이 좋지 않아도 대학 가는 방법은 많습니다. 그런데 내신이 좋지 않은 학생이 다른 전형을 잘할 수 있을지 냉정하게 판단해야 한다는 사실입니다. 내신이 안 좋은데 논술을 잘할 수 있을까, 내신이 안 좋은데 수능을 잘 볼까요?

지금은 고등학교 학생 수보다 대학교 학생 수가 많아서 대학을 가리지 않고 간다면 내신이나 수능성적과 무관하게 대학은 갈 수 있습니다. 그런데 위와 같은 질문을 하는 학생이나 학부모는 진학을 희망하는 대학이 지금 성적보다 높기 때문에 그런 질문을 하는 것이라고 생각합니다. 누구나 좋은 대학을 가고 싶다면 결국 좀 더 성적이 좋은 학생이 좋은 대학에 들어갈 가능성이 클 것입니다.

내신이 좋지 않아도 모의고사 성적이 잘 나온다면, 수능 공부에 몰입하여 정시로 대학 진학을 노리면 됩니다. 논술을 잘하거나 예체능 분야에 특기 능력이 출중하다면 그에 맞는 전형을 찾아보면 됩니다. 결국 자녀의 내신 성적에서 목표하는 대학이 어디고 그 대학을 진학하는 방법은 있는지 따져봐야 합니다. 자녀에게 맞는 맞춤식 전략을 세워야 합니다. 자녀에게 적합한 대입 전략을 미리 수립하기 위해서는 자녀의 담임이나 진로진학실을 찾아 상담하는 것이 좋습니다. 아니면 대교협이나 지역교육청 진로진학센터에서 상담을 할 것을 권합니다. 자녀의 현 위치와 희망 대학 사이에서 적정한 방법을 놓고 함께 해답을 찾아갈 것입니다. 자녀에 대해 잘 모르고 일반적인 방법으로 그럴듯하게 떠벌리는 사람들의 이야기는 귀에 담지 않으시면 좋겠습니다. 그 이야기가 맞는다면 돈으로 대학을 살 수 있다는 말도 진리입니다.

재학생의 경우 수시로 대학을 갈 때 내신 비중이 높기 때문에, 1학년 내신 성적이 나쁘게 나오면 바로 자퇴하여 검정고시를 보고 수능에 올인한다는 학생이 있습니다. 단언컨대 좋은 방법이 아닙니다. 그런 마음이 있다면 학교에서 자퇴하지 말고 수업 잘 듣고 정시에 초점을 맞추고 기를 쓰고 공부를 하면 됩니다. 내신 성적이 안 좋은 것을 부모님이나 친구들에게 보여주기는 싫고 학교 공부를 소홀히 한 것을 합리화하기 위해서 그럴싸한 이유를 대는 것이지만 결코 좋은 방법이 아닙니다. 자퇴하고 수능 공부해서 좋은 대학에 갈 가능성이 높다면, 누구보다도 현장에 있는 교사들이 내신이 안 좋은 학생들의 자퇴를 권할 것입니다.

목표하는 대학을 낮출 수가 없고 특별한 수가 없다면 정시 공부를 생각하는 것은 맞습니다. 그러나 내신을 버리고 수능을 선택하는 전략은 부모의 욕심과 자녀의 자기합리화가 아닌지는 짚고 넘어가야 합니다. 자녀가 다니는 학교의 내신 경쟁이 워낙 치열하고 내신 성적을 올려도 한계가 보이며 학생부에 들어갈 활동도 미흡하다면 고민이 될 것입니다. 다른 방법이 없고 자녀와 부모님 그리고 담임이나 입시조언자 모두 같은 판단을 내렸다면 바로 그 시점부터 수능 전략을 세워야겠지요. 그래도 재학생일 경우는 정시를 공부하면서도 수시를 버리지는 말았으면 좋겠습니다. 수시에서 최저등급을 세게 요구하는 대학, 논술 문제가 수능과 유사하거나 너무 어려운 문제가 출제되는 대학 등은 수능을 공부하면서 수시 원서를 넣어두는 것도 생각할 수 있습니다. 수능으로 목표를 정했다면 뒤도 돌아보지 말고 목표를 향해 전념하여 꿈을 이루기를 기원합니다.

창의적 체험활동이란 무엇인가요?

창의적 체험활동은 교과 이외의 활동으로 자율활동, 동아리 활동, 봉사활동, 진로활동으로 구성되어 있습니다.

자율활동	동아리 활동	봉사활동	진로활동
자발성에 바탕을 둔 변화 환경 대응 및 공동체 구성원으로서의 역량형성	취미 및 특기 계발, 협동적 학습능력과 창의적 태도 형성	나눔과 배려, 실천, 자연환경 보존, 생활 습관 형성을 통한 삶의 가치 이해	자아 정체성 확립과 진로 탐색 설계, 진로 결정 및 준비

자율활동은 학교 교육계획에 의해 학교에서 주최하고 주관하는 활동으로 학생회, 학급회, 시업식, 졸업식, 수련 활동, 발표회, 현장 체험활동 등이 있습니다. 모든 학생이 참여하는 행사이지만 그 속에서 자녀의 개별 활동이 드러

나야 의미가 있습니다. 왜 그런 활동을 했는지에 대한 분명한 동기가 있어야 하고, 활동 과정에서의 자발성과 창의적 문제 해결의 경험 등이 있어야 합니다. 학급에서 담임의 확인하에 독서, 진로 발표, 학급 행사 주관, 프로젝트 수행 등의 활동을 의미 있는 자율활동으로 만들어가면 좋습니다.

동아리 활동은 정해진 시간에 하는 정규교육과정 동아리(이하 정규 동아리)와 학생의 자발적 활동으로 이루어지는 자율 동아리가 있습니다. 그리고 학교스포츠클럽 활동과 청소년단체활동 등이 있습니다. 학생부 기재 요령의 변화에 따라 지금은 정규 동아리 이외에는 활동이 축소, 폐지 분위기입니다. 정규 동아리는 보통 매주 금요일 5~7교시 학기당 24시간 내외의 활동을 합니다. 연 1회 학년 초에 정규교육과정으로 편성된 동아리를 안내하고 학생들의 신청을 받아 동아리를 편성합니다. 자신의 진로와 관련이 있는 동아리를 선택하거나 친구 따라 즐겁게 활동을 하는 동아리를 선택하는 편입니다. 자녀가 다니는 학교에 전통이 있는 동아리나 학생부에 좋은 내용을 기재해준다는 동아리는 인기가 높아 자체 오디션을 보는 경우가 많습니다. 동아리에 탈락한 학생은 나라를 잃은 듯한 큰 슬픔에 빠지기도 합니다. 자율 동아리는 대입에 미반영되어 유명무실해졌습니다. 그러나 학급에서 진로가 비슷한 친구들과 자율적으로 활동을 하고 담임이 학생부에 기록해줄 수 있으니, 뜻이 맞는 친구들 5명 내외로 즐겁고 의미 있는 활동을 하는 것도 좋다고 생각합니다.

봉사활동은 의미 있는 교육활동입니다. 그러나 현실적으로 학생들이 시간적 여유를 갖고 봉사활동을 하는 것은 어렵습니다. 학부모님께서 큰 뜻을 가지고 주말이나 휴일을 이용해 가족 봉사를 하는 정도가 아니라면 신경 쓰지 않으셔도 될 듯합니다. 학교 교육과정에 의한 봉사활동 시간 이외에는 학생부에 기재되지 않습니다. 대청소, 체험활동 후 환경정화, 학교 행사 후 뒷정리 등의 형식으로 학기당 5시간 정도로 학생부에 기재됩니다. 그런데 학교에서 환경 도우미, 보건 도우미, 급식 도우미, 정보 도우미, 진로 도우미 등 도우미를 선발하여 학기당 일정 시간을 부여하는 봉사활동이 있습니다. 대부분 학급에서 1명 정도씩 선발하고 경쟁도 치열하지 않으니 자녀의 진로와 관련이 있는 분야에서 봉사하는 것은 좋은 일이라고 생각합니다.

진로활동은 학교에서 진로 적성 검사, 입시설명회, 특강, 체험활동 등을 안내하고 희망 학생을 받아 일회성 행사처럼 활동합니다. 말 그대로 진로활동이니 자신의 진로와 관련이 있다면 활동에 참여하는 것이 좋습니다. 그렇지만 모든 학생을 대상으로 한 활동이 같은 형태로 학생부에 기재가 되는 것은 아무리 많은 기록이 있어도 큰 의미가 없습니다.

교내 대회와 독서활동은 어떻게 해야 하나요?

이 질문은 "교내 대회와 독서활동이 이제는 대입에 반영되지 않으니 할 필요 없는 것인가요?"처럼 들립니다. 그렇다면 "대입에 반영되지 않는 자녀의 활동은 모두 의미가 없다는 것인가요?" 반문합니다.

독서와 수상 경력은 모두 학생부에 기록이 됩니다. 다만 대입 수시 전형에 응시할 경우, 대학교에 수상 경력과 독서활동 상황이 제공되지 않아 대입에 반영이 되지 않습니다. 학생부가 오로지 대학 입시를 위해 필요한 것이라면 독서와 수상을 위해 대회에 참가할 필요가 없습니다. 그렇지만 학생부는 3년간 학교생활과 활동을 기록하는 것이고 대학 진학 이후에도 언제 어떻게 활용이 될지는 알 수 없는 일입니다. 대입 반영을 떠나 독서와 수상이 의미가 있는지 판단해보시면 좋겠습니다.

수상 경력은 결국 교내 대회에 어느 정도나 참여할까의 문제입니다. 교과 성적이 우수하면 학기 말에 학업우수상을 수상하고 모범적인 행동을 하면 봉사상, 선행상 등을 받게 됩니다. 이것 이외에 다양한 교내 대회가 열리고 여기서 입상하면 수상 상황이 학생부에 기록이 됩니다. 무리하게 많은 대회에 참가하지는 않되, 자녀의 진로와 관련이 있고 즐겁게 참여할 수 있는 대회라면 도전해보라고 권장하고 싶습니다. 실전보다 더 좋은 경험은 없습니다. 상대적 평가에 연연하지 말고 자기 능력을 시험해보고 능력을 발휘하면서, 자기 발전과 도약의 계기로 삼는다면 좋을 것입니다. 개인적으로 참가하는 대회가 대부분이지만, 친구들과 팀을 이루어 협업하면서 단체로 참여하는 대회도 있습니다. 공동으로 과업을 수행하는 협업이나 팀 단위 프로젝트에 참여하여 자신의 역할을 다하고 능력을 발휘하는 것은 의미가 있는 활동입니다. 자존감과 자신감을 갖고 학교생활을 하는 데 긍정적으로 기여합니다.

다음으로 독서활동에 대해 좀 더 알아보겠습니다. 학생부에 독서활동이 기록되는데, 고등학교에서 대학교에 학생부를 제공할 때, 독서활동 상황은 반영이 되지 않습니다. 그렇지만 교과별 세부능력 및 특기사항이나 창의적 체험활동 등에 기록이 되고 이런 내용이 대학교에 제공됩니다. 독서는 학생의 지적 호기심, 탐구력, 전공 적합성, 자기주도성과 관련이 많아 학업 역량과 진로 역량 등 다양한 영역에서 긍정적인 평가를 받습니다.

독서는 학생의 사고력 신장과 진로 탐색 그리고 정서적 안정과 취미 생활에 영향을 미칩니다. 어렸을 때부터 독서와 학업을 연결하여 독서의 즐거움을 경험하지 못하고 성장하다 보니, 책은 공부하는 학생과는 일정한 거리가 있던 것 같습니다. 책을 읽으면 자기 생각과 의견을 갖게 됩니다. 국어와 영어 그리고 사회 교과의 대부분은 학생의 독서 경험과 문해력의 영향을 받습니다. 바쁜 학교생활 중에도 시간이 날 때 학교 도서관을 이용하고 독서를 취미로 갖게 되면 삶의 재미가 더할 것입니다. 틈틈이 시간을 내서 책을 읽는 습관을 갖게 되면, 고등학교 공부만이 아니라 대학교 그리고 이후 인생 공부에 좋은 영향을 미칠 것입니다.

독서를 많이 하는 학생은 교과서의 내용을 잘 이해하고 교사의 지도에 집중을 잘합니다. 문장의 의미를 잘 파악하고 교사가 말하는 것을 잘 이해하기에 똑똑하고 공부를 잘하고 학생으로 인정받습니다. 고학년으로 갈수록 더 긴 글과 어려운 지문을 접하게 되고 사회와 과학 교과에서는 폭과 깊이가 있는 배경지식이 필요합니다. 좋은 독서 습관이 형성된 학생은 학교에서 쉬는 시간이나 틈을 내서 책을 읽으면서 학교생활을 즐깁니다. 책을 읽고 다양한 생각을 하는 것 자체를 즐기기에 고등학문을 배울수록 흥미를 보이고, 어려운 문제를 해결하기 위해 다시 책을 읽으며 학습을 촉진합니다. 독서활동은 미리 할수록 좋은 선행학습입니다.

대입 정보와 입시 컨설팅은 어디서 받을 수 있나요?

부모님께서 자녀에게 뭔가를 해줘야 할 것 같아서 이런 질문을 많이 하십니다. 아주 쉽게 간명하게 말씀드리면, 학교에서 선생님과 상담하면 된다고 말씀드리고 싶습니다. 담임이 미덥지 않으면 진로진학실 교사와 상담하시면 됩니다. 그것도 신뢰하기 어려우면 지역교육청 진로진학센터가 있고 정기적으로 입시설명회를 운영하니 그것을 이용하시면 됩니다.

일단 학부모님께서 대입 정보를 많이 알아야 한다거나, 자녀에게 많은 도움을 줘야 좋은 대학에 진학한다는 부담을 내려놓으시면 좋겠습니다. 자녀가 대학을 잘 가면 좋겠다는 동행하는 마음으로 지켜보시고, 자녀가 요청하는 것이 있으면 그것을 도와주시면 된다고 생각하시면 좋겠습니다.

요즘은 입시 자료가 다른 기관보다 학교에 가장 많습니다. 과거에는 사교육 기관이 많은 정보를 가지고 있었지만, 지금은 학교가 가장 많은 유의미한 자료를 가지고 있습니다. 과거에 학교 간 정보 차이가 컸고 교사 간 지도 역량에 차이가 있었지만, 지금은 고등학교가 입시 자료를 공유하고 있고 학생 지도 역량도 평준화되었습니다. 지역교육청에서 관내 고등학교 자료를 모두 통합하였고, 대교협을 통해 고등학교의 표본을 모아 정확한 정보를 제공하고 있습니다.

그런데 학부모님들은 학교를 그렇게까지 신뢰하지는 않는 것 같습니다. 자녀의 입시 지도는 자녀의 담임이 가장 잘 할 수 있다고 믿고 학교를 방문하실 것을 권합니다.

고등학교 1, 2학년 때는 주로 학교 내신 성적과 모의고사를 분석하여 진로와 목표 대학을 설정합니다. 학생의 대부분은 기대한 만큼 성적이 나오지 않아 자존감이 낮아지고 사교육 기관을 의지하는 경향이 커집니다. 학교 내신과 모의고사 성적 상담을 통해 수시와 정시로 지원 가능한 대학을 가늠해 봅니다. 이때 학생은 자신의 상황을 합리화하는 선택을 하려 구실을 찾기도 하고 학생 나름의 대입 전략을 수립합니다. 고2 겨울방학과 고3 학기 초에는 자녀에게 맞는 대입 전략을 결정하기 위해 진로 전문가의 도움을 구하게 됩니다.

대학과 입학 정보가 궁금하다면 대입 정보 포털 어디가(www.adiga.kr)에서 정보를 확인할 수 있습니다. 또는 대학교 홈페이지 입학처에서 자료를 찾을 수 있습니다. 입시 결과뿐만 아니라 대학별 고사와 입시 상담을 안내하고 있습니다. 공지 사항 중에 '선행학습 영향평가 보고서'를 확인하면 실제 입학전형이 어떻게 진행되고 있는지에 대한 상세하고 정확한 정보를 얻을 수 있습니다. 대학이나 입학 상담을 하고 싶으면 한국대학교육협의회나 지역교육청 홈페이지를 방문하면 입시 상담 방법을 확인할 수 있습니다. 자녀 학교 담임과의 상담 이외에 대교협 대입 상담 콜센터(1600-1615, 평일 09:00~18:00)에서 전화 상담을 할 수 있습니다. 수시와 정시 원서를 쓰는 기간에는 늦은 밤까지 상담이 이루어집니다.. 우리나라 전국에 있는 모든 교육청은 자체적으로 진로 진학 정보를 제공하고 있고, 전화와 대면 상담을 진행하고 있습니다. 전화 상담을 하고 필요할 경우 상담 시간을 예약하여 방문하면 만족스러운 상담을 할 수 있을 것입니다.

해당 교육청 진로 정보를 이용하고 대학정보 알리미 '어디가' 그리고 관심 있는 대학의 입학처 홈페이지에 있는 정보만으로도 충분하니 더 이상 컨설팅을 받거나 유튜브를 찾을 이유가 없습니다. 그 이상의 정보 검색은 시간 낭비이고 혼란만 가중될 가능성이 큽니다. 서울교육청이 운영하는 서울진로진학정보센터(https://www.jinhak.or.kr)에 좋은 자료가 많습니다.

부모님 마음은 이해가 가지만 저는 고액을 들여 컨설팅을 받을 이유가 없다고 생각합니다. 유명한 입시 전문가들의 자녀가 좋은 대학 나오지 않았습니다. 사교육 기관, 입시 컨설턴트에게 대단한 정보는 따로 없습니다.

15 학원에 보내야 하나요?

학원을 보내서 성적이 오른다면 보내야 하는데요. 학원을 보내서 성적이 오르는 것인지 명확한 답을 드리기가 어렵습니다. 요즘 학생들은 대부분 학원에 다닙니다. 성적이 좋은 학생과 나쁜 학생 구분 없이 학원을 다닙니다. 수학을 잘하는 학생도 수학을 가르치는 학원을 다니고 수학 성적이 9등급인 학생도 수학을 가르치는 학원을 다닙니다. 따라서 학원을 다니는 것과 성적의 상관관계를 말하기가 어렵습니다.

학원을 보내야 할까요? 학생마다 경우가 다르기에 일률적인 답은 어렵습니다. 어떤 학원을 가는지, 누구와 과외를 하는지 그리고 사교육비는 어느 정도 지출을 하는지 등에 따라 답변이 다를 것입니다. 학원과 과외를 이용하는 이유가 무엇인지, 자녀의 학업 문제를 해결하는 방법으로 합당한지, 적정한 규모에서 지출이 이루어지고 있는지 등을 따져보고 판단을 해야 할 것입니다.

자녀가 공부했으면 좋겠고, 부모로서 지원해줬다고 위안 삼으려는 심리는 의미가 없을 듯합니다.

학원이나 과외 일명 사교육을 생각하기 이전에, 지금 자녀가 다니는 학교에서 공부하는데 무엇이 문제인지 진단을 하는 것이 우선입니다. 수업 내용이 이해가 가지 않는지, 심화 학습을 원하고 있는지, 시험을 잘 보기 위해 도움이 필요한지 등 자녀의 요구가 있는지에 대해 의견을 나눠야 합니다. 초등학교 때부터 다녔던 학원이라 그냥 다니는 것이 아니라 지금 자녀가 공부를 더 잘하고 싶은 욕구가 있는데, 누군가의 도움이 필요하다는 요청이 있는지를 먼저 생각해보시면 좋겠습니다. 부모 뜻대로 학원을 정하고 과외를 바꾸는 것은 좋지 않습니다. 학교 공부에 충실하고 그것을 돕기 위한 사교육이 바람직합니다. 사교육 기관이 자체 교육 프로그램을 진행하는 방식인지, 자녀의 학습에 맞춤식 교육을 제공하는지 따져야 합니다. 학원과 과외를 결정할 때는 반드시 자녀 의사를 존중해줘야 합니다. 자녀가 선택하고 책임을 지는 학습이면 좋겠습니다. 학원, 과외를 하면서 자녀가 즐겁게 공부하는지, 일정 기간 학습 후에 성과가 있었는지 객관적인 수치로 비교해야 합니다. 빠른 변경도 좋지 않지만, 사교육으로 인해 발전이 있는지를 점검하지 않고 불안한 심리에서 계속 사교육에 의존하는 것은 바람직하지 않습니다. 학생의 지기주도성은 떨어지고 학습에 지칠 뿐입니다.

학원을 다녀야 하는지 묻는 것은 곧 효율적인 학습법이 무엇인지에 대한 물음과 통합니다. 성적을 올리기 위한 특별한 방법은 없습니다. 그게 있다면 누구나 천금을 주고라도 사서 이용할 것입니다. 공부는 방법이기보다는 실천의 문제입니다. 심지어 그 학습법이라는 것도 학습자가 공부하는 과정에서 스스로 터득하는 것이지, 공부를 잘한 누군가가 좋다고 해서 그 방법이 자녀에게 적합한 것도 아닙니다. 요행을 바라는 심리보다는 우직하게 공부하는 자세와 태도가 더 중요합니다.

엉덩이로 공부한다는 말이 있습니다. 일단 책상에 앉아야 하고 고교생은 2시간 정도는 묵직하게 자리를 지킬 의지와 인내력을 길러야 합니다. 그다음으로 공부를 왜 해야 하는지 자기 이유를 찾아야 합니다. 학원과 과외가 의미없다는 것은 아닙니다. 최소한 그 시간만큼은 학습에 노출되는 것이고 자신에게 적합한 방법이라면 오히려 권장할 수도 있습니다. 다만 공부는 자신이 하는 것이므로 타인에게 의존하는 것은 바람직하지 않다는 것입니다. 학습과 평가받는 주체는 학생 본인이고 평생 자기 인생을 책임져야 하는 것도 학생 자신이기에, 스스로 학습하고 책임지는 자세를 배우는 것이 더 중요하다는 것입니다. 자녀가 학원의 필요성을 말하면 학원을 찾고, 그 학원에서 어떻게 공부하는지 살펴주시면 좋겠습니다. 부모님께서 먼저 자녀에게 학원을 권하는 것은 바람직하지 않다고 말씀드리고 싶습니다.

학교 시험과 내신 관리는 어떻게 해야 하나요?

학교 시험은 보통 학기당 2회(중간고사, 기말고사)**씩 실시합니다.** 예를 들어 1년에 4회(4월 말, 7월 초, 9월 말, 12월 초) 실시하고, 7월 말에 1학기 합산성적과 12월 말에 2학기 합산성적을 산출합니다. 중간고사와 기말고사는 지필시험으로 이루어지고 여기에 수행평가가 있습니다. 수행평가는 과목마다 평가 방식과 횟수에 차이가 있습니다. 일반적으로 과목당 2회 이상의 수행평가가 이루어지기에 학생들은 중간고사 이어서 수행, 수행, 기말고사 대충 이런 식으로 시험의 연속입니다.

지필고사와 수행평가 등 학교 시험 일정은 학기 초에 1년간의 학사일정과 함께 학생에게 안내하고 학교 홈페이지에 공지합니다. 성적은 학기 단위로 산출이 됩니다. 즉 1학년 1학기 성적 합산, 1학년 2학기 성적 합산, 2학년 1학기 합산, 2학년 2학기 합산, 3학년 1학기 합산으로 총 5학기 성적이 중요하고 3학년 2학기 내신 성적은 대학입시에 반영이 되지 않습니다. 그래서 많은 학교는 3학년 2학기 시험은 한 번만 보는 경우가 많고, 학생들도 3학년 2학기 내신을 위해 공부하지 않습니다.

학교 내신성적은 대학 입시 수시에서 가장 중요한 자료로 활용이 되기에 3년간 잘 관리를 해야 합니다. 그동안 대입 정시에서 내신은 반영하지 않았으나, 이후 대입에서 변화가 예고되어 있습니다. 정시에서 반영하는 대학은 서울대학교와 극소수 대학이지만 이런 대학을 지원하는 학생은 이미 내신에서 우수한 성적이기에 실질적으로 정시로 대학을 갈 경우, 내신의 영향력은 거의 없다고 보셔도 됩니다. 학교 내신을 버리며 수시에서 좋은 대학을 진학하는 것은 불가능하다는 이야기입니다. 그리고 학교 성적에 따라 학생의 자존감이 출렁이고 학부모의 기대와 걱정이 좌우됩니다.

내신 관리는 원론적인 이야기를 할 수밖에 없습니다. 학교 수업 충실하기, 미리 계획하기, 실수하지 않기 등 특별한 것이 없습니다. 다만 학생이 간과하는 것 두 가지만 언급하겠습니다.

고등학교와 중학교의 시험 문제 출제 형식에는 차이가 있습니다. 중학교 시험은 학업성취도 평가로 성취기준에 따라 쉬운 문제가 많았습니다. 그러나 고등학교는 변별력이 있는 난도가 높은 문제가 출제됩니다. 고등학교 시험과 수능은 지식을 활용하여 문제 해결력을 평가하는 시험입니다. 즉 지식을 평가하기보다는 능력을 평가하는 것입니다. 수업 시간에 배운 지식을 안다고 생각해도 시험 문제를 보고 당황하는 일이 생기므로, 수능 유형의 문제에 대비해야 합니다. 대입 수능이나 평가원 모의고사 문제를 엮어놓은 문제집이나 EBS 수능 유형의 교재를 통해 실전 문제를 풀어보고 학교 시험을 대비하는 것이 좋습니다. 학교 근처 서점이나 학원에서 전년도 문제를 풀어보는 것은 일장일단이 있습니다. 비슷한 유형의 문제를 풀어 보는 것일 뿐, 족보라고 하면서 판매하는 문제지에 현혹되면 안 됩니다. 전년도 문제를 교사가 다시 출제하면 감사를 받기에 교사들은 전년도와 같은 문제를 내지 않습니다. 시험 성적은 공부한 만큼 정직하게 나온다고 생각하고, 평소에 열심히 공부하는 것이 비법 아닌 비법입니다.

내신 관리를 위해 학습환경이 편안하고 안정적이어야만 합니다. 공부에만 전념할 수 있는 공간과 일정한 시간을 확보하는 것이 중요합니다. 학교 자습실, 학원, 공부방, 스터디카페, 도서관 등 그 어디든 간에 일정하게 이용하는 학습환경을 제공해 주는 것이 중요합니다. 다음으로 자녀가 학습의 중장기 및 단기 목표를 정하고 계획성 있게 학습해 나가도록 관심과 격려를 해주셔야 합니다. 성적을 올리는 효과적인 학습법은 결국 자기 관리 능력을 키우는 일입니다. 시간 관리, 생활 관리, 학습 관리, 스트레스 관리 등 자녀가 스스로 자신의 인생을 주도적으로 계획하고 추진하는 힘을 키워나가도록 도와주셔야 합니다.

17

모의고사와 수능을 어떻게 대비해야 하나요?

1, 2학년 때 전국연합학력평가(모의고사)는 연 4회 실시합니다. 전국 4개 교육청에서 출제업무를 담당하여 보통 3월(서울교육청), 6월(부산교육청), 9월(인천교육청), 11월(경기교육청)에 시행합니다. 모의고사는 대학수학능력시험(이하 수능)과 같은 형식으로 시행됩니다. 3학년 때는 여기에 6월과 9월에 수능을 출제하고 관리하는 한국교육과정평가원에서 그해의 수능과 유사한 형식으로 모의고사를 출제합니다. 6월과 9월 평가원 모의고사에는 학원생, 반수생, 재수생 등이 시험에 응시합니다. 그래서 과목별 수능 응시 인원과 출제 경향 등을 파악하는 중요한 시험이 됩니다.

수능이 대입 정시에서 활용이 되는 시험이기에 모의고사는 수능 성적을 미리 가늠해보는 성격이 강합니다. 모의고사 성적이 좋은 학생이 수능도 잘 볼 가능성이 큽니다. 성적이 좋지 않은데 갑자기 수능 대박으로 좋은 대학에 갔다는 것은 예외적 사항입니다. 수능 한 번의 성적으로 정시 지원 대학이 결정되기에 실력을 발휘하지 못해 수능을 망치면 난감한 상황이 됩니다. 그래서 평소에 보는 모의고사를 수능 성적, 즉 정시 지원 가능 대학을 가늠하고 거기에 맞추어 수시 지원 대학을 고려하게 됩니다.

학교 시험은 같은 학교 학생끼리 경쟁이니 자녀의 성적이 전국의 수험생들과 비교했을 때 어느 정도의 위치에 있는지 알 수 없습니다. 그런데 모의고사는 표준점수와 백분위를 통해 자녀의 성적을 정확하게 진단할 수가 있고 어떤 영역의 어떤 부분이 강하고 약한지를 파악할 수 있습니다. 학생들은 모의고사를 위해 별도로 준비하지는 않지만 대체로 학교 공부에 충실한 학생이 모의고사 성적도 높습니다. 교과수업과 EBS를 연계해서 학습하면 모의고사 유형에 친숙해질 수 있습니다.

학교 내신 성적에 비해 모의고사 성적이 좋다면, 정시를 생각하게 됩니다. 1학년과 2학년 때 모의고사 성적의 변화를 보면 3학년 수능에서 어느 정도의 성적이 나올 것이라고 예상할 수 있습니다. 국어, 영어, 수학의 기초가 탄탄하고 탐구영역 중 자신 있는 과목이 있다면 수능 전략을 세워야 합니다. 2학년 기말고사까지는 내신 공부에 충실하면서 국, 영, 수 공부를 착실하게 할 필요가 있습니다. 모의고사 성적을 토대로 수능에서 좋은 성적이 나올 것으로 예상이 되면 2학년 겨울방학에 수능 공부에 몰입하는 시간을 갖는 것이 좋습니다.

모의고사와 수능에서 원점수는 제공되지 않습니다. 개인이 받은 원점수를 가공하여 표준점수, 백분위, 등급을 제공합니다. 대학은 수능 성적에서 필요한 정보를 활용하여 정시로 학생을 선발합니다. 표준점수는 시험에 응시한 학생 중에 개인이 받은 원점수를 상대적 서열로 나타낸 점수입니다. 선택과목별로 정해진 평균과 표준편차를 갖도록 변환한 분포상에서, 개인이 획득한 원점수가 어느 위치에 해당하는가를 나타내는 점수입니다. 국어, 수학의 평균은 100점, 탐구영역은 50점이며 점수가 클수록 상대적으로 우수한 성적입니다. 백분위는 영역, 과목 내에서 개인의 상대적 서열을 나타낸 수치입니다. 즉 해당 수험생의 백분위는 응시 학생 전체에 대한 그 학생보다 낮은 점수를 받은 학생 집단의 비율을 백분율로 나타낸 수치입니다. 쉽게 표현하면 100명 중에서 몇 등을 했는지를 나타낸 점수입니다. 백분위가 클수록 좋은 성적입니다. 100명 중 2등이면 백분위는 98, 5등이면 백분위가 95, 10등이면 백분위가 90, 20등이면 백분위가 80, 30등이면 백분위가 70입니다. 등급은 과목별 표준점수에 근거하여 수험생을 9등급으로 나누어 수험생이 속해 있는 해당 등급을 표시합니다. 전체 수험생의 상위 4%까지를 1등급으로, 그다음 7%까지를 2등급으로 하여 학생부와 같은 방식으로 순차적으로 등급을 부여합니다.

방학에는 무엇을 해야 하나요?

대학 입시가 고3에서 결정하는 것이 아니라, 중학교를 졸업하면 이미 입시 전선에 뛰어드는 느낌입니다. 마찬가지로 방학은 쉬는 시간이 아니라 신학기를 준비하는 기간이 되면서, 사교육 기관에서 다음 학년도를 준비하거나 기숙학원에 자녀를 보내는 일도 생기고 있습니다. 여기서는 고등학교 입학 전의 방학과 고2 방학을 어떻게 보내야 하는지 제시해보겠습니다.

중3 겨울방학이 중요하다는 것을 알겠는데, 자녀가 스스로 공부하지 않고 여전히 중학생 같은 생활에서 벗어나지 않아 걱정이 많으실 것입니다. 공부는 결국 자녀가 하는 것이니 자녀의 생활 습관, 학습 목표와 계획 세우기에 대해 의견을 나눠 주세요. 우선 잠자고 일어나는 시간이 일정해야 합니다. '늦어도 12시에는 잠자기', '아침 7시에는 일어나기' 등 자녀의 생활 습관부터 잡아줘야 합니다. 그리고 자녀가 공부해야 하는 공간과 시간을 확보해줘야 합니다.

학원이나 과외 아니면 도서관 등 정해진 시간만큼 일정한 학습공간에 노출시켜야 합니다.

자녀가 진학하는 고등학교의 홈페이지를 방문하여 3년간 배우게 될 교육과정을 살펴봅니다. 고1 수학과 영어를 어디까지 선행할지 목표를 세우고 학습 계획을 구체적으로 작성해야 합니다. 지나친 선행보다는 심화 학습을 하는 것이 좋습니다. 다양한 것을 시키는 것보다는 수학 개념 다지고 문제 풀기, 영어 어휘와 기초문법에 집중하는 것이 좋습니다. 수학과 영어의 기초가 튼튼하면, 입학 후 다른 과목을 공부할 시간을 자연스럽게 확보할 수 있습니다. 틈을 내서 고등학교에서 활용할 몇 권의 책을 읽는 것도 좋습니다. 자녀의 상황과 수준에 맞는 목표와 일정을 고려해야 합니다. 자신의 의지로 긴 기간 공부하기 어려운 시기이니, 친구들과 함께 공부할 수 있도록 스터디그룹을 만들어줘도 좋습니다.

고2 겨울방학은 고3 입시를 앞두고 전초전을 대비하는 중요한 시기입니다. 고2 겨울방학이면 1, 2학년 내신 합산이 나옵니다. 2학년에서 본 4번의 모의고사로 수능에서 어느 정도의 대학이 가능할지 진단이 됩니다. 내신과 모의고사를 통해 지원 가능 대학과 가고 싶은 대학이 일치한다면 지금처럼 공부하면 될 것입니다.

수시로 가고 싶은 대학을 정해보고 그 대학을 진학하는 방법을 생각해봅니다. 교과와 학종전형에서 가장 중요한 것은 내신 성적입니다. 3학년 1학기 성적까지 수시에 반영됩니다. 1, 2학년보다 3학년 성적의 반영비율이 높습니다. 3학년 1학기 성적이 3학년 전체 성적으로 반영되는 것이기에, 3학년 1학기 중간고사가 한 학년 전체 성적보다 비중이 더 큰 것입니다. 그만큼 3학년 내신이 중요해서 경쟁은 더 치열할 것입니다. 결국 2학년 겨울방학에는 3학년 1학기에 배울 수학, 영어, 국어 내신 공부에 전념합니다. 그리고 사회나 과학 중에 3학년에 선택한 교과목을 EBS 교재로 공부하며 내신과 수능을 동시에 대비하는 것이 좋습니다. 수학은 과거 문과와 이과라는 구분이 없이 수학(미적분, 이산수학, 경제수학 등)을 선택한 학생 모두 내신 경쟁을 하기에 더욱 신경을 써야 합니다. 자녀가 인문사회 계열로 진학한다고 해도 3학년 1학기 수학 성적이 자연이공 계열로 진학하는 학생들보다 떨어지면 수시 지원 전략에 차질이 생길 수 있습니다. 그만큼 3학년 1학기 내신의 중요성을 생각해서 예습을 충실하게 할 것을 권합니다.

내신보다는 수능으로 대학을 가겠다는 학생은 겨울방학 중에 3월 모의고사에서 목표하는 점수를 정합니다. 그리고 국어, 수학, 영어 영역의 학습 계획을 세밀하게 작성하고 실천합니다. 혼자 공부하는 것이 만만치 않으므로 이때는 사교육의 도움을 받고 수험생들의 분위기를 느끼며 공부하는 것도 좋습니다. 상대적으로 학습량이 적은 사회나 과학 중의 한 과목은 EBS 수능특강 교재로 완강하면 3학년 때 한결 여유가 생깁니다.

19 수시 원서 6장은 어떻게 써야 하나요?

대학이 학생을 선발하는 시기에 따라 수시, 정시, 추가 모집으로 구분합니다. 수시에 합격하면 정시에 도전할 수 없습니다. 수시에 합격한 대학보다 정시에서 더 좋은 대학을 합격하여 등록을 하면 부정 입학으로 대학 등록이 취소됩니다. 수시와 정시에서 정원을 채우지 못한 대학은 추가 모집을 합니다. 수시, 정시, 추가 모집의 대략적인 특징은 아래와 같습니다.

	백분위	정시 모집	추가 모집
선발 비율	70%	30%	미충원 인원
모집 시기	9월 초 ~ 12월 중순	12월 말 ~ 1월	2월 말
선발 방법	교과, 학종, 논술, 실기	수능, 실기	수능
지원 횟수	6회(횟수 미적용 대학 있음)	3회(가,나,다 군)	제한 없음

특징	· 특목고 강세 · 일반고 우수자 적극 지원 · 오랜 기간 준비와 노력	· 수능에 강한 재수생 상존 · 상위권 대학 반수생 증가 · 눈치와 요행이 통하지 않음	· 모집 인원 변동 · 상위권 대학 모집 인원 극소

이해를 돕기 위해 대략적인 내용을 간략하게 정리한 것이므로 정확하고 자세한 사항은 대학교 홈페이지나 입시 관련 정보를 확인해야함.

정시는 수능 성적에 따라 원서를 쓰지만, 수시는 학생을 선발하는 전형이 복잡하고 다양하여 학생과 학부모님께서 어려움을 많이 겪기에 수시 원서를 어떻게 쓰면 좋을지 알아보겠습니다.

수시는 9월 중순부터 원서를 쓰고 12월 말까지 진행됩니다. 6개 대학을 지원할 수 있고 합격한 대학 중 하나는 반드시 등록해야 합니다. 전문대와 KAIST, GIST, DGIST, UNIST, 한국에너지공대, 경찰대와 사관학교, 한국전통문화학교, 한국예술종합학교, 산업대는 횟수 제한에 예외로 마음대로 쓸 수 있습니다.

수시 원서 6개를 어떻게 쓸지는 자녀의 상황을 고려하여 합격 가능성이 가장 유리한 전형을 선택하여 준비해야 합니다. 하나의 전형에 수시 원서 6개를 지원하는 것은 신중해야 합니다. 예를 들어 논술전형 6개, 교과전형 6개, 학종전형 6개 쓰는 것이 최선인지 판단해야 합니다. 논술전형은 2개 쓰면 교과전형과 학종을 결합하고, 학종으로 6개 카드를 모두 쓰기보다는 다른 전형도 결합하는 것을 고려합니다.

자녀에게 유리해도 그 전형에 지원하는 학생들의 성향도 비슷하기에 복합적인 상황을 고려해야 합니다. 6개 수시 카드를 쓸 때 가고 싶은 대학과 갈 수 있는 대학을 적정하게 안배해야 합니다. 비슷한 수준의 대학을 수평으로 6개 대학을 쓰는 것보다는 지원하는 6개 대학의 격차가 있는 방식을 권하고 싶습니다. 가고 싶은 대학 6개를 쓰면 모두 실패 가능성이 있고, 갈 수 있는 대학으로만 6장을 쓰면 아깝습니다. 일반적으로 교과전형으로 갈 수 있는 대학을 정합니다. 교과전형은 내신을 정량평가하기에 변수가 적습니다. 전년도 합격자의 평균선에서 지원하면 무난합니다. 학종전형에서 서류와 면접 평가는 정성평가이기에 변수가 발생합니다. 교과전형보다 낮은 내신으로도 지원을 하기에 합격하고 싶은 대학으로 지원합니다. 논술전형은 가고 싶은 대학입니다. 내신이나 학종으로 생각할 수 없기에 복권을 사는 심리로 도전을 해보는 전형입니다.

다음으로 수시 6개를 수능 이전과 수능 이후로 나누는 것도 고려할 수 있습니다. 평가원 모의고사 성적이 좋게 나오면, 수능 이후에 전형이 진행되는 대학을 지원합니다. 수능을 아주 잘 봤다면 지원했던 수시 대학에 응시하지 않으면 됩니다. 자녀에게 가장 좋은 전형을 선택하는 것도 중요하고 6개 카드를 적정하게 분배하는 데도 전략이 필요합니다.

수시와 정시 중 어디에 초점을 맞추어야 하나요?

수능은 3년 고교생활의 노력을 한 번의 시험으로 결정하는 것입니다. 재학생과 재수생 그리고 대학에서 다시 수능을 공부하는 반수생까지 포함한 경쟁입니다. 수시는 학교 내신성적을 기본으로 하여 다양한 방식으로 학생을 선발합니다. 정시는 수능과 실기, 수시는 교과, 학종, 논술, 실기로 학생을 선발하고, 정시는 정원의 30%, 수시는 70% 정도입니다.

내신이 좋고 학교생활을 충실히 한 기록이 있습니까? 아니면 내신에 비해 모의고사 성적이 높아 수능을 잘 볼 것으로 기대하고 있습니까? 단순하게 표현하면 자녀의 내신과 수능 중 어느 쪽을 선택해야 더 좋은 대학을 갈 수 있는지 판단해보시라는 의미입니다. 그런데 내신은 이미 나와 있고, 수능은 아직 모릅니다. 그렇다면 나와 있는 합산 내신으로 갈 수 있는 대학이 마음에 든다면 그대로 진행하면 됩니다. 내신으로 갈 수 없는 대학을 희망한다면 수시의 다른 전형으로 합격할 방법을 찾으면서 수능 공부에 전념해야 합니다.

수시와 정시 중 어디에 초점을 맞추어야 할까요? 예체능, 특기생, 실기고사 등 특별한 경우를 제외하고 일반적인 상황으로 가정하고 풀어서 생각해보겠습니다. 수능을 잘 볼 수 있다면 정시 모집에 응시하면 됩니다. 그런데 수능은 1년에 한 번뿐인 기회이고 상위권 대학의 경우 수시에서 50% 이상의 학생을 미리 선발했다는 것을 고려해야 합니다.

재학생의 경우 수시와 정시 중 어디에 올인한다는 것은 좋은 전략이 아닙니다. 즉 수시로 진학을 목표로 해도 정시까지 간다는 전략이 필요합니다. 재학생이라면 수시 모집에 응시하는 것이 유리하다고 말하고 싶습니다. 자신의 상황을 고려하여 수시에서 어떤 전형을 대비할 것인가를 고민하고 준비하는 것이 좋습니다. 수시가 국가대표 선발전 같다면 정시는 올림픽에서 메달을 따는 것과 같은 느낌입니다. 내신 성적이 좋지 않고 논술이나 다른 특기 능력이 없어서 정시를 선택한다고 말하는 학생에게 "수능 성적 잘 나와요?" 하고 물으면 "예!"라고 자신 있게 답할 수 있는 학생은 극소수입니다. 그런 학생이라면 정시를 지원하는 게 현명합니다. 그런데 학교 내신이 좋지 않으면서 수능을 잘 보는 학생은 찾아보기 어렵습니다. 수능을 적당히 잘 보는 것이 나니 아니라 아주 잘 봐야만 정시에서 좋은 대학에 진학할 수 있습니다.

정시는 수능을 잘 보면 됩니다. 정시에서 내신은 거의 의미가 없습니다. 단순하다는 장점이 있습니다. 수능 1등급(4%)은 18,000명(45만 명이 응시하는 것으로 계산)입니다. 서울대, 연세대, 고려대에서 정시로 선발한 학생의 합계는 약 4,000명입니다. 1등급도 어렵지만 1등급이어도 서울 최상위 대학 합격은 어렵다는 것이 수치로 증명된 것입니다. 이해를 돕기 위해 단순하게 계산해보겠습니다. 대학교 일반전형 선발 학생 수는 3,000명, 이 중 정시가 40%이면

1,200명입니다. 전국 고등학교의 최상위권 학생과 극상의 학원에서 재수하는 학생, 최상위 대학 반수생, 전국 단위 자사고 학생 등은 성적이 매우 높습니다. 이런 학생들이 대학의 좁은 문에 들어가려고 경쟁하는 것이 정시입니다.

수시가 쉬운 것도 아닙니다. 그렇지만 미리 전략을 세워 선택과 집중으로 승부를 보는 것은 권장할 수 있습니다. 목표를 이루기 위한 기나긴 노력의 과정에서 배우는 것도 있고 세상을 살아갈 경쟁력을 키우게 됩니다. 수시에서 6개의 카드를 어떻게 활용할 것인지 생각하고 준비해야 합니다. 6개 전형을 어느 한 전형, 예를 들어 모두 논술전형에 응시하는 것은 합격 가능성이 작습니다. 합격할 수 있는 대학과 합격하고 싶은 대학을 적정하게 분배해야 합니다. 수시에서 과하게 낮은 대학을 지원하는 것은 어리석은 일입니다. 수시 지원 6장의 카드에 포함되지 않는 특수한 대학과 서울 소재 전문대학도 고려해 볼 만 합니다. 수시는 고교 3년간의 내신 성적, 정시는 모의고사 성적을 고려하여 원하는 대학에 합격하는 전략을 세워야 합니다.

대입 수능은 어떻게 운영되나요?

대학수학능력시험(大學修學能力試驗)**은 대학에서 수학할 수 있는 능력**이 되는 자를 선발하기 위하여 교육부에서 해마다 실시하는 시험입니다. 한국교육과정평가원에서 주관하고 매년 11월 3주 목요일에 전국에서 시행합니다. 1년에 한 번뿐인 기회이기에 수험생은 긴장하고 수능 성적에 따라 대학 입시 특히 정시에서 어느 대학을 입학할지가 좌우됩니다. 수시의 경우 최저학력으로 이용되기도 합니다. 최저학력이란 수시에서 합격권 안에 들어있는 경우, 대학에서 "우리 학교에서 공부하려면 최소한 이 정도의 학력이 있어야 한다."라고 제시한 기준입니다. 예를 들어 의대의 경우 최저학력으로 국, 영, 수 각 1등급을 요구한다거나, 수도권 대학의 경우 국, 영, 수, 탐구(1과목) 중에서 2개 영역 합이 7등급을 요구하는 등 학교마다 기준이 다릅니다. 물론 최저학력을 적용하지 않는 대학도 많습니다.

수능 응시 영역과 출제 문항 구성은 아래와 같습니다.

영역	문항 수	배점	시험 기간	출제 범위(선택 과목)	비고
국어	45	100점	80분	• **공통**: 독서, 문학 • **선택**: 화법과 작문, 언어와 매체 중 택1	• 상대평가 • 선택 교과에 따라 표준점수 산출
수학	30	100점	100분	• **공통**: 수학 I, 수학 II, • **선택**: 확률과 통계, 미적분, 기하 중 택1	• 상대평가 • 선택 교과에 따라 표준점수 산출
영어	45	100점	70분	• 영어 I, 영어 II 바탕 • 듣기 17문항, 다양한 지문	• 절대평가 • 90점 이상 1등급, 10점 간격으로 등급 부여
한국사	20	50점	30분	• 필수 응시 (미응시의 경우 성적 처리가 안 됨)	• 상대평가 • 40점 이상 1등급, 이하 5점 간격으로 등급 부여
탐구	과목당 20	과목당 50점	과목당 30분	• 사회탐구, 과학탐구 중 최대 택2 • 직업탐구 최대 택2	• 상대평가 • 선택 교과에 따라 표준점수 산출
제2 외국어/ 한문	과목당 30	과목당 50점	과목당 40분	• 9과목 중 택1	• 절대평가 • 40점 이상 1등급, 이하 5점 간격으로 등급 부여

1교시 국어영역에서 화법과 작문과 언어와 매체 중 선택 과목에 따라 유불리를 완화하기 위해 '공통과목 점수를 활용한 선택과목 점수 조정' 방식을 거쳐 최종 표준점수를 산출합니다. 마찬가지로 2교시 수학영역에서 확률과 통계, 미적분, 기하 중 선택 교과에 따라 점수를 조정한 표준점수를 부여합니다. 어려운 식으로 점수를 산출하여 확률과 통계를 선택한 학생이 미적분을 선택한 학생보다 점수가 낮게 조정됩니다. 인문 계열 학생은 확률과 통계로 시험을 보고 자연 계열 학생은 미적분을 응시하면, 원점수가 같더라도 자연 계열 학생의 표준점수가 높게 산출됩니다. 그렇다면 미적분을 선택하면 된다고 하

지만, 인문 계열 학생이 미적분을 선택하는 것은 현실적으로 어려움이 많습니다. 결국 공통문항에서 높은 점수를 받는 것이 전략이 됩니다.

영어, 한국사, 제2외국어는 절대평가입니다. 영어는 90점 이상이면 1등급이고 89점부터 80점까지가 2등급입니다. 한국사는 40점 이상이 1등급이고 39점부터 35점까지가 2등급입니다. 제2외국어도 한국사와 같은 방식으로 점수를 부여하는데, 인문 계열 최상위 일부 대학에서만 활용하는 정도로 바뀌어 입시에서 변별력을 거의 잃은 상태입니다.

궁금해요! 고등학교

대입 성공 전략

22

진학 가능 대학을 어떻게 알 수 있나요?

자녀가 어느 정도의 대학을 갈 수 있을까요? 자녀는 대충 어느 정도의 대학을 갈 수 있을 것이라는 짐작, 부모님의 기대를 충족하기 어려울 수 있다는 정도는 예상할지도 모릅니다. 학생, 학부모, 교사 모두 같은 마음으로 귀한 자녀의 성공적인 대입을 원하고는 있습니다. 학부모는 자녀가 알아서 잘해줄 것이라는 믿음보다는 걱정이 앞서는 것이 사실입니다.

자녀가 어느 정도 대학을 갈 수 있을지는 부모님의 희망이 아니라, 현재 자녀의 합산 내신 성적과 모의고사 성적을 객관적으로 분석하면 가늠할 수 있습니다. 가장 잘했던 내신 시험 성적과 모의고사에서 잘 나오는 한 과목이 아니라 전체적으로 현재 자녀의 위치를 객관적으로 파악하는 것이 필요합니다. 자녀가 어느 정도의 대학에 진학할까 궁금하시면 3학년 학기 초 담임과의 상담을 진행하고 1년간의 입시 플랜을 자녀와 공유하면 좋겠습니다.

3년간의 내신 성적부터 살펴보겠습니다. 아주 거칠게 표현하면 내신 합산 1점대는 되어야 서울의 좋은 대학을 가고 2점대는 서울권, 3점대는 수도권, 4점대부터는 내신의 의미가 그리 크지 않습니다. 자녀가 다니는 학교의 학년 석차에 2,000을 곱해보세요. 예를 들어 전교 30등일 경우, 30 × 2,000 = 60,000입니다. 즉 전교 30등은 학교에서는 좋은 성적이지만, 전국으로 따지면 60,000등 정도이니 서울의 좋은 대학은 진학하지 못한다는 수치입니다.

다음으로 자녀가 다니는 학교의 선배들의 입시 결과로 예측합니다. 학교마다 진학 실적이 다르고 해마다 변화가 있습니다. 그렇지만 주변에서 들리는 말이 아니라 냉정하게 전년도 진학 결과를 확인해보시면 됩니다. 수시의 경우 한 학생이 여러 대학에 합격합니다. 예를 들어 전교 1등이 서울대와 연세대 공대 그리고 지방 의대 3곳을 합격하면, 학교에서 외부에 공개하는 결과에는 모두 집계기 되므로 허수가 많습니다. 한 학생이 한 개 대학으로 진학을 하는 것이니 최종 등록 대학을 기준으로 해서 계산하셔야 합니다. 자녀가 다니는 고등학교의 3학년 담임이나 진로진학실 교사에게 문의하면 확인이 가능할 것입니다. 지금 자녀가 다니는 학교 등수로 그 학교의 대입 결과에 대입해보면 자녀의 대학을 예상할 수 있습니다. 예를 들어 자녀가 다니는 학교에서 서울, 연세, 고려대를 힙하여 10명 간다면 전교 10등 정도는 돼야 한다는 의미입니다.

수능 성적은 더 정확하게 예측할 수 있습니다. 모의고사는 전국의 학생들이 동시에 시험을 봤기에 점수대별 지원 가능 대학이 이미 나와 있습니다. 아주 단순하게 표현해서 수능을 400,000명 응시한다면 1등급은 4%이므로 16,000명입니다. 서울, 연세, 고려대 정시 모집 인원은 5,000명이 되지 않습니다. 수능에서 1등급이어도 SKY가 어려운데 2등급을 받고 그렇게 희망하는 것은 꿈입니다. 모의고사를 보면 백분위가 나옵니다. 즉 100명 중에서 몇 등인지가 나오는 것입니다. 예를 들어 백분위 95라고 하면 100명 중에서는 5등을 한 것입니다. 1,000명이면 50등이고 10,000명이면 500등입니다. 그렇게 따지면 수능 응시 인원 대략 400,000명일 때는 20,000등입니다. 모의고사를 보면 전국 등수, 백분위가 나옵니다. 1학년 때부터 4번씩 모의고사를 보고 고3 때는 수능을 출제하고 관리하는 한국교육과정평가원에서 6월과 9월에 모의고사를 출제합니다. 이때 재수생과 반수생도 모의고사에 응시하기에, 자녀의 진학 가능성을 좀 더 정확하게 예측할 수 있습니다.

자녀가 다니는 학교의 수준, 수시와 정시 입시 결과, 수시에서의 전형 등에 따라 자녀의 진학 가능 대학은 다를 것입니다. 외부에서 말하는 정보에 현혹되지 마시고 자녀의 학교를 방문하여 자녀에게 적합한 지원 전략을 짜고 끝까지 자녀를 지지해주시면 좋겠습니다. 자녀가 좋은 대학보다 더 중요한 부모님의 사랑도 배워야 할 테니까요.

교과전형에서 어떤 과목이 반영되나요?

수시 교과전형은 대학입시에서 가장 많은 학생을 선발하는 전형입니다. 고등학교에서 배운 내신 성적으로 학생을 선발하는 전형이기에 합격 예측이 쉬운 편입니다. 선발하는 평가 요소가 단순하고 변수가 적은 정량 평가이기 때문입니다.

이런저런 사교육 기관이니 입시정보 책에서 교과전형의 결과를 공개하고 있는데, 이는 모두 대학 입학처에서 공개한 자료의 변형입니다. 대학교 입학 홈페이지에 들어가면 합격자와 등록자의 평가 결과를 보시면 됩니다. 입학처에서 공지한 점수와 학생의 점수를 비교하면 합격선을 가늠할 수 있습니다. 대학교 입학처에 접속하여 점수를 입력하거나 입학처에 직접 전화로 문의하면 학생의 점수를 계산해서 어느 정도의 위치인지도 알려줍니다.

일반적으로 같은 대학을 기준으로 볼 때, 교과전형이 학종보다 내신 성적이 0.5등급 이상 높고 점수대가 조밀하게 분포합니다. 그만큼 내신 등급이 좋은 학생은 교과전형을 선호한다는 것입니다. 만약 어떤 학생이 내신이 좋아서 그 대학에 합격하고 싶다고 가정해보겠습니다. 그 학생은 전형에서 합격 예측이 쉽고 전형에서의 변수가 적어야 할 것입니다. 그렇다면 성적이 낮은 학생이 그 대학에 합격하고 싶다면 교과전형을 피하게 되는 것입니다. 물론 여기에 경쟁률과 최저학력이라는 변수가 있습니다.

교과전형은 교과 성적이 절대적입니다. 간단하게 말해서 고교 내신이 좋으면 합격 가능성이 큰 전형입니다. 대학마다 반영하는 교과가 다르고 학년별 반영비율도 차이가 있습니다. 그 많은 것을 찾아보고 준비하실 필요는 없습니다. 상위권 대학으로 갈수록 반영과목이 많고 지방대학으로 갈수록 반영하는 과목 수가 작은 경향이 있습니다. 전문대학은 주로 1년 또는 1학기 모든 교과 성적을 반영합니다.

교과전형에서 경쟁률이 3대 1 이하라면 추가등록으로 합격의 기회가 주어지기도 합니다. 수시 6회 지원이기에 예비 번호를 부여받은 학생이 돌고 돌아서 합격하는 경우가 있습니다. 원서접수 기간에 경쟁률을 살피는 것도 필요하고 끝까지 수능 공부를 하면서 좋은 등급의 성적을 거두기 위해 노력하는 것도 전략입니다.

교과전형은 전국 모든 고교의 내신 등급을 있는 그대로 반영하기에 학교 간의 격차를 반영할 수 없다는 단점이 있습니다. 교과전형은 대원외고와 지방외고의 차이, 강남 자사고와 지방의 학력이 낮은 학교의 내신을 구분하지 않고 단순 내신 성적 수치로 선발합니다. 그래서 1단계에서 일정 배수의 학생을 선발하고 2단계로 면접이나 수능에서 최저학력을 요구하는 경우가 있습니다.

최저학력은 학교마다 차이가 있기에 지원하고 싶은 대학의 입학처 홈페이지에서 확인해야 합니다. 수도권 대학의 경우 국, 영, 수, 탐구(1과목) 영역 중 2개 영역의 합이 5등급~7등급 정도로 분포합니다. 예를 들어 수도권 대학이 최저학력을 2개 영역 6등급이라고 했다면, 영어 4등급과 생활과윤리 2등급을 받으면 자격 기준을 통과한 것입니다. 내신이 낮거나 수능 중 일부 과목을 잘한다면 수시 교과전형을 지원하고 수능 최저등급을 맞추기 위해 노력하는 것도 전략입니다. 실제 최저학력을 맞춰서 고교 내신과는 무관하게 합격한 사례도 발생하고 있습니다.

대학교에서 고교별 추천 인원을 제시하는 학교장추천전형이 있습니다. 지역 균형, 지역 인재, 고교 추천전형이라고 하는데 선발 방식은 거의 비슷합니다. 고교에서 내신으로 추천되는 것이 중요한 것이 아니라, 어느 전형으로 지원하는 것이 합격할 가능성이 높은지 따져봐야 합니다. 학교장추천전형은 사실상 교과전형의 변형 정도입니다.

24

학생부종합전형은 어떻게 학생을 선발하나요?

학생부종합전형은 교과전형에 비해 복잡하고 대학교마다 명칭도 다양합니다. 학생부종합전형은 학생의 학교생활기록부에 기재된 교과성적, 비교과 활동, 교사의 평가, 면접 평가 등을 종합적으로 반영하여 신입생을 선발합니다. 교과성적만으로 선발하거나 수능 성적으로 선발하는 전형과 대비되는 전형입니다. 교과전형과 수능전형이 객관적 정량 평가로 선발하는 전형이라면, 학생부종합전형은 학생의 다양한 가능성과 역량을 종합적으로 평가하는 전형입니다.

학생부종합전형은 교과전형과 내신 차이가 대략 0.5등급 정도 차이가 납니다. 예를 들어 A 대학 교과전형의 평균 합격점수가 2.0등급이라면 학종은 2.5등급 정도이고, 심지어 최종 등록자의 내신 등급이 너무 낮아 수시 대박으로 통하기도 합니다. 수도권 대학 정원의 35% 정도를 선발하는 전형이어서 상위권 학생들이 관심을 가질 수밖에 없습니다. 학종의 대표적인 자료가 학교생활기록부이기에 3년간 학생부를 잘 관리하는 것이 합격 전략입니다.

학종의 서류 평가는 기존의 '학업역량', '전공적합성', '인성', '발전가능성'의 4가지에서 '학업역량', '진로역량', '공동체역량'의 3가지로 변하고 있습니다. 학업역량은 학업을 충실히 수행할 수 있는 기초 수학 능력이고, 전공적합성은 전공에 관한 관심과 노력을 의미합니다. 인성은 공동체의 일원으로서 필요한 바람직한 사고와 행동이고, 발전가능성은 질적으로 더 높은 단계로 향상될 가능성을 의미합니다.

학종을 둘러싼 공정성 논쟁과 학생부 기재 내용의 대폭적인 축소로 학종의 평가 요소도 변화가 있습니다. 교사추천서에 이어 자기소개서도 폐지되고 수상·독서·개인 봉사활동은 대학에 제공되지 않습니다. 이에 5개 대학(건국대·경희대·연세대·중앙대·한국외대)이 공동 연구를 통해 「학생부종합전형 공통 평가 요소 및 항목 개선 연구」(2022)를 발표했습니다. 이 자료에 기초하여 대학교는 학종을 재정비하고 평가 요소에 변화를 주고 있습니다.

지금은 기존의 '학업역량', '전공적합성', '인성', '발전가능성'의 4가지와 새롭게 제시한 '학업역량', '진로역량', '공동체역량'의 3가지 역량 중심 평가를 대학교 실정에 맞게 이름을 바꿔서 평가하고 있습니다.

학업역량의 '학업태도와 학업의지'는 '학업태도'로, '탐구활동'은 '탐구력'으로, 진로역량의 '전공 관련 교과목 이수 및 성취도'를 '전공(계열) 관련 교과 이수 노력'과 '전공(계열) 관련 교과 성취도'로 분리하고, 기존 연구의 평가 항목인 '전공에 대한 관심과 이해'와 '전공 관련 활동과 경험'을 통합하여 '전공' 대신 '진로 탐색 활동과 경험'으로 변경하였다. 공동체역량에서는 기존의 인성 및 발전가능성 평가 항목 중 '협업과 소통능력', '나눔과 배려', '성실성과 규칙 준수', '리더십'으로 재구성하고 있습니다.

학종의 평가 요소는 대학마다 다르게 제시하고 있습니다. 예를 들어 서울대는 학업역량, 학습태도, 학업 외 소양이라고 했고 고려대는 학업역량, 자기계발역량, 인성으로 분류했었습니다. 학종으로 지원할 때는 대학 홈페이지에서 평가 요소와 반영비율을 확인하는 것이 필요합니다. 학업역량을 중시하는 대학이 있고 전공적합성을 높게 평가하는 대학이 있기 때문입니다.

학종은 지원한 학생들의 성적과 활동이 비슷하기에 1단계에서 합격했다면, 면접고사를 잘 준비해야 합니다. 학종이라고 말을 하지만 내신 성적이 가장 중요하고 지원 학과와 관련된 교과 성적과 활동이 좋아야 합니다. 내신 관리를 하면서 진로와 관련된 활동을 자기주도적으로 하면서 학생부에 잘 기록하기 위해 3년 동안 꾸준히 노력해야 합니다.

학업 역량은 어떻게 평가되나요?

학업역량은 대학 교육을 충실히 이수하는 데 필요한 수학 능력을 의미합니다. 쉽게 말하면 "학생, 우리 대학에 와서 공부 잘할 수 있지요?" 질문에 자신있게 "예!" 할 수 있으면 학업 역량을 갖춘 것입니다.

대학교는 학생의 학업 역량을 알아보기 위해서 학업 성취도, 학업 태도, 탐구력 등을 평가합니다.

학업성취도는 고교 교육과정에서 이수한 교과 성취 수준이나 학업 발전 정도를 알아보는 것으로 세부 평가 내용은 아래와 같습니다.

- 대학 수학에 필요한 기본 교과목의 교과 성적은 적절한가? 그 외 교과목의 교과 성적은 어느 정도인가? 유난히 소홀한 과목이 있나?
- 학기별/학년별 성적의 추이는 어떠한가?

학업태도는 학업을 수행하고 학습해 나가려는 의지와 노력을 의미하는데 세부 평가 내용은 다음과 같습니다.

- 성취동기와 목표의식을 가지고 자발적으로 학습하려는 의지가 있나?
- 로운 지식을 획득하기 위해 자기주도적으로 노력하고 있나?
- 교과 수업에 적극적으로 참여해 수업 내용을 이해하려는 태도와 열정이 있나?

탐구력은 지적 호기심을 바탕으로 사물과 현상을 탐구하고, 문제를 해결하려는 노력으로 세부 평가 내용은 아래와 같습니다.

- 교과와 각종 탐구활동 등을 통해 지식을 확장하려고 노력하고 있나?
- 교과와 각종 탐구활동에서 구체적인 성과를 보이고 있나?
- 교내 활동에서 학문에 대한 열의와 지적 관심이 드러나고 있나?

학습 경험이 풍부하고 자기주도적으로 성취한 결과는 관성처럼 작용하여 학업역량을 키워줍니다. 수업 시간에 어떤 태도로 학습에 임했는지, 부족한 교과를 어떻게 해결하며 돌파했는지, 과제와 수행평가를 통해 무엇을 배웠는지, 학습한 지식을 어떤 영역으로 확산시켜 나갔는지 등 학습 경험을 쌓아갑니다. 지식을 습득하여 나누는 즐거움을 알고 학습의 목적과 의미를 체득해갑니다. 학습의 결과만이 아니라 스스로 학습을 성취해가면서 아는 것 자체의 즐거움을 추구할 수도 있습니다. 성적의 향상만을 위한 학습 노력이 아니라 탐구의 즐거움을 습득하는 과정으로서의 경험이라면 더욱 의미가 있습니다.

학업에 기울인 노력과 학습 경험은 수업 시간에 이루어지는 활동이 기본입니다. 수업 시간에 새로운 지식을 얻기 위한 능동적인 태도와 자발적인 동기 그리고 배운 지식을 확장하면서 경험을 쌓습니다. 동아리 활동, 교내 탐구활동 등은 물론이고 교과 담당 교사에게 심화 개념을 질문하거나 친구들의 학습을 도와주면서 느끼고 성장합니다.

탐구력은 세상을 살아갈 수 있는 사고력을 키우는 일입니다. 학습은 자기주도적으로 이루어질 때 학업성취도가 높고 학업역량도 커집니다. 자율활동, 동아리 활동, 진로활동 등에서 보이는 진취성과 능동적으로 배우려는 자세는 학문적 열정으로 이어집니다. 이를 바탕으로 교내 대회나 학술 활동에서 토론, 실험, 실습, 탐구, 연구 활동 등을 하면서 배움을 확장합니다. 고교 교육과정을 충실하게 수행하면서 쌓은 학습 경험은 삶을 대하는 자세를 익히게 합니다. 학습 경험은 학습 자세와 태도를 체득하게 하여 자기 삶을 능동적으로 개척하고 진취적으로 도전하는 힘을 길러줍니다.

진로 역량은 어떻게 평가되나요?

진로역량은 자신의 진로와 전공(계열)에 관한 탐색 노력과 준비 정도를 의미합니다. 달라 말하면 대학관계자가 지원 학생에게 "학생 우리 학과(계열)에 대한 관심과 열정이 있지요?"라고 질문할 때 구체적인 답변을 할 수 있으면 진로 역량이 있는 것입니다.

대학교는 진로 역량을 알아보기 위해 전공 관련 교과 이수 노력, 전공 관련 교과 성취도, 진로 탐색 활동과 경험을 평가 요소로 합니다.

전공(계열) 관련 교과이수 노력은 자신의 진로와 전공(계열)에 관한 탐색 노력과 준비 정도으로 세부 평가 내용은 다음과 같습니다.

- 전공(계열)과 관련된 과목을 적절하게 선택하고, 이수한 과목은 얼마나 되나?
- 전공(계열)과 관련된 과목을 이수하기 위하여 추가적인 노력을 하였나? (예: 공동교육과정, 온라인수업, 소인수과목 등)

- 선택과목은 교과목 학습 단계(위계)에 따라 이수하였나?

전공(계열)관련 교과 성취도는 고교 교육과정에서 전공(계열)에 필요한 과목을 수강하고 취득한 학업 성취 수준으로 세부 평가 내용은 다음과 같습니다.

- 전공(계열)과 관련된 과목의 석차등급·성취도, 원점수, 평균, 표준편차, 이수단위, 수강자 수, 성취도별 분포 비율 등을 종합적으로 고려한 성취 수준은 적절한가?
- 전공(계열)과 관련된 동일 교과 내 일반선택 과목 대비 진로선택과목의 성취 수준은 어떠한가?

진로 탐색 활동과 경험은 진로를 탐색하는 과정에서 이루어진 활동이나 경험 및 노력 정도로 세부 평가 내용은 다음과 같습니다.

- 자신의 관심 분야나 흥미와 관련한 다양한 활동에 참여하여 노력한 경험이 있나?
- 교과 활동이나 창의적 체험활동에서 전공(계열)에 대한 관심을 가지고 탐색한 경험이 있나?

진로에 대한 관심은 학교 교육에서 교과 수업과 창의적 체험활동에서 나타납니다. 학생선택형 교육과정으로 발표, 토론, 주제탐구, 과제연구, 실험 등 학생참여형 활동이 활성화되면서 지원 전공과 관련된 교과 활동이 많아지고 있습니다. 과제나 수행평가 과정에서 자연스럽게 진로와 연관된 교과 활동을 하기도 하고 창의적 체험활동에서 자율적으로 진로를 탐구할 수도 있습니다. 교사가 창의적 체험활동 시간에 다양한 진로와 적성에 맞는 활동을 소개하고, 학생들은 자신의 진로 희망에 적합한 동아리에 가입하며 꿈이 비슷한 친구들과 자율활동을 하기도 합니다. 진로가 뚜렷한 학생이 대학 입학 후 해당 전공을 더 열심히 하고 대학 생활의 만족도가 높아질 것을 예상할 수 있습니다.

학교 교육과정에서 학생의 선택권을 다양하게 열어놓은 학교가 있는가 하면, 여전히 학생의 선택이 제한적이고 형식적인 학교가 더 많습니다. 창의적 체험활동이 학생과 활동 중심으로 운영되면 좋겠지만 아직도 교사가 교과 중심으로 운영하는 학교도 많습니다. 이때 자신의 상황을 불평하기보다는 적극적으로 학교 상담실이나 진로진학실을 찾아가 상담하고 지역교육청이나 대학 입학처의 문을 두드리는 적극성이 필요합니다. 교육청에서 권역별 학교를 묶어서 교육과정을 개설하기도 하고 대학이 고등학교와 연계하여 교육과정을 개설하고 있으며, 여러 형태의 온라인 강좌가 늘어나고 있습니다. 대학교는 미래의 고객을 유치하기 위해 고등학교 학생을 대상으로 다양한 체험활동과 전공을 안내하고 있습니다. 학교 공부에 지장을 받을 것이라고 걱정하기보다는 자신의 진로를 스스로 개척하려는 진취성이 필요합니다.

공동체 역량은 어떻게 평가되나요?

공동체 역량은 공동체의 일원으로서 갖춰야 할 바람직한 사고와 행동을 의미합니다. 학교는 사회생활과 인간답게 사는 것을 배우고 실천하는 공간입니다. 지식과 입시 중심 교육으로 인성교육이 뒷전으로 밀리는 아쉬움은 있지만, 여전히 학교는 좋은 인성을 형성하는 배움의 장소입니다. 학창 시절 형성된 가치관과 세계관은 성인이 되었을 때 변하기 어렵다고 합니다. 그만큼 청소년기에 좋은 인성을 형성하는 것은 중요한 일입니다. 학교에서 배려, 나눔, 협력, 갈등 관리 등을 배우고 실천하며 인격적으로 성숙한지를 알아보는 것입니다.

협업과 소통능력은 공동체의 목표를 달성하기 위해 협력하며, 구성원들과 합리적인 의사소통을 할 수 있는 능력으로 으로 세부 평가 내용은 다음과 같습니다.

- 단체 활동 과정에서 서로 돕고 함께 행동하는 모습이 보이나?
- 구성원들과 협력을 통하여 공동의 과제를 수행하고 완성한 경험이 있나?
- 타인의 의견에 공감하고 수용하는 태도를 보이며, 자신의 정보와 생각을 잘 전달하나?

나눔과 배려는 상대를 존중하고 이해하여 원만한 관계를 형성하며, 타인을 위해 나누려는 태도와 행동으로 세부 평가 내용은 다음과 같습니다.

- 학교생활 속에서 나눔을 실천하고 생활화한 경험이 있나?
- 타인을 위하여 양보하거나 배려한 구체적 경험이 있나?
- 상대를 이해하고 존중하는 노력을 기울이고 있나?

성실성과 규칙준수는 책임감을 바탕으로 의무를 다하고, 공동체의 윤리와 원칙을 준수하는 태도로 세부 평가 내용은 다음과 같습니다.

- 교내 활동에서 자신이 맡은 역할에 최선을 다하려고 노력한 경험이 있나?
- 자신이 속한 공동체가 정한 규칙과 규정을 준수하고 있나?

리더십은 공동체의 목표 달성을 위해 구성원들의 상호작용을 이끌어가는 능력으로 세부 평가 내용은 다음과 같습니다.

- 공동체의 목표를 달성하기 위해 계획하고 실행을 주도한 경험이 있나?
- 구성원들의 인정과 신뢰를 바탕으로 참여를 이끌어내고 조율한 경험이 있나?

공동체 역량에서 기본적으로 중시하는 것은 학교생활의 충실도입니다. 학교에서 이루어지는 활동의 기저에는 성실성이 있습니다. 정해진 시간까지 등교하고 수업 시간을 지키며 학급 활동을 하고 학교 규칙을 지키는 것 등 대부분의 교육활동은 학생이 사회생활에 필요한 성실성을 몸에 익히는 것입니다. 학급의 구성원, 수업 및 동아리 활동, 또래 집단 활동 등에서 부여된 역할을 성실하게 이행하는 것입니다. 수업 출석이나 단체 활동 등 학생으로서 해야 하는 의무에 책임감 있게 참여하고, 자신이 맡은 역할을 완수하려는 태도가 성실성입니다. 또한 공동체의 규칙과 규범을 준수하는 것이 성실성입니다. 법을 따르고 자율적으로 규범을 준수하는 태도는 곧 타인에 대한 존중의 표시이며 사회의 안녕과 번영을 보장하는 일입니다.

미래 사회는 인간과 로봇이 공존하고 인공지능이 인간의 역할을 상당부분 담당할 것이라고 예견됩니다. 그렇다면 무엇으로도 대체할 수 없는 인간만의 고유한 특성은 무엇인지, 인간이 행복해질 수 있는 방법은 무엇인지 고민해야 합니다. 학교는 학교 구성원과 공감하고 서로 협력하는 가치를 배우는 교육기관이어야 합니다. 학교에서 좋은 인성을 형성한 학생이 미래 사회에 경쟁력 있는 인간이며, 그런 학생이 주체적으로 자신의 행복을 실현해가고 따뜻한 사회를 만드는 주역이 될 것입니다.

학생의 발전 가능성은 어떻게 평가되나요?

발전 가능성은 현재 상황이나 수준보다 질적으로 더 높은 단계로 향상될 가능성을 의미합니다. 대학에서 학생을 선발할 때 발전 가능성은 자기주도성, 경험의 다양성, 창의적 문제해결력, 리더십 등으로 평가합니다. 자기주도적으로 활동하고 교과와 비교과영역에서 다양한 경험을 하는 가운데 창의적으로 문제를 해결하는 경험치가 쌓이고 리더십이 있는 학생이라면 더 큰 발전을 할 것이라 기대를 하게 됩니다.

학생이 자신의 발전 가능성을 믿고 긍정적인 사고방식과 도전적인 태도를 갖춘다면 좋을 것입니다.

발전 가능성이 높은 학생은 목표 의식이 명확합니다. 뚜렷한 목표를 갖기 위해 대학교 학과 선택의 동기와 학업 계획 그리고 대학 졸업 후 진로 계획을 스스로 세워봅니다. 학과 선택의 동기는 그 학과를 선택하게 된 계기와 진로의 고민 과정 및 관심이 구체적일수록 좋습니다. 해당 대학의 학과 특성을 정확히 이해하고 대학 재학 중 학업 계획과 자기 계발 계획을 세워보며 대학 졸업 후 장래 희망과 인생의 목표를 생각해봅니다. 대학 홈페이지와 학과 전공 홈페이지를 방문하여 학과 교육과정과 진로 사항을 파악하고, 자신의 현재와 미래를 오가며 지원하려는 학과에 대한 관심과 애정을 키워가야 합니다.

아래의 평가 항목으로 자가 진단 해보고 부족한 항목을 보완하기 위한 계획을 수립해보는 것도 의미가 있을 것입니다.

- 새로운 과제를 주도적으로 수행한 성과가 있는가?
- 기존 지식과 경험을 확장하려고 노력을 하는가?
- 자율, 동아리, 봉사, 진로활동 등 다양한 체험활동에 적극 참여하는가?
- 풍부한 독서활동과 문화적 소양을 함양하고 있는가?
- 예체능 영역에서의 적극성과 참여도는 높은가?
- 자신의 목표를 위해 도전하고 성취한 경험이 있는가?
- 구성원의 화합과 단결을 이끌기 위한 행동을 하고 있는가?
- 공동체의 목표를 달성하기 위해 계획하고 실행한 경험이 있는가?
- 창의적인 발상을 통해 일을 진행한 경험이 있는가?
- 주어진 상황과 환경을 극복하려는 의지가 있고 열심히 노력하는가?

발전 가능성이 높은 학생은 리더십이 강합니다. 리더십은 공동체의 목표 달성을 위해 구성원들의 상호작용을 이끌어내는 능력입니다. 조직의 목표를 달성하기 위해 구성원들이 목표 지향적인 행동을 하도록 영향력 있는 행동을 하는 것입니다. 리더십이 있는 학생은 모둠 활동에서 주도성이 있고 프로젝트를 수행하는 과정에서 적극적이며 구성원들의 화합을 이끌어 냅니다. 공동체의 목표를 달성하기 위해 계획하고 실행을 주도합니다. 학생회, 학급회, 동아리 활동 등에 참여하면서 리더로서 자질과 능력이 향상됩니다. 좋은 리더는 구성원들이 신뢰하기에 구성원들의 자발적 참여와 협력이 자연스럽게 이루어집니다.

꿈이 있는 학생은 발전 가능성이 높습니다. 꿈은 누구나 꿀 수 있습니다. 마음이 있으면 몸이 따라가게 됩니다. 온 신경이 집중된 지점에 꿈이 있습니다. 꿈이 생길수록 미래는 구체적이고 행동은 깊어집니다. 막연한 꿈이 점점 뚜렷해지고 일의 우선순위가 생깁니다. 주변에 좋아하는 사람, 닮고 싶은 사람이 있다면 그들을 본받고 자신을 성찰하는 것도 좋은 생활 태도입니다. 꿈에 대한 정보를 모아보고 어떤 사람이 될지 고민하며 마음먹은 일들을 실천으로 옮깁니다. 자신감을 가지고 도전을 반복합니다.

논술 시험은 어떻게 준비해야 하나요?

대학별 고사는 대학이 자체 기준에 의해 고사를 관리하는 것으로 논술, 면접, 실기 고사가 대표적입니다. 즉 논술을 잘하는 것, 글을 잘 쓰는 것이 중심이 아니고, 지원하는 대학의 논술을 정확히 알고 전략적으로 준비해야 한다는 것입니다.

논술고사는 학교와 계열에 따라 문제의 유형이 다르므로, 지원하는 대학을 정하고 준비해야 합니다. 논술고사가 서울대, 고려대 등이 있을 때는 초등학교부터 논술을 준비하는 학생이 많았습니다. 논술고사를 폐지하는 대학도 있고, 다시 변형된 형태로 논술고사를 시행하는 대학이 있으니, 수험생은 논술고사를 시행하는 시점에서 정확한 정보를 확인해야 합니다.

논술고사에서 내신을 반영하는 대학과 수능 최저학력을 요구하는 대학이 있습니다. 그렇다고 내신 6등급 정도의 학생이 지원한다고 합격하는 것은 아닐 것입니다. 논술전형에서 최저학력이 없는 대학의 지원자는 최저학력을 요구하는 대학보다 2배 이상 경쟁이 치열합니다. 예를 들어 최저학력을 요구하는 대학의 경쟁률이 25 대 1이라고 할 때, 지원자 중 최저학력을 통과했다면 그만큼 합격 가능성이 커집니다. 드문 경우지만 과거에 수능이 어렵게 출제됐을 때, 최저학력을 통과한 것만으로 논술고사에서 합격한 사례도 있었습니다.

논술고사를 실시하는 대학은 서울이 22개교로 가장 많습니다. 가톨릭대, 건국대, 경희대, 광운대, 동국대, 서강대, 서울시립대, 성균관대, 세종대, 숭실대, 연세대, 중앙대, 한국외대, 한양대, 홍익대, 덕성여대, 서울여대, 성신여대, 숙명여대, 이화여대 등입니다. 수도권에서는 인하대, 가천대, 가톨릭대, 경기대, 단국대, 수원대, 아주대, 한국산업기술대, 한국항공대 등이 논술고사를 실시합니다. 2028 대입 개편안이 발표되고 고등학교 평가에서 논술이 중시되기에, 이후 대입 논술에서도 변화가 있을 것으로 예상됩니다.

논술고사를 실시하는 대학은 학생들이 선호하는 대학이지만, 모집 인원 총원이 11,000명 정도이고 모집 비율의 3.2% 정도여서 무작정 달려들 수만은 없습니다. 경쟁률이 가장 높은 전형이기에, 논술에 모든 것을 거는 것보다는 수능과 병행하는 전략이 좋습니다. 학생부와 내신이 좋지 않고 수능에서 일부 영역이 우수하다면 최저학력이 있는 논술전형을 선택해볼 수 있습니다.

서울 소재 여대의 경우 최저학력을 맞추고 그 대학 홈페이지에서 논술의 유형을 미리 익힌다면 합격 가능성이 커집니다. 과거 적성고사를 실시했던 고려대(세종), 수원대, 가천대의 논술은 학교 시험의 서답형 문제와 비슷하고 난도가 낮은 수능과 유사합니다. 따라서 이런 학교는 EBS를 중심으로 수능을 공부하면서 논술을 응시하는 것도 전략입니다.

논술고사를 실시하는 대학은 학교 입학처 홈페이지에 모의 문제와 답안작성 요령 등을 친절하게 안내하고 있습니다. 그리고 사전에 모의 논술을 보고 채점하여 결과까지 피드백합니다. 따라서 애매하게 논술 공부를 하는 것보다는 지원 대학의 유형에 맞게 전략적으로 글쓰기를 연습해야 합니다. 논술전형은 수능 이전과 이후에 실시하는 대학으로 구분된다. 논술을 잘한다고 생각하는 학생은 수능 공부에 집중하고 수능을 마치고 나서 논술에 몰입해서 도전해 볼 수도 있습니다. 인문·사회 계열 논술은 어느 정도 학업 능력이 있는 학생이 글을 쓰는 기능을 익힐 수 있지만, 자연·이공 계열 논술은 상황이 좀 다릅니다. 학교에서 수학과 과학이 부족한 학생이 논술로 합격할 가능성은 거의 없습니다. 대학교에서 지정한 과학 과목과 수학을 좋아하는 학생은 도전해볼 만합니다. 학교에서 배운 교과적 지식을 실전에 응용하는 서답형 문제와 비슷한 유형입니다. 수리 과학적 개념을 창조적으로 실생활에 적용해보는 탐구 능력과 문제 해결력이 중요합니다.

30

면접고사는 어떻게 대비해야 하나요?

면접고사는 1단계에서 일정 배수의 학생을 선발한 후 합격자를 가르기 위해 실시하는 경우가 많습니다. 일단 면접 대상자가 됐다는 것은 다른 전형에 비해 합격 가능성이 크다는 것입니다. 1단계에서 2배수를 뽑은 대학은 합격 후 이탈자가 적다는 것이고 5배수 이상을 면접 대상자로 올렸다면 합격 후 다른 대학으로 이동할 가능성이 크다는 것입니다. 이미 어느 대학 어떤 학과에 일정 배수 안에 들었으니, 그 대학과 학과에 관해 탐구해야 합니다.

대학 입학처 홈페이지에 공개된 면접의 유형과 기출 문제를 연습하는 것이 좋습니다. 친구들과 함께 연습하거나 동영상을 찍어서 면접하는 자신을 평가하면서 구술 능력을 키우는 것도 좋은 방법입니다. 고등학교나 지역교육청 등에서 실시하는 면접 프로그램에 적극적으로 참여하는 것도 좋습니다.

면접고사는 서류 기반 확인, 제시문 구술, 집단 토론, 교직 인·적성, 일반 면접 등 다양한 유형이 있습니다. 서류 기반 면접에 비해 제시문 면접이 까다로운 편이고 의대에서 진행하는 다중 미니면접은 개인의 능력이 고스란히 드러납니다. 유형은 달라도 면접이기에 기본적으로 면접 대상자의 바른 태도와 자신감이 중요합니다. 인성 면접은 시사 문제나 기본 소양 평가를 일부 곁들여 학생이 최대한 편안한 가운데 자기 내면을 토로하도록 유도합니다. 이때의 면접은 정답이 없고 반영률 역시 미미한데 일부 지방 대학이 이런 형태를 유지하고 있습니다. 심층 면접은 끝없이 그렇게 생각하는 근원을 파헤쳐 학생의 실력을 바닥까지 확인하는 경향이 있습니다. 이때는 복수의 정답이 있고, 어느 입장을 선택하든 자기 의견을 논리적으로 전개하는 능력을 평가했습니다.

면접고사는 말 속에 논리가 있어야 합니다. 수험생이 얼마나 알고 있는지, 인성과 가치관은 학문을 하는 데 적절한지, 건전한 상식과 창의적인 태도를 지니고 있는지, 전공에 대해 기본 지식이 있고 공부할 자격이 있는지 등 여러 관점에서 학문적 자질을 살핍니다. 면접고사에서 중요한 것은 자신감과 당당함 그리고 여유를 갖는 것입니다. 자신감 없이 면접장에서 실력 발휘를 하기는 어렵습니다. 지나치게 걱정하거나 떨지 말고 자기의 생각을 아는 대로 최선을 다해서 대납한다고 생각하고 여유를 가지려 노력해야 합니다. 질문의 핵심을 정확히 파악하고 핵심 대답을 먼저하고 그 이유나 구체적 실례로 부연 설명합니다. 분야별로 예상되는 질문을 생각해 보고 거기에서 연상되는 문제에 대한 대답을 연습해봅니다.

다음으로 전공하고자 하는 학과에 대한 이해가 필요합니다. 자기가 전공하고자 하는 학과의 주요 개념들에 대한 정리, 근본적인 문제들에 대한 검토(정의, 분야, 관련 학문, 미래의 발전 방향, 연구방법론, 대표적 학자), 그 학문 분야의 주요 쟁점들에 대한 논쟁의 초점 이해 및 자신의 의견 정리, 지원동기 및 향후 계획 등을 생각해봅니다.

많은 대학에서 주로 시행하는 서류 기반 면접은 학교생활기록부를 면밀하게 파악해야 합니다. 고교 3년간의 활동을 다시 짚어보면서 예상 질문을 만들고 답변하면서 자신의 과거와 현재 그리고 미래를 그려보며 자신 있게 면접장에 들어서야 합니다.

면접에서의 기본자세는 두발과 복장이 단정해야 합니다. 면접관은 보수적인 경향이 강합니다. 인사를 할 때 손을 모아 2~3초 고개를 숙인 다음 밝은 표정을 합니다. 질문하는 사람을 응시하되 부드럽고 자신 있게 미간과 눈 바로 밑을 봅니다. 말의 뒤 끝을 흐리지 않으며, 자신 있는 말투로 답변합니다. 예상치 않은 질문을 받더라도 당황하지 않고 차분한 어조로 간단명료하게 대답하려 노력합니다. 보충질의를 받았을 때는 면접관의 의도를 다시 파악하되 내용의 일관성을 유지합니다.

자녀의 적성을 어떻게 알 수 있나요?

모든 부모는 자녀가 적성에 맞는 길을 찾기를 원합니다. 어렸을 때부터 자녀의 적성을 알아보기 위해서 이런 저런 검사에 관심을 가진 적이 있으실 것입니다. 지금도 자녀의 적성이 궁금하고 학습 진단이나 코칭을 받아야 하는지 생각이 드실 것입니다. 자녀가 고등학생이라는 가정하에 학교 현장에서 느끼는 현실적인 답변을 드리겠습니다.

지금까지 자녀의 적성을 발견하고 그 분야의 재능을 살려 대학 진학을 준비하고 있지 않으시다면, 적성에 대해서는 이제 관심을 내려놓으시면 좋겠습니다. 아직 자녀의 적성을 발견하지 못했다면 특별한 재능이 없거나, '나중에 살다가 발견하겠지!'라고 생각하시는 것이 마음 편합니다. 특별한 재능이 있어야만 특별하게 잘 사는 것도 아닙니다. 당장 공부에 정신이 없고 시험을 보는 바쁜 학교생활에서 한가하게 적성 타령을 할 수는 없습니다. 냉정하게 지금 음악, 미술, 체육, 연기, 메이크업, 컴퓨터, 과학 등 특별한 재능을 발견해서 전문학원에 다니고 있지 않다면, 학교 공부에 전념하는 것이 현실적인 대안입니다. 고2가 돼서 예체능 학원을 등록해도 전국에 있는 예체능 특목고 학생들과 이미 학원에서 기량을 연마한 학생들을 넘어서는 것은 거의 불가능합니다. 상위권 대학에서 선발하는 신입생 정원도 많지 않습니다. 지방 대학은 성적과 무관하게 지원하면 합격할 가능성이 큽니다.

고등학교 1학년 때 진로 적성 검사를 했을 것입니다. 그 결과를 자녀가 보고 대수롭지 않게 지나쳤을 가능성이 큽니다. 자녀의 적성이 궁금하시다면 직접 자녀가 적성 검사를 해보면 됩니다. 커리어넷(www.career.go.kr)이나 워크넷(www.work.go.kr)을 이용하면 됩니다. 무료로 진로 검사를 할 수 있고 직업을 상세하게 안내하고 있습니다. 사이트에 접속하여 간단하게 검사할 수 있고 그 결과도 신속하게 확인할 수 있습니다. 적성 검사를 떠나 미래 직업 탐색을 위해서라도 위의 사이트에 자주 방문하여 정보를 찾는 것도 좋습니다. 적성이 몇 번의 검사로 금방 발견되는 것도 아니고 적성대로 사는 사람도 많지 않습니다. 살다가 정말로 하고 싶은 일이 생긴다면 그때 과감하게 도전하는 것을 권합니다. 자신이 하고 싶은 일을 할 때 행복한 것은 사실이지만 현실이 만만치 않다는 것을 학부모님께서도 잘 아실 것입니다.

자녀의 재능은 어떻게 발견할까요? 재능은 선천적으로 타고난 능력이지만, 때로는 무모한 도전과 예상치 못한 지점에서 발견해 나가기도 합니다. 재능은 특정 영역이나 특별한 활동으로 한정되지 않습니다. 친구들의 이야기를 잘 들어주는 것도 재능이고, 교실 정리를 잘하는 것도 특별한 능력입니다. 교실 밖에서 게임을 잘하고 화장으로 친구를 멋지게 꾸미는 것도 재능이 될 수 있습니다. 굳이 학업에 한정할 필요는 없습니다. 식물을 잘 기르고 동물을 사랑하는 것도 재능입니다. 그 재능을 펼칠 수 있는 진로를 찾아보고 진로에 적합한 특성이 무엇인지 탐색해 나가도록 합니다. 현재 친구들이 좋아하고 사회적으로 인정받는 직업을 따라가는 것보다는 자신의 특성과 미래에 유망한 직군에 눈을 돌리는 것도 좋습니다.

진로 적성을 찾는 데 유의할 사항은 갑자기 재능을 발견하는 게 아니라는 것입니다. 성실한 활동과 특정 영역에서 일정 정도 이상의 노력이 쌓여야 무언가 보이게 됩니다. 하늘에서 재능이 뚝 떨어지고 교사나 부모가 특기 능력을 보여주는 게 아니라는 것입니다. 교과 시간에 충실하게 임하고 주도적으로 학습하는 과정에서 자신의 흥미를 발견할 수도 있습니다. 기본적으로 열심히 하고 제대로 해야 진로가 보이기 시작합니다. 학생이 열정적으로 참여했던 교과 수업 활동, 동아리 활동, 진로체험 학습, 독서, 자율활동, 축제 등에서 호기심과 관심이 생깁니다. 그런 활동에서 경험한 구체적인 내용, 활동하면서 겪은 어려움과 극복 과정, 활동 후 배우고 깨달은 점 등이 쌓일 때 진로가 보입니다.

학과와 적성 중 무엇을 기준으로 진학해야 하나요?

전국의 4년제 대학교는 국립대 29개, 교대 10개, 산업대 2개, 특별법 설치대학(KAIST, 경찰대, 사관학교 등) 12개를 포함하여 204개입니다. 전문대는 136개입니다. 4년제 대학교 입학정원은 약 35만 명이고 전문대 정원은 20만 명으로 해마다 55만 명 정도를 선발하는 셈입니다. 학령인구는 해마다 변화가 있으나 고3 학생은 대략 35만 명이 대학 진학을 희망한다고 생각하시면 됩니다.

학생들은 막연하게 좋은 대학과 학과를 희망하다가 고3 원서를 쓸 때 대학과 학과 중 무엇을 우선시할 것인지 고민하게 됩니다. 대학을 결정하고 그 대학 안에서 학과를 선택하는 것은 문제가 되지 않습니다. 특성과 적성을 고려하면 진학 희망 학과를 전국의 모든 대학에서 찾아봐야 합니다. 예를 들어 초등학교 교사가 되고 싶다면 전국의 교대와 초등교육과가 있는 대학을 모두 찾아 목표로 삼아야 합니다. 특정한 대학을 목표로 삼는다면 그 대학교 내의 학과를 조사하고 학생의 상황에 맞는 과에 입학하기 위해 준비해야 합니다.

고3 원서를 쓰는 시점에서 좋은 대학이란 사회적 인식과 평판을 고려한 것이고, 원하는 학과는 학생의 기호와 적성을 반영한 것입니다. 그런데 많은 학생이 사회적 시선을 고려하여 대학을 선택하지만, 대학 생활의 만족도가 낮아 다시 공부하는 사례를 자주 경험합니다. 타인의 시선과 자신의 욕구 중 무엇이 중요하고 어떤 선택이 행복을 실현하는 데 도움이 될지 진지하게 고민할 필요가 있습니다.

좋은 대학을 우선하여 선택할 경우, 대학 진학 이후 자신이 원하는 전공을 찾아갈 수 있을지 확인해야 합니다. 부전공, 복수전공, 다전공, 전과 제도 등을 잘 살펴야 합니다. 부전공은 대학 입학할 때의 주전공 이외에 다른 전공을 부가적으로 이수하는 것입니다. 예를 들어 사회복지학을 주전공으로 하는 학생이 경영학을 부전공하면 졸업할 때 '사회복지학(부전공 경영학)'으로 표기됩니다. 복수전공은 8학기(보통 4년)에 제1전공을 이수하고 졸업을 하지 않은 채 2~3학기 동안 다른 전공을 추가로 이수하는 것입니다. 연계전공이란 제1전공을 이수하면서 동시에 3학기 정도 이후에 학과와 연계한 다른 전공을 이수하는 것입니다. 전과는 지원한 학과를 바꾸는 것입니다. 대부분의 대학이 위와 같은 제도를 운용하고 있지만, 일정 기준과 비율을 명시하고 있으며 보건 계열이나 사범대학은 전과가 되지 않는 대학이 대부분이니 미리 살펴봐야 합니다.

뚜렷한 진로 목표가 있다면 대학 이름보다는 학과를 중심으로 선택하는 것도 좋습니다. 4차 산업혁명 시대에 전망이 밝고 일자리가 창출될 것으로 기대되는 학과를 긍정적으로 검토할 필요가 있습니다. 예를 들면 인공지능, 스마트 보안, 데이터 사이언스, 반도체공학, 융합에너지, 융합인재 로봇공학, 정보

공학 등입니다. 대학교에서 신설하는 학과는 초기 장학제도가 잘 되어 있고 미래의 먹거리와 관련이 있으니 적극적으로 검토해볼 만합니다.

최근에는 정부나 기업에서 출신 지역에 소재한 대학의 졸업생을 일정 비율 선발하는 제도가 늘고 있습니다. 강원대, 충남대, 충북대, 경북대, 경상대, 전남대, 전북대, 제주대 등 지방 거점 대학은 교육 여건이 안정적이며 지역 인재 전형으로 취업하는 사례가 늘고 있습니다. 세종권이나 지방 대학의 특성화 학과는 교육부 지원 사업에 선정되어 학교에서 사활을 걸고 막대한 지원을 하고 있으니 고려해 볼 필요가 있습니다. 체력이 좋고 단체생활을 선호하면 군사학과도 눈여겨 볼 수 있습니다. 육·해·공군 등과 협약을 맺고 군 장학생으로 학비 지원을 받은 후 장교나 부사관으로 임용되는 학과를 운영하는 대학이 있습니다. 그리고 '제2 캠퍼스(분교)'로 불렸던 지방의 대학에서 취업과 편입을 동시에 준비하는 것도 생각해볼 수 있습니다.

33

자녀의 자기 관리 능력을 어떻게 키워줘야 하나요?

고등학생을 자녀를 둔 학부모는 "이제 고등학생이 되었으니 스스로 알아서 자기주도적으로 공부했으면 좋겠다."라는 기대를 가질 것입니다. 자녀가 스스로 자신을 관리하기 위해서는 시간 관리, 학습 관리, 생활 관리가 이루어져야 합니다. 시간 관리의 기본은 좋은 습관을 갖는 것입니다. 똑같은 시간이라도 상황에 따라 진혀 다른 값이치를 갖습니다. 시간은 양Quantity보다 질Quality이 더 중요하다는 것입니다. 고등학생 모두에게 하루 24시간은 똑같이 주어지고 학교에서 보내는 시간도 거의 같습니다. 그렇지만 그 시간을 활용하는 것은 천차만별입니다. 시험이 다가오면 항상 시간이 부족한 느낌을 받는데, 이런 일은 대개 시간 관리를 제대로 하지 않아서 생기는 것입니다. 나아가 대학생이 되거나 사회생활을 할 때 시간을 잘 활용하는 것은 성공의 기초가 됩니다. 따라서 고교 시절부터 바른 시간 사용의 습관을 들이는 것은 매우 중요한 일입니다. 좋은 습관의 기본은 잠자는 시간과 일어나는 시간이 일정해야 한다는 것입니다. 그리고 공부하는 일정 시간을 반드시 확보해야 하고 학교 수업 시간에는 절대 잠을 자서는 안 된다는 것이 기본적인 사항입니다.

학습 관리에서 가장 중요한 것은 수업 시간 관리입니다. 고등학생은 학교에서 가장 많은 시간을 보내고 학교생활은 수업을 중심으로 운영됩니다. 따라서 수업을 제대로 활용하지 못한다면 학생의 꿈과 목표는 실현되기 어렵습니다. 학생은 수업을 통해 교사의 설명을 듣게 되면 처음 배우는 내용이라도 비교적 쉽게 이해할 수 있습니다. 수업을 무시하고 혼자 공부한다면 선생님의 설명을 들을 때보다 최소 2배 이상의 시간과 노력이 필요할 것입니다. 학원이나 과외 등 개인 학습으로 교과 내용을 미리 알고 있다 하더라도 수업에 집중해야 합니다. 우리의 기억력은 한계가 있습니다. 학습 내용을 알고 있다고 해서 시험 때까지 그 기억을 고스란히 가지고 가는 것도 아닙니다. 공부를 잘하는 비법은 반복 학습과 심화 학습이기에 이미 이해한 내용의 수업이라도 경청해야 합니다. 학교 시험 문제는 해당 과목 지도 교사가 출제합니다. 필수 학습 요소로 출제가 되는 문제는 수업 시간에 선생님이 중요하다고 강조합니다.

안정적인 학습환경이 유지되어야 학생의 생활이 관리됩니다. 학생들이 주로 공부하는 장소는 학교, 스터디카페, 도서관, 공부방 등입니다. 공부에 집중할 수 있는 환경이 조성되어 시선이 분산되지 않아야 합니다. 주변 경관이나 소음 등으로 다른 광경이 시선을 끌지 못하도록 해야 합니다. 만약 공부 장소에 거울이나 시선이 자주 가는 물건이 있다면 집중력 있게 공부할 수 없습니다. 고등학생의 집중력은 한 시간 이상이 되지 않습니다. 집중해서 학습하고 주위를 환기한 후 다시 집중할 수 있는 환경이 중요합니다. 생각과 마음이 주변으로 흩어지지 않고 공부에 전념할 수 있는 환경을 꾸며야 합니다. 공부하기 좋은 장소는 학교이고, 가장 좋은 학습 방법은 수업에 충실하고 자기 학습 시간을 확보하는 일입니다.

자녀의 생활이 단순해야 집중력이 생깁니다. 학교, 학원, 집 다시 학교 등 다람쥐 쳇바퀴 도는 듯한 생활은 삶을 무미건조하게 만들 수도 있으나, 공부에 집중하는 데 도움이 됩니다. 자녀의 생활이 단순해지도록 도와줘야 합니다. 학생이 공부에 집중할 수 있도록 부모 주변의 일들도 정리해주면 좋습니다.

집중력이란 어떤 일에 몰입하는 힘입니다. 집중력이 좋은 학생의 시선은 책을 향하고 수업 시간에는 교사가 있는 정면을 향하고 있습니다. 이렇게 집중을 계속하다 보면, 시간의 흐름을 의식하지 못한 채 과업을 수행하면서 학습 경험이 누적됩니다. 부모가 자녀에게 공부할 수 있는 최적의 장소를 제공하고 마음 편히 집중할 수 있도록 도와주면 자녀가 학습에 몰입하며 정서적으로도 안정감을 느끼게 됩니다. 자녀가 딴 데 한눈을 팔지 않고 스스로 구체적인 목표를 세워 실천한다면 집중력도 좋아질 것입니다.

왜 공부해야 하나요?

"왜 공부해야 하는가?" 단순한 질문에 답변은 궁색합니다. 학생이기 때문에 공부해야 한다. 공부하지 않으면 망한다. 부모의 기대를 저버릴 수 없다. 사회적으로 성공한 사람이 되고 싶다. 돈을 많이 벌고 싶다. 좋은 배우자를 만나야 한다. 원하는 좋은 대학에 진학할 수 있다. 친구들 모두 공부한다. 공부 못하면 놀림을 받고 창피하다….

공부해야 하는 이유는 많습니다. 달리 말하면 학창 시절 그 나이에 무엇을 할 것인가? 인생과 사회를 배워야 할 시기에 공부해야 하는 이유를 찾아간다면 공부하는 동력이 생깁니다. 공부가 게임처럼 시간과 노력을 하면 레벨업을 확인할 수 있다면 좋겠지만, 노력한 만큼 성과가 나오는 것 같지 않습니다. 공부는 오랜 시간 공을 들여야 하는 힘든 일로 생각되니 공부하기는 싫어집니다. 인생을 어느 정도 살아본 어른들은 '인생에 공짜는 없고 어려운 과정을 거치지 않고 얻어낸 것은 쉽게 잃는다는 것'을 알지만, 학생들은 아직 그런 세상을 알지 못합니다.

자녀와 이야기할 틈이 생긴다면 자연스럽게 대화하면서 자녀가 공부하는 의미를 발견할 수 있도록 돕는다면 학습 동기는 강화될 것입니다. 공부해야 하는 일반적인 이유를 간단하게 말씀드리면 다음과 같습니다.

공부하면 생각이 깊어지고 자신의 생각을 가질 수 있습니다. 우물 안의 개구리는 그 세계만을 압니다. 공부를 통해 세상을 알아 가면 그만큼 세상의 폭이 넓어지는 것입니다. 동시에 공부하면 할수록 그 분야의 지식과 생각이 깊어져 상상력이 생길 수 있습니다. 학문적 호기심과 상상력은 창의성을 만들어 냅니다. 미래는 창의성의 시대입니다. 내 생각을 가져야 창의적인 삶을 살고 경쟁력 있는 사람이 될 수 있습니다. 글로벌 사회에서 우리는 무한 경쟁 속에 살아갑니다. 그 경쟁에서 어느 정도 유리한 자리를 선점하려면 학교와 직업을 잘 선택해야 합니다. 진학과 원하는 직업을 구하기 위해서는 공부해야 합니다. 고등학교를 잘 선택해야 하는 이유는 고입이 대입과 연결되어 있기 때문이고 대학 진학은 취업과 연결되기 때문입니다. 공부를 잘하면 자기 뜻대로 고교와 대학을 선택을 할 수 있고 취업에도 절대적으로 유리한 것이 현실입니다.

공부해야 세상을 살아가는 힘이 길러집니다. 공부하면 그 성과는 최소 6개월 이상, 보통은 10개월은 지나야 학습 성과가 나타난다고 합니다. 그만큼 어려운 일이고 중장기적인 계획을 세워서 꾸준하게 노력해야 하는 고된 일입니다. 중간에 지쳐서 포기하고 싶은 일도 많이 생길 것입니다. 따라서 공부한다는 것은 인내력과 강한 의지를 키우는 일이 됩니다. 학창 시절의 공부는 학생의 성실성을 반영하는 것입니다. 성실하지 않고 게으름을 피우면서 세상을 잘 살고 싶다는 것은 욕심입니다. 모든 사람은 잠재력을 지니고 있습니다. 잠재된 상태를 그대로 두는지, 능력을 키워 잠재력을 발휘하여 자아실현을 할 수 있는지는 공부에 달려 있습니다.

공부는 자기 자신을 알아 가는 과정이고 평생을 살아갈 지적 자산을 쌓는 일입니다. 그래서 더더욱 자기주도적으로 학습 경험을 쌓아야 합니다. 타율적인 학습, 강요된 공부가 아니라 자발적인 탐구력과 문제해결력을 갖춘 학생으로 성장해야 합니다.

"질문을 통해 문제를 해결하는가?"

"개념을 이해하기 위해 다른 자료를 찾아보는가?"

"학습 목표를 기반으로 확산시키는 공부를 하는가?"

"다양한 문제를 풀며 핵심을 분석하는가?"

"예습과 복습을 철저히 하며 학습하는가?"

"나만의 질문 노트나 오답 노트는 어떤 식으로 정리하고 해결하는가?"

공부를 학교에서 배우는 것으로 한정하지 말고, 삶 자체가 공부이며 자기 삶에 대한 예의라는 것을 체득해가야 합니다.

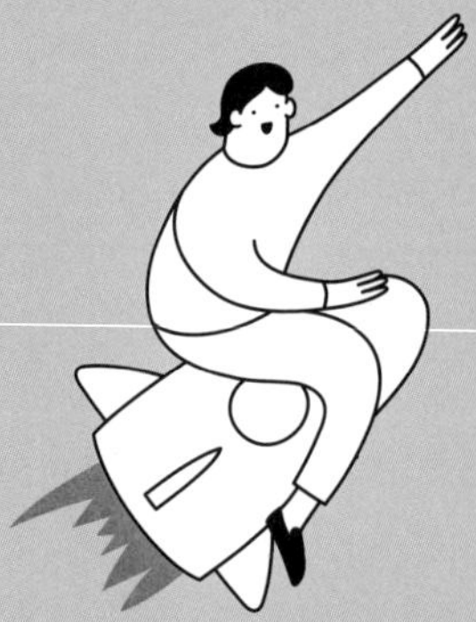